Die rechtsgeschäftliche Haftung für den Accountmissbrauch im Internet

Europäische Hochschulschriften

European University Studies

Publications Universitaires Européennes

Reihe II **Rechtswissenschaft**

Series II Law

Série II Droit

Band/Volume **5715**

Matthias Schneider

Die rechtsgeschäftliche Haftung für den Accountmissbrauch im Internet

PL ACADEMIC RESEARCH

Bibliografische Information der Deutschen Nationalbibliothek
Die Deutsche Nationalbibliothek verzeichnet diese Publikation in der Deutschen Nationalbibliografie; detaillierte bibliografische Daten sind im Internet über http://dnb.d-nb.de abrufbar.

Zugl.: Trier, Univ., Diss., 2014

D 385
ISSN 0531-7312
ISBN 978-3-631-66287-8 (Print)
E-ISBN 978-3-653-05521-4 (E-Book)
DOI 10.3726/978-3-653-05521-4

PL Academic Research ist ein Imprint der Peter Lang GmbH.
Peter Lang – Frankfurt am Main · Bern · Bruxelles · New York · Oxford · Warszawa · Wien

Diese Publikation wurde begutachtet.

www.peterlang.com

Vorwort

Die vorliegende Arbeit wurde im Wintersemester 2014/2015 vom Fachbereich Rechtswissenschaft der Universität Trier als Dissertation angenommen. Das Manuskript wurde im Mai 2014 abgeschlossen; Rechtsprechung und Literatur konnten noch bis Ende des Jahres 2014 Berücksichtigung finden.

Der größte Teil dieser Arbeit ist während meiner Zeit als wissenschaftlicher Mitarbeiter an der Professur für Bürgerliches Recht und Deutsche Rechtsgeschichte meines Doktorvaters Prof. Dr. Franz Dorn entstanden. Ihm gilt mein besonderer Dank für die hervorragende Unterstützung meines Vorhabens, das er durch konstruktive Anmerkungen und jederzeitige Diskussionsbereitschaft entscheidend gefördert hat. Danken möchte ich ihm auch für zwei fachlich und menschlich in vielfacher Hinsicht bereichernde Jahre an den „Säulen des Rechts".

In diesem Zusammenhang danke ich besonders auch meiner Kollegin Nadja Straub und dem gesamten „Lehrstuhl-Team".

Herrn Prof. Dr. Thomas Rüfner schulde ich nicht nur für die rasche Erstellung des Zweitgutachtens herzlichen Dank. Ihm möchte ich auch für manchen didaktischen (Um)Weg durch die Rechtsgeschichte Roms danken.

Schließlich danke ich zutiefst meinen Eltern und meiner Frau Julia, die mich während meiner gesamten Ausbildung in jeder Hinsicht unterstützt, ermutigt und bestärkt haben.

Ihnen möchte ich diese Arbeit widmen.

Berlin, im Dezember 2014 *Matthias Schneider*

Inhaltsverzeichnis

§ 1 Einleitung

A. Einführung und Problemaufriss

Dem tradierten Konzept des Vertragsschlusses, wie es auch die Verfasser des BGB vor Augen hatten, liegt die Vorstellung zugrunde, ein Vertrag werde entweder unter Anwesenheit beider Parteien bzw. ihrer Vertreter, oder aber wenigstens durch verkörperte Willenserklärungen geschlossen. Diese Art des Vertragsschlusses verliert mit der Zunahme von Rechtsgeschäften, die über das Internet getätigt werden, immer weiter an Bedeutung.[1] Wenngleich sich zu Beginn dieser technischen Entwicklung viele die Frage stellten, ob unsere hergebrachte Rechtsgeschäftslehre auf die neuen Problemstellungen eine Antwort finden würde[2], darf diese Diskussion heute als beendet betrachtet werden: „Verträge im Internet werden grundsätzlich nach denselben Regeln geschlossen wie anderswo".[3]

Dessen ungeachtet bringt das Zustandekommen von Verträgen über das Internet auch Gefahren mit sich. Ein Vertragsschluss durch zwei elektronische Willenserklärungen[4] bietet nicht unerhebliche Einbruchstellen sowohl für technische Schwierigkeiten aber auch für missbräuchliches, teilweise kriminelles Verhalten der Nutzer.[5]

Der dematerialisierte Vertragsschluss, wie er im Internet angelegt ist, führt zur zunehmenden Abhängigkeit von Benutzerkonten, sog. Accounts. Jeder aktive Nutzer des Internets wird de facto automatisch mehrere davon besitzen. Zum Verfassen von E-Mails, zum Bücherkauf beim Online-Händler, zum Online-Banking, für Internet-Auktionen und nicht zuletzt zur Teilnahme an (meist mehreren) sozialen Netzwerken. Dass die Nutzung dieser beispielhaft genannten Dienste die Errichtung eines passwortgeschützten Accounts bedarf, führt die Besonderheit des Internets eindrucksvoll vor Augen:

---

1 Wahlweise in der Literatur als „Elektronischer Geschäftsverkehr", „Online-Handel" oder „E-Commerce" bezeichnet.

2 „Welches Recht gilt für elektronische Geschäfte?" vgl. *Pfeiffer*, JuS 2004, 282.

3 *Dörner*, AcP 202 (2002), 374.

4 Siehe dazu besonders *Kuhn*, Rechtshandlungen mittels EDV. S. 69 ff.; *Petersen*, Jura 2002, 387; *Clemens*, NJW 1985, 1998; *Jang*, Rechtliche Aspekte der elektronischen Willenserklärung im deutschen und koreanischen Recht; *Melullis*, MDR 1994, 109; *Wiebe*, Die elektronische Willenserklärung.

5 Die polizeiliche Kriminalstatistik (PKS) für das Jahr 2012 erfasst alleine 229.408 Straftaten im Internet, vgl. *BMI* (Hg.), Polizeiliche Kriminalstatistik 2012, S. 16.

Weil wir der Person, die uns im Netz „gegenüber steht", oftmals nur digital begegnen, benötigen wir eine Verknüpfung mit einem das Vertrauen bildenden Institut.[6] Versprechen bzgl. eines Vertrages gibt nur derjenige ab, der darauf vertrauen kann, dass der Vertrag auch erfüllt wird. Wesentliche Bedingung hierbei ist das Vertrauen auf die Integrität des Vertragspartners. Im Internet kommt hierzu noch das Vertrauen auf die Identität des Vertragspartners.[7] Vertrauen wird dadurch zur wesentlichen Weichenstellung des Internets für die Zukunft.[8] Diesem Bedürfnis soll letztendlich die Abhängigkeit der Nutzungsmöglichkeit fast aller Dienste im Internet von passwortgeschützten Accounts bzw. Nutzerkonten Rechnung tragen.[9]

Wenn der Account eines Internetdienstes in den Mittelpunkt juristischer Betrachtung rückt, stellt sich sogleich auch die Frage nach der Beurteilung eines Missbrauchs. Hier soll dabei die rechtsgeschäftliche Beurteilung im Zentrum stehen. Wie ist also die Rechtslage zu beurteilen, wenn sich ein Dritter Zugang zu einem Account verschafft und dort für den Accountinhaber Verträge schließt? Kann dieser durch ein solches Handeln des Dritten rechtsgeschäftlich gebunden werden?

Die h.M. beurteilt die Fälle des Missbrauchs eines Nutzerkontos im Internet grundsätzlich nach den Fällen des sog. „Handelns unter fremdem Namen" und damit nach Stellvertretungsrecht.[10] Für die Frage, ob der Inhaber eines Nutzerkontos durch das Handeln des Dritten vertraglich gebunden ist, muss daher von Fall zu Fall untersucht werden, ob der Dritte dazu gem. § 167 Abs. 1 BGB[11] bevollmächtigt war, oder das Geschäft nach § 177 Abs. 1 im Nachhinein durch den Inhaber genehmigt wurde.

---

6 Natürlich hängt die Vertrauensbildung stark von der Sicherheit ab, die der jeweilige Account bietet. Nur diejenigen Accounts rechtfertigen das in sie gesetzte Vertrauen, die auch tatsächlich an die Identität der dahinter stehenden Person gekoppelt sind. Für Online-Banking, Internet-Auktionen bei eBay, und E-Mail Adressen, welche über den Internet-Provider bezogen werden, kann dieses angenommen werden.

7 *Hoeren*, NJW 1998, 2853.

8 *Boehme-Neßler*, MMR 2009, 444.

9 *Knopp/Wilke/Hornung u. a.*, MMR 2008, 728.

10 Vgl. nur Palandt/*Ellenberger*, § 172 Rn. 18; Staudinger/*Schilken*, vor § 164 Rn. 91; *Köhler*, BGB Allgemeiner Teil, § 11 Rn. 23; *Bräutigam/Leupold* (Hrsg.), Online-Handel. B III. Rn. 246 ff.; *Spindler/Anton*, in: *Spindler/Schuster* (Hrsg.), Recht der elektronischen Medien, § 164 BGB Rn. 9; *Härting*, Internetrecht. Rn. 551 ff.; *Hauck*, JuS 2011, 967; *Schwab*, JuS 2013, 454; *Redeker*, IT-Recht, Rn. 873; OLG Hamm, NJW 2007, 611, 612.

11 §§ ohne besondere Kennzeichnung sind solche des BGB.

Die interessanteste Konstellation liegt jedoch vor, wenn der Anschlussinhaber dem Dritten dessen Handeln irgendwie ermöglicht hat, etwa weil er diesem seine Zugangsdaten zur Verfügung gestellt oder diese unsachgemäß aufbewahrt hat. Für eine solche Fallgestaltung sollen nämlich nach h.M. auch die gesetzlich nicht normierten Fälle einer Rechtsscheinvollmacht, Duldungs- und Anscheinsvollmacht anwendbar sein.[12] Weil die unsachgemäße Aufbewahrung von Zugangsdaten in der Praxis häufig den Missbrauch eines Accounts ermöglicht, wird der Anscheinsvollmacht in diesen Fällen die weitaus größte Bedeutung zukommen.

Der BGH hatte in einem Urteil vom 11. Mai 2011[13] grundsätzlich[14] über die rechtsgeschäftliche Einordnung des Handelns eines Dritten unter einem fremden Nutzerkonto zu entscheiden. Er hat darin die oben kurz skizzierte Linie von Rechtsprechung und Literatur bestätigt, wonach diese Fälle nach den Prinzipien über das „Handeln unter fremdem Namen" zu lösen sind. Grundsätzlich soll auch die Anscheinsvollmacht Anwendung finden können.[15]

Diese Arbeit widmet sich der Frage, inwieweit der von BGH und h.M. eingeschlagene Weg zur Beurteilung rechtsgeschäftlicher Bindung des Inhabers eines Nutzerkontos durch den Missbrauch eines Dritten dogmatisch nachvollziehbar ist. Ein Schwerpunkt wird dabei auf der Untersuchung der beiden zur Lösung dieser Frage herangezogenen Institute – die „Anscheinsvollmacht" und das „Handeln unter fremdem Namen" – liegen. Diese relativ neue Frage der rechtsgeschäftlichen Account-Haftung bietet damit den Anlass, sich mit tradierten Rechtsinstituten der Zivilrechtsordnung neu zu beschäftigen. Als besonders reizvoll erweist sich für die Untersuchung der beiden hier in Rede stehenden Rechtsinstitute, dass sie sowohl in ihrer dogmatischen Herleitung als auch in ihren Rechtsfolgen umstritten sind.

---

12 Palandt/*Ellenberger*, § 172 Rn. 18; *Borges*, NJW 2011, 2401; LG Bonn NJW-RR 2012, 1008; OLG Hamm, NJW 2007, 611, 612; OLG Köln, K&R 2003, 83, 84; LG Aachen, NJW-RR 2007, 565; im Anschluss an BGHZ 189, 346 ff. nun auch OLG Celle MMR 2014, 663, 664.

13 BGH Urt. vom 11.Mai 2011, VIII ZR 289/09 = BGHZ 189, 346 ff.

14 Siehe zur Störerhaftung eines Account-Inhabers wegen Schutzrechtsverletzungen und Wettbewerbsverstößen durch das Handeln Dritter: BGHZ 180, 134 – „Halzband".

15 Im konkreten Fall hat der BGH die Anscheinsvollmacht allerdings abgelehnt, weil es an dem Merkmal einer gewissen „Häufigkeit und Dauer" fehlte. Der Dritte hatte zum ersten Mal das Nutzerkonto gebraucht, BGH Urt. vom 11.Mai 2011, VIII ZR 289/09 Rn. 18 ff.

B. Gang der Darstellung

Der Gang der Darstellung orientiert sich an der beschriebenen Zielsetzung dieser Arbeit. Zunächst erfolgt eine Einführung in die Besonderheiten des elektronischen Geschäftsverkehrs. Der Fokus liegt hierbei auf der Untersuchung der Abhängigkeit des elektronischen Geschäftsverkehrs von Accounts (Nutzerkonten) und der Auseinandersetzung mit diesbezüglichen Missbrauchsmöglichkeiten.

Im Anschluss daran folgt eine Darstellung der in der Rechtsprechung vertretenen Einordnung des rechtsgeschäftlichen Missbrauchs von Accounts. Ausgangspunkt hierbei ist die Darstellung der hierzu erstmalig ergangenen Entscheidung des BGH und der darin vorgenommenen Einordnung.

Ein Schwerpunkt der Arbeit wird dann in der Auseinandersetzung und Untersuchung der vom BGH in besagter Entscheidung für anwendbar erklärten Rechtsinstitute – das Handeln unter fremdem Namen und die Anscheinsvollmacht – liegen. Auf den hierbei gewonnenen Erkenntnissen aufbauend, soll im Anschluss überprüft werden, ob die Anscheinsvollmacht und das Handeln unter fremdem Namen für die Fälle des Accountmissbrauchs gemeinsam Anwendung finden können.

Nach der Vorstellung der in der Literatur vorgeschlagenen Alternativlösungen soll abschließend ein eigener Lösungsvorschlag zur Einordnung des rechtsgeschäftlichen Accountmissbrauchs unterbreitet werden.

§ 2 Die Bedeutung von Accounts im elektronischen Geschäftsverkehr

A. Der elektronische Geschäftsverkehr

Die Anzahl der täglich im Internet geschlossenen Verträge ist so groß, dass ihr tatsächliches Ausmaß wohl unbestimmbar ist. Nicht zum ersten Mal sah sich zu Beginn dieser Entwicklung die Rechtsdogmatik des BGB durch große technische Umbrüche vor neue Herausforderungen gestellt. Schnell wurde der Ruf nach gesetzlichen Regelungen des elektronischen Geschäftsverkehrs laut.[16] Immer wieder wurde diskutiert, ob es nicht eines besonderen „Internet-Vertragsrechtes" bedürfe.[17] Die Auseinandersetzung um eine Kodifikation angesichts weitreichender (hier technischer) Entwicklungen ist in der deutschen Rechtsentwicklung kein unbekanntes Phänomen, wie man mit Blick auf die Auseinandersetzung zwischen *Savigny* und *Thibaut* feststellen kann.[18] Neue Technik bringt oftmals auch neues Recht hervor.[19] Dass diese Diskussion heute noch nicht zum Abschluss gelangt ist, zeigt sich in den Vorschlägen für ein sog. „Internetgesetzbuch" („NetGB")[20]. Es bedurfte einiger Zeit, bis sich Gerichte und Wissenschaft auf die neuen Aufgaben eingestellt hatten. Von Vorteil war dabei einmal mehr die begriffliche und „oft gescholtene Abstraktionshöhe"[21] der deutschen Rechtsgeschäftslehre.

Letztendlich hat sich zumindest abseits politischer Diskussionen die Ansicht durchgesetzt, „dass die herkömmliche Rechtsgeschäftslehre auch den

---

16 Verschiedene gesetzliche Regulierungen fordern beispielsweise *Erber-Faller*, CR 1996, 379 f.; *Brisch*, CR 1999, 244; *Bergmann/Streitz*, CR 1994, 79; *Moritz*, CR 2000, 61.

17 Vgl. hierzu schon die suggerierenden Titel *Moritz/Dreier* (Hrsg.), Rechts-Handbuch zum E-Commerce; *Bräutigam/Leupold* (Hrsg.), Online-Handel; *Kath/Riechert* (Hrsg.), Internet-Vertragsrecht.; *Cichon*, Internet-Verträge.

18 *Thibaut*, Über die Nothwendigkeit eines allgemeinen Bürgerlichen Rechts für Deutschland; *Savigny*, Vom Beruf unsrer Zeit für Gesetzgebung und Rechtswissenschaft, abgedruckt bei *Hattenhauer* (Hrsg.), Thibaut und Savigny; *Rieder*, Rechtsscheinhaftung im elektronischen Geschäftsverkehr, S. 87.

19 *Sutschet*, NJW 2014, 1041.

20 *Zypries*, Freiheit statt Anarchie: Wir brauchen ein NetGB!, http://blogs.spdfraktion.de/netzpolitik/2010/06/10/freiheit-statt-anarchie-wir-brauchen-ein-netgb/ (Stand: Dezember 2014); vgl. auch FAZ vom 07.04.2010, S. 8: „Das Recht, das Netz und der Dreck".

21 *Petersen*, Jura 2002, 390.

Anforderungen, welche die moderne Informationsgesellschaft an eine fortschrittliche Rechtsordnung stellt, gewachsen ist".[22] Der Abschluss eines Vertrages im Internet, verstanden als die Übermittlung von Angebot und Annahme, lässt sich mit dem gängigen Vertragsrecht erfassen.[23]

Etwa seit Mitte der 1990er Jahre lässt sich die soeben beschriebene Tendenz erkennen, dass rechtserhebliche Handlungen, wie Willenserklärungen, Prozesshandlungen oder Realakte, in zunehmender Anzahl in neuer – nämlich elektronischer – Form vorgenommen werden. Im Hinblick auf diese heute noch immer anhaltende Entwicklung ist es in diesem Zusammenhang durchaus gerechtfertigt, von einer „Medienwende" von der „traditionellen Rechtskultur der Schriftlichkeit" zur „postindustriellen Kommunikationsgesellschaft" zu sprechen.[24] Für dieses neue „Phänomen" musste sich erst eine Bezeichnung herausbilden. Vorgeschlagen waren dafür neben dem Begriff „elektronischer Geschäftsverkehr" auch „electronic commerce"[25], „e-commerce"[26], „elektronischer Handel"[27] oder „Online-Handel"[28]. Heute wird man festhalten können, dass sich der Begriff „elektronischer Geschäftsverkehr" trotz aller Kritik[29] durchsetzen konnte.[30]

I. Der Begriff „elektronischer Geschäftsverkehr"

Wenngleich der Begriff „elektronischer Geschäftsverkehr" heute in der Literatur überwiegend verwendet wird und sogar Gesetze[31] nach ihm benannt sind, findet

22 *Petersen*, Jura 2002, 390; *Moritz/Dreier* (Hrsg.), Rechts-Handbuch zum E-Commerce, C Rn. 61.; *Härting*, Internetrecht, Rn. 435 ff.; *Melullis*, MDR 1994, 109;*Heun*, CR 1994, 600.

23 *Borges*, Verträge im elektronischen Geschäftsverkehr, S. 348; *Heintzeler*, WM 2001, 1203; *Mehrings*, MMR 1998, 30; so auch *Sutschet*, NJW 2014, 1041 ff., der allerdings auch Problemfelder benennt.

24 *Geis*, NJW 1997, 3000.

25 *Pichler*, NJW 1998, 3234; *Scheffler/Dressel*, CR 2000, 378.

26 *Heintzeler*, WM 2001, 1203; *Moritz/Dreier* (Hrsg.), Rechts-Handbuch zum E-Commerce;

27 Süddeutsche Zeitung vom 17.09.1999, S. 28.

28 *Bräutigam/Leupold* (Hrsg.), Online-Handel.

29 *Hoeren*, MMR 1999, 1.

30 Vgl. zum Ganzen *Rieder*, Rechtsscheinhaftung im elektronischen Geschäftsverkehr, S. 26 ff.

31 Vgl. das Gesetz über rechtliche Rahmenbedingungen für den elektronischen Geschäftsverkehr (Elektronischer Geschäftsverkehr-Gesetz – EGG), BGBl. 2001 I 3721).

sich für ihn bislang keine gesetzliche Definition.[32] Als geeignet hat sich aber der Ansatz von *Rieder* erwiesen: Elektronischer Rechtsverkehr umfasst demzufolge „sämtliche rechtserheblichen Handlungen und Erklärungen, die mit Hilfe von Rechnern erstellt und auf elektronische Weise übertragen werden".[33] Dieses relativ weit gefasste Verständnis von „Geschäftsverkehr" darf aber nicht den Blick darauf verstellen, dass die Hauptbedeutung des „elektronischen Geschäftsverkehrs" – nicht nur in dieser Arbeit – im Bereich der Rechtsgeschäftslehre liegt. Mit der Hinwendung zum Rechtsgeschäft wandert der Blick automatisch weiter zur Willenserklärung.

II. Die elektronische Willenserklärung

Werden Erklärungen, die auf die Herbeiführung einer Rechtsfolge gerichtet sind, auf elektronischem Wege im Internet abgegeben, hat es sich eingebürgert, von sog. „elektronischen Willenserklärungen" zu sprechen.[34] Die Willenserklärung als besondere Form rechtlich relevanter Handlungsform im Internet kann in vielfältiger Art und Weise vorliegen.[35]

Genauer können elektronische Willenserklärungen unterschieden werden in elektronisch übermittelte Willenserklärungen, automatisierte Willenserklärungen und Computererklärungen.[36] Bei automatisierten Willenserklärungen[37] und Computererklärungen[38] besteht die Besonderheit, dass der ihnen inne wohnende

32 *Rieder,* Rechtsscheinhaftung im elektronischen Geschäftsverkehr, S. 26; Der Begriff wird so aber z.B. von § 312e genannt. Ein Vertrag im elektronischen Geschäftsverkehr setzt danach voraus, dass ein Unternehmer sich zum Vertragsabschluss eines Tele- oder Mediendienstes bedient hat. Die Verwendung in § 312e hat also lediglich rechtsgeschäftlichen Charakter.

33 *Rieder,* Rechtsscheinhaftung im elektronischen Geschäftsverkehr, S. 26.

34 Vgl. nur *Härting,* Internetrecht, Rn. 386.; *Moritz/Dreier* (Hrsg.), Rechts-Handbuch zum E-Commerce., C Rn. 66; *Behling,* Der Zugang elektronischer Willenserklärungen; *Jang,* Rechtliche Aspekte der elektronischen Willenserklärung im deutschen und koreanischen Recht, S. 27; *Wiebe,* Die elektronische Willenserklärung; *Clemens,* NJW 1985, 1998.

35 Neben dem klassischen Vertragsschluss im Internet kommen auch einseitige elektronische Rechtsgeschäfte wie etwa Anfechtung oder Kündigung in Betracht.

36 *Spindler/Anton* vor § 116 ff. Rn. 1, in: *Spindler/Schuster* (Hrsg.), Recht der elektronischen Medien.; *Jang,* Rechtliche Aspekte der elektronischen Willenserklärung im deutschen und koreanischen Recht, S. 39ff.

37 *Medicus,* Allgemeiner Teil, Rn. 256.

38 *Köhler* AcP 182 (1982), 133; vgl. zur Diskussion *Uhlmann,* Elektronische Verträge, S. 45 ff.

rechtsgeschäftliche Wille Resultat einer vorherigen Programmierung ist und die Erklärung erst später als Ergebnis eines automatisierten Datenverarbeitungsvorgangs in Erscheinung tritt. Für alle diese Arten von elektronischen Willenserklärungen ist (heute) anerkannt, dass es sich um ordentliche Willenserklärungen handelt.[39] Die Besonderheit besteht lediglich darin, dass ein Rechtsfolgewille mit den Mitteln des Internet „elektronisch" übermittelt wird. Der Computer ist dabei nur das Werkzeug[40] des Erklärenden, genauso wie es auch ein Brief sein könnte.[41] Diese Erklärungen sind demnach als normale Willenserklärungen einzuordnen. In dieser Arbeit ist also unter elektronischer Willenserklärung jede menschliche Erklärungshandlung zu verstehen, die auf einen Rechtsfolgewillen des Erklärenden schließen lässt[42] und über das Internet abgegeben wird.

III. Der Vertragsschluss im Internet

Mit der Erkenntnis, dass auch die im Rahmen des elektronischen Geschäftsverkehrs auf Herbeiführung einer Rechtsfolge gerichteten Erklärungen „elektronische" Willenserklärungen sind, kann für den Vertragsschluss im Internet zunächst vom bekannten Grundsatz ausgegangen werden, dass jedem Vertragsschluss gem. §§ 145 ff BGB zwei korrespondierende Willenserklärungen, Angebot und Annahme, zugrunde liegen.[43] Selbstverständlich sind – gleiches gilt aber für viele besondere Formen von Vertragsabschlüssen – die Einzelfragen um das Wirksamwerden[44] der einzelnen Erklärungen[45], die genaue Bestimmung

39 *Bork,* BGB AT, Rn. 570; Soergel/*Hefermehl,* vor § 116 Rn. 30; BGHZ 149, 129, 133; BGH NJW 2005, 53, 54; *Medicus,* Allgemeiner Teil, Rn. 393b.

40 Zu den technischen Grundlagen vgl. *Jang,* Rechtliche Aspekte der elektronischen Willenserklärung im deutschen und koreanischen Recht, S. 28.

41 *Spindler/Anton,* vor § 116 ff. Rn. 2 in: *Spindler/Schuster* (Hrsg.), Recht der elektronischen Medien.

42 *Larenz/Wolf,* Allgemeiner Teil des bürgerlichen Rechts, § 24 Rn. 12 ff.

43 *Spindler/Anton,* vor §§ 145 Rn. 3 in: *Spindler/Schuster* (Hrsg.), Recht der elektronischen Medien.; *Härting,* Internetrecht, Rn. 435; *Hoeren,* Internet- und Kommunikationsrecht, Rn. 417 ff.; *Dörner,* AcP 202 (2002), 374; *Paal,* JuS 2010, 954; *Steckler,* Grundzüge des IT-Rechts. S. 249 ff.

44 *Dörner,* AcP 202 (2002), 365 ff.; *Härting,* Internetrecht, Rn. 437 ff.; *Klewitz,* Verbraucherschutz bei Rechtsgeschäften per Internet, S. 40 ff.; *Kau,* Vertrauensschutzmechanismen im Internet, S. 135 ff.; *Gumpp,* Verbraucherschutz im elektronischen Rechtsverkehr, S. 81 ff.

45 Siehe zu Beweisfragen bei Zugang einer E-Mail *Willems,* MMR 2013, 551 ff.

von Angebot und Annahme[46], oder etwa die Behandlung von Willensmängeln[47] beim Vertragsschluss im Internet jeweils neu zu klären.[48]

IV. Besonderheiten

Wo aber liegen die Besonderheiten des Vertragsschlusses im Internet? Grundlegend hat *Hoeren*[49] zum elektronischen Rechtsverkehr insgesamt sechs Paradigmen herausgearbeitet, welche hier kurz ausgeführt sein sollen, weil sie anschaulich machen, auf welche Weise das Internet den bisherigen Rechtsverkehr verändert.

1) Neue Paradigmen des elektronischen Geschäftsverkehrs

Zunächst zeichnet sich der moderne elektronische Geschäftsverkehr durch eine Tendenz zur Dematerialisierung aus.[50] Mag das BGB von der „Dichotomie von Waren und Dienstleistungen" ausgehen, lässt sich diese strikte Trennung im modernen Geschäftsverkehr des Internets heute nicht mehr aufrechterhalten.[51] Gleichzeitig werden immer häufiger Geschäfte abgeschlossen, die überhaupt keine Verkörperung mehr erfahren.[52] Der Kauf von Theaterkarten über die App eines Smartphones, der Download von Musik oder Filmen von dafür gesondert geschaffenen Plattformen, oder die Bordkarte für einen Flug, die nur noch über das Display eines mobilen Endgerätes eingescannt werden muss, sind Beispiele für diesen Prozess.

Die nächsten beiden von *Hoeren* angesprochenen Paradigmen sind Deterritorialisierung und Extemporalisierung. Das Internet trägt wesentlich zur weltweiten Vernetzung bei. So wird auch der elektronische Geschäftsverkehr zu einer weltweiten Entwicklung, er macht vor staatlichen Grenzen nicht halt. Hiermit verbunden sind neue und teilweise ungeklärte Fragen nach Zuständigkeiten und

---

46 *Spindler/Anton*, vor §§ 145 Rn. 4 in: *Spindler/Schuster* (Hrsg.), Recht der elektronischen Medien; *Borges*, Verträge im elektronischen Geschäftsverkehr, S. 196 ff.; *Dorenkamp*, Elektronischer Geschäftsverkehr und Kollisionsrecht, S. 45 ff.

47 *Köhler/Arndt/Fetzer*, Recht des Internet, Rn. 195 ff.; *Paal*, JuS 2010, 954 f.

48 Siehe zum Problemfeld sog. Internet-Auktion *Borges* (Hrsg.), Rechtsfragen der Internet-Auktion, S. 11 ff.; *Wagner/Zenger*, MMR 2013, 343 ff.; vgl. BGH, Urt. v. 12.11.2014 – VIII ZR 42/14.

49 *Hoeren*, NJW 1998, 2849 ff.

50 Vgl. dazu auch *Seiler*, Verbraucherschutz auf elektronischen Märkten, S. 209 ff.

51 *Hoeren*, NJW 1998, 2849.

52 „Immaterielle Wirtschaftsgüter treten neben materielle, herkömmliche Wirtschaftsgüter", *Rieder*, Rechtsscheinhaftung im elektronischen Geschäftsverkehr, S. 62.

nach dem anwendbaren Recht.[53] Gleichzeitig ist mit der Extemporalisierung die Loslösung von bisherigen Kommunikationsgeschwindigkeiten und Abwicklungsvorgängen angesprochen. Im Internet gibt es keine Ladenöffnungszeiten. Fristangaben, die vom Gesetz nicht mit genauen Zeitangaben versehen sind (vgl. § 121 Abs. 1: „unverzüglich", § 130 Abs. 1), bedürfen für das Internet einer neuen Konkretisierung.[54]

Die Paradigmen Technikbezogenheit und Selbstregulierung bedingen sich gegenseitig. Durch immer neue technische Entwicklungen ist das Recht jeweils auf neue Art und Weise herausgefordert. So kann ein Wettlauf entstehen, bei dem das Recht immer der Jäger zu bleiben scheint.[55] In diese Lücke tritt die Selbstregulierung.[56] Weil aufgrund technischer Fortschritte die Rechtsdurchsetzung vor erhebliche Probleme gestellt ist, sollen Selbstregulierung und Selbstkontrolle gerechten Interessenausgleich bringen.[57] Dennoch ist Zweifel angebracht. Bei zu großem Raum für Selbstregulierung besteht doch die Gefahr der Kapitulation des Rechts vor der „Normativität des Faktischen".[58]

2) Das Vertrauensproblem

Das bedeutsamste von *Hoeren* angesprochene Paradigma ist dasjenige des „Trust", also des Vertrauens.[59] Im Rahmen von im Internet abgegebenen Willenserklärungen ergibt sich schon aus der Natur der Sache die Eigenheit, dass sich die Vertragspartner nicht persönlich gegenüber stehen. Im Umkehrschluss bedeutet dies aber, dass sich die Vertragspartner zunächst immer auf einen gewissen Schein verlassen müssen. Ein solcher Vertragsschluss bedarf also eines gewissen

53 *Pfeiffer*, JuS 2004, 282 ff.; Für die Europäische Union hat man eine Regelung dieser Fragen mit der sog. E-Commerce Richtlinie (Richtlinie 2000/31/EG) angestrebt.

54 *Rieder*, Rechtsscheinhaftung im elektronischen Geschäftsverkehr, S. 62 f.

55 Beispielhaft ist die umstrittene Frage, wie das Einbetten („Framing") von Videos aus Videoplattformen („Youtube") in sozialen Netzwerken urheberrechtlich zu bewerten ist, vgl. BGH MMR 2013, 596. Dieses „Framing" ist tägliche, millionenfache Praxis, auf welche das Urheberrecht bisher offenbar keine Antworten bereit hält.

56 Vgl. zur älteren Idee der Selbstregulierung *Teubner*, Recht als autopoietisches System.

57 *Hoeren*, NJW 1998, 2852 f.; vgl. zur „Netiquette" als ein Beispiel für Selbstregulierung *Jung*, in: *Immenhauser/Wichtermann* (Hrsg.), Jahrbuch Junger Zivilrechtswissenschaftler, S. 153 ff.

58 Eine solche Gefahr besteht z.B. für eine Aushöhlung des Urheberrechts angesichts vielfältiger Tauschbörsen, Foren etc.

59 *Hoeren*, NJW 1998, 2853 f.

Vertrauensvorschusses an seinen Vertragspartner.[60] Insoweit liegt jedoch noch keine Situation vor, die sich etwa von einer per Brief abgesendeten Willenserklärung unter Abwesenden (§ 130 BGB) oder vom gewöhnlichen Versandhandel unterscheidet. Hinzu kommt beim Vertragsschluss im Internet, dass für den Geschäftspartner nicht ohne weiteres nachprüfbar ist, wer der wahre Urheber der an ihn gerichteten Willenserklärung ist.[61] Geschäftspartner, die sich nur im Internet begegnen, erfahren voneinander keinerlei persönliche Eigenschaften, die der Einschätzung der Identität, der Leistungsfähigkeit und der Vertrauenswürdigkeit des Partners dienlich sein könnten.[62] Diese Gesichtspunkte fallen besonders zu Beginn einer geschäftlichen Beziehung ins Gewicht. Hinzu kommt aber für den Abschluss von Rechtsgeschäften im Internet noch ein zweiter Aspekt. Neben dem Vertrauen in die Person des Vertragspartners sind die Parteien auch auf die ordentliche technische Funktionsweise des Internets angewiesen. Sie müssen sich darauf verlassen können, dass ihre Erklärungen auch technisch unverfälscht übermittelt werden. Für den Geschäftsverkehr im Internet wird die Lösung des Vertrauensproblems damit zur „zentralen Weichenstellung".[63]

B. Die Bedeutung von Accounts

Angesichts des Bedürfnisses, das Vertrauen in die Zuverlässigkeit und Integrität elektronischer Willenserklärungen zu steigern, sind nach und nach verschiedene Erklärungsformen für elektronische Willenserklärungen entstanden.[64] Diese Entwicklung ähnelt letztlich der im herkömmlichen Geschäftsverkehr, denn auch dort existieren vertrauensstärkende Elemente wie die Namensnennung, das Vorzeigen des Personalausweises, die Schriftform, die eigenhändige Unterschrift, mit Briefkopf versehenes Briefpapier oder verschiedene Arten von Stempeln und Siegeln.[65] In der Entstehung verschiedener elektronischer Erklärungsformen liegt letztlich der Versuch, die Vorteile und Erfahrungen mit den soeben genannten hergebrachten Vertrauensmechanismen auch für den

---

60 Vgl. zur Rolle des Vertrauens beim Vertragsschluss im Internet auch *Fuhrmann*, Vertrauen im Electronic Commerce. S. 69; *Jehle*, Vertrauen und Recht, S. 55 ff.

61 *Ultsch*, in: *Immenhauser/Wichtermann* (Hrsg.), Jahrbuch Junger Zivilrechtswissenschaftler, S. 128 f.; *Kau*, Vertrauensschutzmechanismen im Internet, S. 53.

62 *Köhler/Arndt/Fetzer*, Recht des Internet, Rn. 202; *Rieder*, Rechtsscheinhaftung im elektronischen Geschäftsverkehr, S. 64.

63 *Hoeren*, NJW 1998, 2853.

64 *Däubler-Gmelin*, WM 1999, 169.

65 *Rieder*, Rechtsscheinhaftung im elektronischen Geschäftsverkehr, S. 45.

elektronischen Geschäftsverkehr fruchtbar zu machen.[66] Im Großen und Ganzen lassen sich drei Formen von elektronischen Willenserklärungen unterscheiden: Die einfache elektronische Erklärung, die aus einem Nutzerkonto bzw. Account heraus getätigte Erklärung und die digital signierte Erklärung.

I. Alternative Vertrauensmechanismen

Auch im Internet gibt es Erklärungen, die, ohne eine besondere Form zu haben, auf eine bestimmte Rechtsfolge gerichtet sind.[67] Solche sog. „einfache elektronischen Erklärungen" enthalten lediglich den Namen des Erklärenden.[68] Prinzipiell unterscheiden sie sich also nicht von einer mit Textverarbeitung erstellten und ausgedruckten Willenserklärung (Brief, ausgedrucktes Bestellformular, etc.). Der größte Vorteil dieser Form liegt in ihrer flexiblen, schnellen und unkomplizierten Anwendung. Gleichzeitig bietet diese Erklärungsform allerdings einen unzureichenden Schutz vor Missbrauch und Fälschung. So kann der Absender einer solchen Erklärung einfach eine falsche Identität angeben oder der Empfänger der Nachricht den Inhalt verändeRn. Im elektronischen Geschäftsverkehr findet diese Form derweil durchaus breite Verwendung. Eine einfache elektronische Erklärung liegt beispielsweise vor, wenn ein Online-Bestellformular ausgefüllt wird. Daneben muss auch die Verwendung einer E-Mail als einfache elektronische Erklärung eingeordnet werden, aber nur, wenn die E-Mail Adresse keine eindeutigen Merkmale zur Identifizierung des Absenders enthält.[69] Eine Möglichkeit, den Missbrauch mit einfachen elektronischen Erklärungen einzudämmen und ihre Vertrauenswürdigkeit aufzuwerten, bestünde darin, die Erklärungen am Ende mit eingescannter Unterschrift zu versehen, wie es teilweise

---

66 *Roßnagel*, in: *Roßnagel* (Hrsg.), Allgegenwärtige Identifizierung?, S. 19 bezeichnet die neuen Identifizierungsverfahren als „Identitätsrepräsentanten".

67 *Ultsch*, in: *Immenhauser/Wichtermann* (Hrsg.), Jahrbuch Junger Zivilrechtswissenschaftler, S. 134, spricht bei allen Willenserklärungen, die nicht digital signiert sind, von sog. „schlichten elektronischen Erklärungen".

68 *Rieder*, Rechtsscheinhaftung im elektronischen Geschäftsverkehr, S. 47.

69 A.A. ist *Rieder*, Rechtsscheinhaftung im elektronischen Geschäftsverkehr, S. 47, der offensichtlich alle E-Mails als einfache elektronische Erklärungen sieht. Dem kann nicht gefolgt werden. Der Empfänger einer E-Mail, die von einer Adresse gesendet wurde, die eine Identifizierung erlaubt, wird sein Vertrauen doch auch darauf gründen, dass nur der wahre Namensträger und Inhaber der passwortgeschützten E-Mail Adresse auch der Absender ist.

auch erwogen und praktiziert wurde.[70] Hierbei wird die Unterschrift des Absenders entweder durch ein besonderes Gerät digitalisiert und unter die Erklärung gesetzt oder vorher eingescannt und bei Bedarf in eine Erklärung eingefügt. Eine auf diese Art „unterschriebene" elektronische Erklärung weist allerdings keinen nennenswerten Sicherheitsmehrwert auf, denn die eingescannte Unterschrift kann unter Umständen beliebig oft kopiert und unter beliebige Erklärungen gesetzt werden.[71]

II. Die digitale Signatur

Den Durchbruch auf dem Feld der Vertrauenswürdigkeit einer elektronischen Willenserklärung sollte die sog. digitale Signatur bringen. In ihr ist die Reaktion des Gesetzgebers auf die „Sorgen" der Rechtsgemeinschaft im Hinblick auf die unsicheren Identitäts- und Authentizitätsfragen bei elektronischen Willenserklärungen zu sehen.[72] Die digitale Signatur ist angelegt als die Weiterentwicklung der auf Papier eigenhändig unterschriebenen Willenserklärung für den elektronischen Geschäftsverkehr.[73] Von ihrer Funktionsweise her wird die ursprüngliche Nachricht zunächst beim Versender verschlüsselt und kann dann vom Empfänger mit einem öffentlich hinterlegten Schlüssel entschlüsselt werden.[74] Die Zugehörigkeit des hinterlegten Schlüssels zum Absender der Nachricht wird

---

70 Siehe dazu *Koch*, Internet-Recht, S. 128 ff.; *Rieder*, Rechtsscheinhaftung im elektronischen Geschäftsverkehr, S. 48.

71 So auch BT-Drs. 14/4662, S. 18.

72 *Mankowski*, NJW 2002, 2822; *Kau*, Vertrauensschutzmechanismen im Internet, S. 57 Fn. 218; *Geis*, NJW 1997, 3001; *Roßnagel*, in: *Schulte/Schröder* (Hrsg.), Handbuch des Technikrechts, S. 890, spricht von der „Basistechnologie" für den elektronischen Rechtsverkehr.

73 *Roßnagel*, in: *Schulte/Schröder* (Hrsg.), Handbuch des Technikrechts, S. 895.

74 Bei der Anwendung einer digitalen Signatur kommt es zu einer sog. asymmetrischen Datenverschlüsslung: Der Absender einer E-Mail verschlüsselt seine Nachricht mit Hilfe eines nur ihm bekannten und zugänglichen „Private Key". Die Entschlüsselung erfolgt durch den Empfänger mit Hilfe des vorher vom Absender hinterlegten „Public Key". Die Schlüssel werden durch gesonderte Zertifizierungsstellen ausgegeben. Um dieses zeitintensive Verfahren abzukürzen, wird heute fast ausschließlich das sog. Hash-Code Verfahren eingesetzt. Vgl. ausführlich zur Funktionsweise von digitalen Signaturen: *Hoeren*, Internet- und Kommunikationsrecht, Rn. 464 ff.; *Köhler/Arndt/Fetzer*, Recht des Internet, Rn. 204 ff.; *Moritz/Dreier* (Hrsg.), Rechts-Handbuch zum E-Commerce. F Rn. 65 ff.; *Roßnagel*, MMR 2003, 165; Spindler/Anton, in: *Spindler/Schuster* (Hrsg.), Recht der elektronischen Medien. § 126 a Rn. 3 ff.; *Kath/Riechert* (Hrsg.), Internet-Vertragsrecht, Rn. 108 ff.

von öffentlichen Zertifizierungsstellen garantiert. Die digitale Signatur ist damit nicht nur Ersatz für eine Unterschrift, sie soll zugleich „Siegel“ für die Identität des Erklärenden und Garantie für die Integrität seiner Erklärung sein.[75] Aufgrund dieser begrüßenswerten Eigenschaften wurde die digitale Signatur gesetzlich verankert[76] und ist sogar Teil der Formvorschriften des BGB geworden (§ 126a).[77] Man sollte allerdings nicht vergessen, dass auch die Verwendung einer digitalen Signatur keine vollständige Sicherheit bietet. Denn der Verschlüsselungsmechanismus auf Seiten des Absenders bedarf ebenfalls der Sicherung durch Kennwort, Biometrie oder Hardware. Hier liegen weitere Missbrauchsmöglichkeiten verborgen.[78]

In der zivilrechtlichen Praxis ist die digitale Signatur weitgehend bedeutungslos.[79] So ist sie schon früher als „Totgeburt“ bezeichnet worden.[80] Zur Erklärung der mangelnden Akzeptanz der digitalen Signatur in der Praxis lassen sich mehrere Gründe anführen. Zunächst lässt sich ganz allgemein sagen, dass die Verwendung dieser Technik einen nicht unerheblichen organisatorischen und technischen Aufwand voraussetzt, weshalb der Anreiz zur Anwendung nur bei der Abwicklung bedeutender Geschäfte besonders besteht.[81] Damit einher geht die Notwendigkeit der Einarbeitung und die Funktionsweise und Handhabung der erforderlichen Hardware durch den Nutzer.[82] Schließlich spielt auch eine Rolle, dass für den einzelnen Nutzer der Vertriebsweg einer digitalen Signatur schwierig zu überblicken ist und er zudem die Kosten für die Nutzung selbst tragen müsste.[83] Angesichts der täglich millionenfach wahrgenommenen Möglichkeit zur Versendung unverschlüsselter, d.h. kostenloser, E-Mails ist

75 *Rieder*, Rechtsscheinhaftung im elektronischen Geschäftsverkehr, S. 51.

76 Vgl. das „Gesetz über Rahmenbedingungen für elektronische Signaturen (SigG)“ vom 16. Mai 2001, BGBl. I S. 876.

77 *Dörner*, AcP 202 (2002), 382 f.

78 Explizit mit den Rechtsfolgen eines Signaturmissbrauchs beschäftigt sich *Schnell*, Signaturmissbrauch und Rechtsscheinhaftung, S. 220 ff.

79 *Gundermann*, K&R 2000, 230; *Sosnitza/Gey*, K&R 2004, 466; *Härting*, Internetrecht, Rn. 501; *Kau*, Vertrauensschutzmechanismen im Internet, S. 58; zweifelnd auch *Franzen*, in: *Eberle/Ibler/Lorenz* (Hrsg.), Festschrift für Winfried Brohm, S. 274; a.A. wohl *Strömer*, Online-Recht, S. 304.

80 *Hoeren*, CR 2002, 296; *Mankowski*, NJW 2002, 2827; *Kath/Riechert* (Hrsg.), Internet-Vertragsrecht, Rn. 108 spricht von einem „Dornröschendasein“.

81 *Köhler/Arndt/Fetzer*, Recht des Internet, Rn. 208.

82 *Mankowski*, NJW 2002, 2826; *Rieder*, Rechtsscheinhaftung im elektronischen Geschäftsverkehr, S. 57.

83 *Kau*, Vertrauensschutzmechanismen im Internet, S. 57.

diesbezüglich eine Trendwende eher unwahrscheinlich.[84] An der digitalen Signatur wird einmal mehr deutlich, wie schwierig es ist, durch Technik allein Technik legitimieren zu können.[85]

III. Der Account als praxisgerechteste Lösung

Die am weitesten verbreitete Möglichkeit zur Absicherung einer elektronischen Willenserklärung ist die Benutzung eines kennwortgeschützten Accounts (Nutzerkonto). Hier wird die Möglichkeit zur Abgabe einer elektronischen Willenserklärung von der vorherigen Eingabe eines Benutzernamens und eines Passwortes abhängig gemacht.[86] So kann beispielsweise eine E-Mail nur mit dem dazugehörigen Passwort versendet werden. Aber auch ganze Unternehmen und Branchen machen zum Teil die vorherige Erstellung eines Nutzerkontos zur Voraussetzung für Geschäftsabschlüsse.[87] Am häufigsten findet sich diese Art der Sicherung beim Online-Banking, wo zugleich auch die Sicherungsmechanik relativ weit entwickelt ist.[88] Je nach Art eines Accounts ist die Neuerstellung an unterschiedliche Angaben des neuen Nutzers gebunden. Während einige E-Mail Adressen (also E-Mail Accounts) problemlos erstellt werden können, bedarf es bei anderen Providern einer postalischen Rückmeldung, womit die Angaben im Internet abgeglichen und verifiziert werden. Die Teilnahme am Online-Banking ist nur möglich, wenn man sich mit Personalausweis bei seiner Bank ausweisen kann und die Zusendung der für das Online-Banking notwendigen Unterlagen (z.B. sog. PIN- und TAN- Listen) an die angegebene Adresse beantragt. Insgesamt

---

84 *Härting*, Internetrecht, Rn. 501.

85 *Hoeren*, NJW 1998, 2854; *Koch*, Internet-Recht, S. 99; *Strömer*, Online-Recht, S. 307 ff.; a.A. *Köhler/Arndt/Fetzer*, Recht des Internet, S. 173, wonach nach Einführung der elektronischen Signatur das Identifikationsbedürfnis des Erklärenden ausreichend befriedigt ist.

86 Vgl. zu dieser Tendenz auch *Meyer*, Identität und virtuelle Identität, S. 32 f.

87 Beispiele hierfür sind der „iTunes Store“ von Apple oder das Internetauktionshaus eBay.

88 Beim gängigen PIN/TAN Verfahren erhält man zu seiner Kontonummer eine sog. PIN (Persönliche Identifikationsnummer), mit der man sich in sein (Benutzer)Konto einloggen kann. Vor jeder Transaktion wird man zur Eingabe einer bestimmten TAN (Transaktionsnummer) aufgefordert. Eine Liste mit mehreren TAN hat man entweder vorher von seiner Bank erhalten, oder die Zusendung der TAN erfolgt im Moment der Transaktion auf ein Mobiltelefon (SMS-TAN Verfahren). Darüber hinaus besteht mit Hilfe eines speziellen Gerätes die Möglichkeit zur individuellen Erstellung einer TAN im Rahmen des sog. Chip-TAN Verfahrens.

gesehen kann die Rolle von Accounts für den elektronischen Geschäftsverkehr an sich, aber auch für das Internet generell nicht überschätzt werden.[89]

IV. Möglichkeiten des Accountmissbrauchs

Jeder Internetnutzer hat heute bei verschiedenen Diensten unzählige Accounts. Mit der Zunahme dieser Benutzerkonten wächst die Anzahl an Passwörtern, die der einzelne Nutzer gezwungenermaßen behalten muss. Der Anreiz, die verschiedenen Passwörter (die im Optimalfall sogar regelmäßig gewechselt werden sollten), an der einen oder anderen Stelle schriftlich zu fixieren, ist sehr groß. Nicht nur deshalb besteht bei kennwortgeschützten Benutzerkonten ein gewisses Sicherheitsrisiko. Auch die technischen Möglichkeiten, um ein Passwort[90] auszuspähen, sind sehr verbreitet[91], weshalb die Gerichte bereits früh bzgl. der Sicherheitsqualität durch Passwörter Zweifel angemeldet haben.[92] Passwörter können also nicht nur in der realen Welt, sondern gleichzeitig auch im „Cyberspace" ausgespäht werden.[93] Auf die Frage, ob der Missbrauch eines Passwortes angesichts dieser Tatsachen Anknüpfungspunkt für eine Rechtsscheinhaftung des Accountinhabers sein kann, wird später noch zurückzukommen sein.[94] Letztlich soll ein durch Passwort geschützter Account jedenfalls sicherstellen, dass der Account nur von seinem tatsächlichen Inhaber verwendet wird und nur dieser Inhaber mit Hilfe seines Accounts rechtgeschäftlich relevant handelt.[95]

Dabei kann die Intention desjenigen, der einen Account rechtsgeschäftlich missbraucht, vielfältig sein. Neben der Absicht, den Accountinhaber etwa durch die Bestellung von Waren, Dienstleistungen etc. zu schaden, kommen auch kriminelle Motive in Betracht. So wäre es beispielsweise ohne weiteres möglich, die Ware an eine falsche, nur für diesen Anlass vorgespiegelte Adresse liefern zu lassen und dann abzugreifen.

---

89 Vgl. dazu auch AG Kerpen, Urt. v. 27.06.2014 - 104 C 106/14 = BeckRS 2014, 15342.

90 Gerade wenn es sich um einfache, kurze Passwörter handelt.

91 Siehe etwa zum sog. „Phishing" *Borges*, NJW 2005, 3313.

92 AG Erfurt MMR 2002, 127, 128; LG Bonn CR 2002, 293, 295; OLG Köln, CR 2003, 55; LG Bonn CR 2004, 218, 219; LG Magdeburg CR 2005, 466, 467. Diese auf die Sicherheitsmängel von Passwörtern verweisende Rechtsprechung ist nicht ohne Kritik geblieben, vgl. *Mankowski*, NJW 2002, 2823.

93 *Kau,* Vertrauensschutzmechanismen im Internet, S. 55.

94 Siehe S. 182 ff.

95 Ob derjenige, der einen Account eröffnet, auch derjenige ist, für den er sich z.B. über den Namen des Accounts ausgibt, ist eine andere Frage. Zur Klärung der Identität bietet sich die oben skizzierte postalische Rückkoppelung an.

V. Zwischenergebnis

Im Zuge des vorliegenden Abschnitts sollte deutlich geworden sein, dass auch Verträge die im Internet geschlossen werden, von der herkömmlichen Rechtsgeschäftslehre erfasst werden. Die Tatsache, dass Verträge „im elektronischen Geschäftsverkehr“ mittels „elektronischer Willenserklärungen“ geschlossen werden, fordert insoweit keine gesetzliche Änderung oder Neufassung. Selbstverständlich stellen sich angesichts technischer Entwicklungen alte dogmatische Fragen der Rechtsgeschäftslehre neu und aus anderem Blickwinkel. Mit einem dematerialisierten Vertragsschluss gerät der Aspekt des Vertrauens(schutzes) wieder verstärkt in den Blickpunkt.[96] Im Kern geht es dabei um die Frage, wie sehr das Vertrauen auf die Integrität und Identität eines Vertragspartners schützenswert ist. An dieser Stelle knüpft die zentrale Problemstellung dieser Arbeit an. Wie kann eine Person, die einem Dritten das rechtsgeschäftliche Auftreten in ihrem Namen (fahrlässig) ermöglicht hat, vom auf die Identität von Handelndem und Namensträger vertrauendem Vertragspartner in Anspruch genommen werden?

96 Siehe *Boehme-Neßler*, MMR 2009, 442 f.; *Knopp/Wilke/Hornung u. a.*, MMR 2008, 727 f.

§ 3 Der rechtsgeschäftliche Accountmissbrauch in der Rechtsprechung

Über die rechtsgeschäftliche Einordnung der missbräuchlichen Verwendung eines Accounts im Internet hat der BGH im Jahr 2011 zum ersten Mal grundsätzlich entschieden.[97] Von der Schilderung dieses Falls ausgehend, können die sich in diesem Zusammenhang ergebenden dogmatischen Fragen exemplarisch vor Augen geführt werden.

A. Die Entwicklung der Rechtsprechung

Die Einordnung dieses Urteils erfordert jedoch zunächst die Darstellung der Rechtsprechung bzgl. ähnlich gelagerter Problemstellungen. Das Auftreten eines Dritten „unter" einem Anschluss hatte bereits in den 1990er Jahren die Gerichte im Zusammenhang mit dem sog. Bildschirmtextsystem beschäftigt. Ebenfalls im Umfeld der Telekommunikation spielt eine weitere Entscheidung des BGH zu der Annahme eines R-Gespräches durch eine dritte Person. Schließlich soll auch auf die sog. „Halzband"-Entscheidung des BGH eingegangen werden, in der sich das Gericht mit der deliktischen Seite des Account-Missbrauchs auseinandergesetzt hat.

I. Die Btx-Rechtsprechung

Beim Bildschirmtextsystem handelt es sich um ein heute überholtes Kommunikationssystem, aus den 1980er Jahren, bei dem die Teilnehmer mit Hilfe einer Datenverarbeitungsanlage mit einem Bildschirmtextanbieter verbunden waren.[98] Als Bildschirmtextanbieter waren vor allem Banken und Großhändler aktiv, bei denen ein Nutzer z.B. Bankaufträge und Bestellungen tätigen konnten. Die Bedienung dieses Systems erfolgte über an das Btx-System angeschlossene Endgeräte, welche mit einem Passwort gesichert waren. Auch hier hatte sich bereits die Frage gestellt, wann einem Btx-Nutzer die missbräuchliche Verwendung seines Anschlusses durch Dritte zugerechnet wird. Ähnlich wie die heute h.M. hatten die Gerichte diese Fälle zunächst als Handeln unter fremdem Namen

---

97 BGH Urt. vom 11.Mai 2011, VIII ZR 289/09 = BGHZ 189, 346 ff.

98 Siehe zur genauen technischen Konstruktion *Traut,* Rechtsfragen zu Bildschirmtext, S. 8 ff.

eingeordnet.[99] In der Tat unterscheiden sich diese Konstellationen nicht von dem Missbrauch eines Nutzerkontos im Internet.[100] Ohne tiefergehende Begründung hatte die Rechtsprechung sodann auf die analoge Anwendung der Stellvertretungsregeln abgestellt, wovon nach dieser Auffassung auch die Anwendung der Duldungs- und Anscheinsvollmacht umfasst waren:[101] Wer fahrlässig das Auftreten eines Dritten unter seinem Namen (d.h. unter seinem Btx-Anschluss) verursacht und nicht verhindert, dem wird das Handeln des Dritten aus den Gesichtspunkten der Anscheinsvollmacht zugerechnet.[102] Genau wie bei den heutigen Missbrauchsfällen von Accounts im Internet stellten die Gerichte hier die Sicherung des Btx-Geräts durch Passwort in den Mittelpunkt und begründeten die Einstandspflicht des Nutzers mit der unsachgemäßen Sicherung (durch Kennwort).[103] Diese Rechtsprechung, wonach die Anscheinsvollmacht auch für das Handeln unter fremdem Namen Anwendung finden soll, hat in der Literatur weitestgehend Beifall erfahren und ist jedenfalls ohne größere Kritik geblieben.[104] Kritische Worte findet aber *Redeker*, der auf den Grad an Sicherheit abstellt, der hinter dem Identifizierungsverfahren des Btx-Gerätes steht.[105] Zu einfache Verfahren könnten das Vertrauen des Geschäftspartners darauf, dass nur der

---

99 LG Ravensburg NJW-RR 1992, 111; OLG Oldenburg NJW 1993, 1400; OLG Köln NJW-RR 1994, 177.

100 So auch *Hanau*, Handeln unter fremder Nummer, S. 50 f.

101 OLG Köln NJW-RR 1994, 178.

102 OLG Oldenburg NJW 1993, 1400.

103 LG Ravensburg NJW-RR 1992, 111.

104 *Paefgen*, Bildschirmtext aus zivilrechtlicher Sicht, S. 72 ff.; *Lachmann*, NJW 1984, 405 ff.; *Traut*, Rechtsfragen zu Bildschirmtext, S. 108; *Köhler*, in: *Hübner/Brack/Oehler* (Hrsg.), Rechtsprobleme des Bildschirmtextes, S. 63; *Borsum/Hoffmeister*, NJW 1985, 1205 ff. wollen hingegen einen an die Anscheinsvollmacht angelehnten Rechtsscheintatbestand neuer Art anwenden.

105 *Redeker*, NJW 1984, 2393; Ablehnend auch *Kreis*, Vertragsschluss mittels Btx, S. 73 ff.: Die Kommunikation über Btx erfolge nur zwischen zwei Anschlüssen, weshalb für den Geschäftspartner nur der tatsächliche Anschlussinhaber erkennbar sei. Deshalb sei es dem Geschäftspartner auch unmöglich festzustellen, ob das Verhalten des Dritten, der unter dem Namen des Anschlussinhabers handelt, von einer „gewissen Häufigkeit und Dauer" sei. Dieses Merkmal sei aber wesentlich für das Vorliegen einer Anscheinsvollmacht und insoweit auch unverzichtbar. Eine Anscheinsvollmacht scheide somit aus. Letztlich befürwortet auch *Kreis* eine Haftung des Btx-Anschlussinhabers für das missbräuchliche Verhalten Dritter als „Btx-Rechtsscheinhaftung ‚sui generis'". Diese Haftung macht er – angelehnt an *Redeker* – von absolut sicheren Identifikationssystemen abhängig.

tatsächliche Btx-Anschlussinhaber der Handelnde sei, nicht rechtfertigen.[106] Letztendlich bestätigt aber auch er für die Sicherung des Btx-Anschlusses durch Nutzerkennung und Passwort eine Haftung des Anschlussinhabers. Er will diese Haftung allerdings auf den kaufmännischen Bereich beschränken.[107]

II. Haftung für den Telefonanschluss (R-Gespräch) - BGHZ 166, 369[108]

Eine weitere technische Entwicklung brachte die rechtliche Problematik des Handelns unter fremdem Namen „unter" dem Telefonanschluss eines anderen zum BGH. In etwa seit Beginn des Jahrtausends besteht auch in Deutschland die Möglichkeit eines sog. R-Gesprächs. Das „R" bedeutet „reverse charged", womit zum Ausdruck gebracht wird, dass ein solcher Anruf umgekehrt – also dem Angerufenen – in Rechnung gestellt wird. Weil der Angerufene die Kosten trägt, muss er die Annahme eines solchen Gesprächs entweder mit einer Zahlenkombination oder mit einer mündlichen Willensäußerung bestätigen. Rechtlich interessant im vorliegenden Zusammenhang wird ein R-Gespräch dann, wenn es von einem Dritten und eben nicht vom Anschlussinhaber entgegengenommen wird.[109] Es liegt auf der Hand, dass die Frage, inwieweit ein Anschlussinhaber für das missbräuchliche Verhalten (teilweise minderjähriger) Dritter haftet, eng mit der hier zu behandelnden Problemstellung um die rechtsgeschäftliche Haftung eines Accountinhabers verbunden ist.

Der BGH hatte sich mit der rechtlich umstrittenen Frage[110] nach der Haftung des Anschlussinhabers im Jahr 2006 auseinanderzusetzen. Die 16-jährige

---

106 Es wird allerdings nicht hinreichend deutlich, was *Redeker* mit „sehr einfachen Identifizierungsverfahren" genau meint. Aus dem Gesamtzusammenhang könnte man jedenfalls schließen, dass er die Fälle ausnehmen will, in denen der Btx-Anschluss gar nicht gesichert ist, also die bloße Betätigung des (freien) Anschlusses durch den Dritten vorliegt.

107 *Redeker*, NJW 1984, 2393 f.; diese Beschränkung ist wohl vor allem mit Blick auf die Rechtsscheinlehre von Canaris zu verstehen, vgl dazu S. 108 ff., *Redekers* Argumentation ist indes nicht nachvollziehbar. Warum soll nur ein Kaufmann in der Lage sein, sein Passwort sicher zu verwahren und dieses z.B. regelmäßig zu wechseln? Vgl. dazu auch *Paefgen*, Bildschirmtext aus zivilrechtlicher Sicht, S. 72 f.

108 BGH Urt. vom 16. März 2006 – III ZR 152/05.

109 Zu anderen rechtlichen Fragen im Zusammenhang mit R-Gesprächen vgl. *Schmidt*, Jura 2007, 209 f.

110 AG Nettetal MMR 2005, 490; AG Frankfurt am Main MMR 2005, 488; AG Fürth/Odenwald MMR 2005, 489; LG Frankfurt am Main MMR 2005, 489; LG Paderborn MMR 2005,480; AG Braunschweig MMR 2004, 705; AG Regensburg MMR 2005, 200; AG Limburg MMR 2005, 488; AG Hamburg-Altona MMR 2005, 485;

Tochter der Beklagten hatte ein R-Gespräch ohne Wissen und Wollen der Beklagten entgegengenommen. Der Telekommunikationsanbieter verklagte daraufhin die Beklagte auf Zahlung des nicht unerheblichen Entgelts für dieses R-Gespräch. Bei der Frage, ob ein Vertrag über die Dienstleistung zu Stande gekommen war, setzte sich der BGH zunächst damit auseinander, ob die Tochter zur Annahme von R-Gesprächen bevollmächtigt war.[111] Damit nahm der BGH gleichsam konkludent ein Handeln unter fremdem Namen an.[112] Eine Bevollmächtigung gem. §§ 164 ff. analog lehnte er sodann ab, weil in der „schlichten Gestattung" zur Nutzung des Telefons nicht auf die Bevollmächtigung zur Annahme von R-Gesprächen geschlossen werden dürfe.[113] Zur „Kardinalfrage" wurde damit, ob das Handeln der Tochter der Beklagten aus Gesichtspunkten der Anscheinsvollmacht zugerechnet werden konnte.[114] Die Voraussetzungen der Anscheinsvollmacht vermochte der BGH aber im konkreten Fall nicht zu erkennen, weil es an dem erforderlichen „Vertrauenstatbestand" fehle, solange der Dritte nicht „wiederholt und über eine gewisse Dauer" R-Gespräche entgegennehme.[115] Gleichzeitig stellte das Gericht aber auch fest, dass die herkömmlichen Kriterien – so auch das Merkmal des wiederholten und über eine gewisse Dauer Auftretens eines Dritten – für die Anscheinsvollmacht in diesen Fallgestaltungen „nicht passen"[116].

Darüber hinaus stellt das Gericht jedoch noch weitergehende Überlegungen an, in denen der eigentliche „Clou"[117] der Entscheidung liegt: „Der der Anscheinsvollmacht zugrunde liegende Rechtsgedanke, nach dem ein Teilnehmer am Rechtsverkehr für das seiner Risikosphäre zuzurechnende Verhalten Dritter auch vertraglich einzustehen hat, ist im Bereich der Telekommunikati-

---

AG Crailsheim NJW-RR 2005, 851; AG Völklingen MMR 2005, 482; AG Kassel NJW-RR 2005, 1142; LG Potsdam NJW-RR 2006, 192.

111 BGHZ 166, 369, 372 f.

112 *Schmidt*, Jura 2007, 207; *Klees*, CR 2006, 459.

113 BGHZ 166, 369, 373.

114 *Lobinger*, JZ 2006, 1078; Diese Frage war auch schon für die Instanzgerichte der Knackpunkt gewesen. Für die Anscheinsvollmacht: AG Nettetal MMR 2005, 490; AG Fürth/Odenwald MMR 2005, 489; LG Berlin ZAP 2002, 565; ähnlich auch *Hanau,* Handeln unter fremder Nummer, S. 179 f.; Gegen die Anscheinsvollmacht: AG Braunschweig MMR 2004, 705; AG Regensburg MMR 2005, 200; AG Völklingen MMR 2005, 482; AG Kassel NJW-RR 2005, 1142; LG Potsdam NJW-RR 2006, 192, 193.

115 BGHZ 166, 369, 375.

116 BGHZ 166, 369, 374.

117 *Schmidt*, Jura 2007, 207.

onsdienstleistungen über die herkömmlichen Fallgruppen hinaus anwendbar. [...] Auf einen individuell geschaffenen Vertrauenstatbestand kommt es danach im Hinblick auf die Tatsache, dass es sich bei der Erbringung von Verbindungsdienstleistungen um ein praktisch vollständig technisiertes, anonymes Massengeschäft handelt, nicht mehr an."[118] Die gesetzliche Grundlage dafür sah der BGH in § 16 Abs. 3 S. 3 TKV a.F.[119] Mit den soeben geschilderten Ausführungen hat der BGH in diesem Urteil einen neuen Rechtsscheintatbestand für Telekommunikationsdienstleistungen (weiter)entwickelt. Für eine Haftung des Anschlussinhabers kommt es nach dieser Entscheidung des BGH also nur noch darauf an, ob der Anschlussinhaber das Handeln des Dritten zu vertreten hat.[120] Damit er die im Verkehr erforderliche Sorgfalt einhält, muss der Anschlussinhaber alle ihm zumutbaren geeigneten Vorkehrungen treffen, um eine missbräuchliche Nutzung seines Telefonanschlusses zu verhindern.[121] Da zum Zeitpunkt des Urteils nach Ansicht des Gerichts nur unzureichende Sicherungsmöglichkeiten verfügbar waren, hat der BGH die Haftung der Beklagten letztlich verneint.[122]

Der entscheidende Punkt dieser Entscheidung liegt in der Schaffung von „Sonderrecht"[123] für den Bereich der Telekommunikationsdienstleistungen durch den BGH. In diesem Bereich kann also schon ein einmaliges missbräuchliches Handeln eines Dritten eine Haftung des Anschlussinhabers begründen,

---

118 BGHZ 166, 369, 375 f.

119 § 16 Abs. 3 der Telekommunikations-Kundenschutzverordnung (TKV) lautet: Dem Anbieter obliegt der Nachweis, die Leistung bis zu der Schnittstelle, an der der allgemeine Netzzugang dem Kunden bereitgestellt wird, technisch einwandfrei erbracht und richtig berechnet zu haben. Ergibt die technische Prüfung Mängel, die die beanstandete Entgeltermittlung beeinflusst haben könnten, wird widerleglich vermutet, dass die Verbindungsentgelte des Anbieters unrichtig ermittelt sind. Ist der Nachweis erbracht, dass der Netzzugang in vom Kunden nicht zu vertretendem Umfang genutzt wurde, oder rechtfertigen Tatsachen die Annahme, dass die Höhe der Verbindungsentgelte auf Manipulationen Dritter an öffentlichen Telekommunikationsnetzen zurückzuführen ist, ist der Anbieter nicht berechtigt, die betreffenden Verbindungsentgelte vom Kunden zu fordern (heute § 45i Abs. 4 1 TKG).

120 *Schmidt*, Jura 2007, 208.

121 Palandt/*Ellenberger*, § 172 Rn. 18; *Spindler/Anton*, in: Spindler/Schuster, § 164 BGB Rn. 10.

122 BGHZ 166, 369, 380.

123 *Lobinger*, JZ 2006, 1079; *Klees* spricht nur von einem Abschmelzen der Voraussetzungen der Anscheinsvollmacht, vgl. *Klees*, CR 2006, 460.

während bei der Anscheinsvollmacht ein mehrmaliges Verhalten gegeben sein müsste.[124]

Diese in der Literatur[125] sehr kontrovers aufgenommene Entscheidung lässt das Bemühen des BGH erkennbar werden, die Anscheinsvollmacht als hergebrachten Rechtsscheintatbestand den technischen Entwicklungen möglichst gerecht anzupassen.[126]

III. Die Halzband-Entscheidung (BGHZ 180, 134)[127] – Störerhaftung im Internet

Schließlich können an einem weiteren Fall die Grundlinien der Rechtsprechung zur Haftung für das Handeln Dritter im Internet aufgezeigt werden. In der mittlerweile berühmt gewordenen „Halzband"-Entscheidung des BGH ging es nicht um die hier im Mittelpunkt stehende Frage nach der rechtsgeschäftlichen Haftung eines Accountinhabers, sondern um dessen deliktische Verantwortlichkeit für das Handeln eines Dritten „unter" seinem Account. Unter dem eBay-Account des Beklagten wurde eine nachgeahmte Cartier-Halskette mit den Worten „SS-Super...Tolle...Halzband [sic] (Cartier Art)" zum Kauf angeboten. Die Klägerin sah darin eine Verletzung von ihr zustehenden Markenrechten und machte neben Schadensersatz auch einen Unterlassungsanspruch geltend. Der Beklagte

124 *Klees*, CR 2006, 460.

125 Siehe *Härting*, BGHR 2006, 868; *Zagouras*, NJW 2006, 2370; *Stöber*, JR 2012, 230; *Schmidt*, Jura 2007, 207 f.; Sehr kritisch ist *Lobinger*, JZ 2006, 1079, der eine Wiederauferstehung der Lehre von den faktischen Verträgen gekommen sieht. Durch das vom BGH geschaffene Sonderrecht werde eine vertragliche Bindung konstruiert, die völlig von einem Erklärungs- und Vertrauenstatbestand abgekoppelt sei. Zum Zurechnungsgrund werde ähnlich der Lehre von den faktischen Verträgen die „tatsächliche Inanspruchnahme der Leistung" (*Haupt*, in: *Leipziger Juristenfakultät* (Hrsg.), Festschrift der Leipziger Juristenfakultät für Dr. Heinrich Siber, S. 9). Wenngleich die Entscheidung des BGH durchaus verwundert, besteht zu solchem Fatalismus kein Anlass. Auch im Bereich der Telekommunikationsdienstleistungen wird ein Vertrag weiterhin durch Angebot und Annahme geschlossen, so auch *Klees*, CR 2006, 460. *Lobingers* Extremposition erklärt sich aus seiner generellen Ablehnung einer Vertrauens- oder Rechtsscheinhaftung, vgl. nur *Lobinger*, Rechtsgeschäftliche Verpflichtung und autonome Bindung, S. 237 ff.

126 Eine „Modernisierung" der Grundsätze der Anscheinsvollmacht fordert *Härting*, BGHR 2006, 869; *Zagouras*, NJW 2006, 2370 begrüßt zwar die Entscheidung, sieht aber angesichts „mangelnder Effizienz des zivilrechtlichen Rechtsgüterschutzes" im Bereich dieser technischen Neuentwicklungen den Gesetzgeber gefordert.

127 BGH Urt. vom 11.03.2009 – I ZR 114/06.

gab an, ihn treffe für das Angebot keine Verantwortung, da seine aus Lettland stammende Frau sein Nutzerkonto ohne sein Wissen und Wollen benutzt habe.

Der BGH nahm diese Fallgestaltung zum Anlass, einen „selbstständigen Zurechnungsgrund" für deliktisches Verhalten im Internet[128] zu entwickeln.[129] Anknüpfungspunkt für die Zurechnung sei die unzureichende Sicherung der Zugangsdaten durch den Accountinhaber: „Benutzt ein Dritter ein fremdes Mitgliedskonto bei eBay, nachdem er an die Zugangsdaten dieses Mitgliedskontos gelangt ist, weil der Inhaber diese nicht hinreichend vor dem Zugriff Dritter gesichert hat, muss der Inhaber des Mitgliedskontos sich so behandeln lassen, wie wenn er selbst gehandelt hätte".[130] Darüber hinaus macht das Gericht deutlich, dass dieser Zurechnungsgrund nicht erst eingreift, wenn der Accountinhaber von der missbräuchlichen Verwendung seines Nutzerkontos Kenntnis erlangt und diesen Zustand andauern lässt. Bereits die erste und einmalige Handlung des Dritten wird ihm zugerechnet.[131]

Ganz deutlich wird hieran der Unterschied zum Rechtsscheintatbestand der Anscheinsvollmacht mit ihrer Voraussetzung des „wiederholten und über eine gewisse Dauer auftretenden Verhaltens" des vermeintlichen Vertreters.[132] Für das Verschulden des Accountinhabers ist lediglich notwendig, dass er mit dem missbräuchlichen Verhalten hätte rechnen müssen, was nach dem BGH allerdings bei engen Familienangehörigen in der Regel nicht der Fall sein soll. Abschließend deutet das Gericht an, dass eine Übertragung dieser für den deliktischen Bereich entwickelten Haftungsgrundsätze auf den vertraglichen d.h. rechtsgeschäftlichen Bereich nicht möglich sei.[133]

B. BGHZ 189, 346[134] ff. und die neue Lösung des BGH

Vor dem Hintergrund der vorgestellten Grundlinien in der bisherigen Rechtsprechung hatte der BGH im Jahr 2011 erstmals über die Frage der rechtsgeschäftlichen Bindung eines Accountinhabers für das Handeln eines Dritten

---

128 Auch hier wird für den Großteil der Fälle das deliktische Verhalten von einem Account ausgehen.

129 BGHZ 180, 134, 138 ff.

130 BGHZ 180, 134, 139.

131 BGHZ 180, 134, 142.

132 Vgl. zu diesem Merkmal auch S. 19, wo der BGH deshalb die Anscheinsvollmacht verneint hatte.

133 BGHZ 180, 134, 140 f.; in BGHZ 189, 346, 355 jedenfalls stützt sich der BGH in seinen Ausführungen zur Unübertragbarkeit dieser Grundsätze auf diese Stelle.

134 BGH Urt. vom 11.05.2011 – VIII 289/09.

unter seinem Account zu entscheiden. Entscheidende Bedeutung hat dieses Urteil deshalb, weil der BGH sich bis dahin nicht über die rechtsgeschäftlichen Folgen des Handelns unter fremdem Namen im Internet und die Anwendung der Rechtsscheinvollmachten für diese Fälle geäußert hatte.

I. Zum Sachverhalt

Der Ehemann (und damalige Verlobte) der Beklagten hatte am 3. März 2008 über den eBay-Account der Beklagten von ihr unbemerkt eine komplette Gastronomieeinrichtung mit dem Startgebot von 1 € zum Verkauf angeboten. Der eBay-Account der Beklagten war mit einem Passwort gesichert, von der Benutzung durch ihren Ehemann hatte die Beklagte keine Kenntnis. Er war nur durch Zufall unter Abwesenheit der Beklagten an ihre Zugangsdaten gelangt. Am 4. März 2008, neun Tage vor Ablauf der eBay-Auktion, gab der Kläger über seinen eBay-Account ein Maximalgebot von 1.000,00 € zum Kauf der Einrichtung ab. Einen Tag später wurde die Auktion durch eine Rücknahme des Angebots durch die Beklagte beendet. Der Kläger war zum Zeitpunkt der Beendigung der Auktion der Höchstbietende. In den zum Zeitpunkt des Vorgangs gültigen Allgemeinen Geschäftsbedingungen von eBay, denen jeder Nutzer bei Anmeldung zustimmen muss, war bestimmt, dass die Nutzer grundsätzlich für alle Aktivitäten aus ihrem Account heraus haften.[135] Nach Rücknahme der Auktion verlangte der von einem Vertragsschluss ausgehende Kläger die Lieferung der Gastronomieeinrichtung von der Beklagten, die dieser Aufforderung nicht nachkam. In der Folge machte der Kläger einen Schadensersatzanspruch nach §§ 280 Abs. 1, Abs. 3 i.V.m. § 281 in Höhe von 32.280,00 € geltend. Die Höhe ergab sich durch die Bezifferung des Wertes der Einrichtung in Höhe von 33.280,00 € abzüglich 1.000,00 €, die der Kläger als Kaufpreis geboten hatte.

II. Das Urteil

Voraussetzung eines Schadensersatzanspruches nach §§ 280 Abs. 1, Abs. 3 i.V.m. § 281 ist stets ein wirksames Schuldverhältnis. Insoweit kam der Frage wesentliche Bedeutung zu, ob zwischen beiden Parteien ein Vertrag geschlossen wurde. Der BGH unterstreicht hier seine Rechtsprechung zum Vertragsschluss bei Internetauktionen[136], wonach sich der Vertragsschluss nicht nach § 156 bestimmt,

---

135 § 2 Ziffer 9 der eBay AGB lautet (Mai 2014): „Mitglieder haften grundsätzlich für sämtliche Aktivitäten, die unter Verwendung ihres Mitgliedskontos vorgenommen werden".

136 BGHZ 149, 129; BGH NJW 2005, 53, 54.

sondern nach den herkömmlichen Vorschriften der §§ 145 ff.[137] Der Vertrag kommt demzufolge durch ein Angebot (*ad incertas personas*) des Anbieters, welches in der Freischaltung der Angebotsseite liegt, und der Annahme durch den Käufer, welche in dessen Gebot zu sehen ist, zu Stande.[138] Die Beklagte müsste also entweder das Auktionsangebot über die Einrichtungsgegenstände selbst abgegeben haben, oder ihr müsste das Auktionsangebot jedenfalls zurechenbar sein. Der BGH hielt an dieser Stelle fest, dass die Beklagte selbst kein Angebot auf die Internetplattform eBay eingestellt habe. Möglich sei aber eine Zurechnung des Verhaltens ihres Ehemanns, denn nach der gerichtlichen Feststellung hatte dieser das Auktionsangebot freigeschaltet.[139]

Eine solche Zurechnung wäre aber nur dann in Betracht gekommen, wenn sich nach dem Gesamteindruck des Angebots dieses nicht als Eigengeschäft des Ehemanns dargestellt hätte. Denn auch beim Auftreten eines Dritten unter fremdem Namen (welches der BGH hier stillschweigend annimmt[140]), kann nach Ansicht des BGH ein Eigengeschäft des Handelnden vorliegen, wenn das Geschäft nach außen als sein eigenes Geschäft erscheint.[141] Der BGH ließ für diesen Anschein des Eigengeschäfts nicht genügen, dass der Ehemann das Angebot zwar unter dem eBay-Account seiner Ehefrau eingestellt hatte, dabei aber seine E-Mail-Adresse und seine Mobilfunknummer angegeben hatte. Aus der Sicht der potentiellen Käufer sei die Beklagte unzweifelhaft Urheberin des Verkaufsangebotes. Die bloße Mitteilung von Kontaktdaten sei nicht geeignet, dieses zu wiederlegen. Entscheidend seien für die potentiellen Käufer die bei der Auktionsplattform eBay hinterlegten Informationen über Person und Anschrift des Kontoinhabers.[142]

Nachdem der BGH ein Handeln unter fremdem Namen bejaht hat, wendet er sich den Rechtsfolgen zu. Danach finden die Regeln über die Stellvertretung

137 BGHZ 189, 346, 349.

138 *Biallaß*, in: *Borges* (Hrsg.), Rechtsfragen der Internet-Auktion, S. 27; *Spindler/Anton*, in: Spindler/Schuster, § 156 Rn. 4; Nach anderer Ansicht liegt in der Freischaltung des Angebots eine antizipierte Annahme des durch das Gebot des Käufers abgegebenen Angebots, Palandt/*Ellenberger*, § 156 Rn. 3; vgl. auch *Klees/Keisenberg*, MDR 2011, 1214 f.

139 BGHZ 189, 346, 350.

140 Vgl. zu der hier vertretenen davon abweichenden Ansicht, wonach von einem „Handeln unter fremdem Namen" nur gesprochen werden sollte, wenn eine Identitätstäuschung gegeben ist S. 35.

141 BGHZ 45, 193, 195 f.; BGH NJW-RR 1988, 814; BGH NJW-RR 2006, 701.

142 BGHZ 189, 346, 350; im Anschluss an OLG München NJW 2004, 1328; LG Aachen NJW-RR 2007, 565.

(§§ 164 ff.) entsprechende Anwendung[143], auch wenn sich der Vertragsschluss im Internet abgespielt hat.[144] Hier konnte das Gericht aber weder eine Bevollmächtigung des Ehemanns zur Einstellung der Gastronomieeinrichtung analog § 164 Abs. 1 S. 1 feststellen, noch aus einem Verhalten der Ehefrau auf eine Genehmigung analog § 177 Abs. 1 schließen. Deshalb erfolgt sodann die Prüfung, ob eine Zurechnung des Handelns des Ehemanns nach den Grundsätzen über die Duldungs- und Anscheinsvollmacht erfolgen kann. In diesem Rahmen und schon durch diese Prüfung macht der BGH deutlich, dass er diese Rechtsscheinvollmachten dem Grunde nach für das Handeln unter fremdem Namen für anwendbar hält.[145]

Eine Duldungsvollmacht konnte nach dem BGH hier nicht angenommen werden, weil die Beklagte keine Kenntnis vom Handeln ihres Ehemanns hatte und ihm die Zugangsdaten für ihren eBay Account auch nicht willentlich preisgegeben hat. Hier arbeiteten die Richter dessen ungeachtet heraus, unter welchen Voraussetzungen für das Handeln unter fremdem Namen eine Duldungsvollmacht vorliegen könne. Es sei dann auf das Verhalten des Namensträgers abzustellen und so zu überprüfen, ob dieser einen „Duldungstatbestand" hinsichtlich des Auftretens unter fremdem Namen geschaffen habe.[146] Damit blieb für die analoge Heranziehung stellvertretungsrechtlicher Regeln noch die Anscheinsvollmacht.

Auch für die Anscheinsvollmacht stellte der BGH klar, dass es beim Handeln unter fremdem Namen auf das Verhalten des Namensträgers ankomme, also auf die Frage, ob dieser das Auftreten eines Dritten unter fremdem Namen „bei pflichtgemäßer Sorgfalt" hätte verhindern können und müssen.[147] Hier verweist das Urteil zunächst darauf, dass innerhalb enger Familienbeziehungen nicht damit gerechnet werden muss, dass es zu einem Missbrauch eines Nutzerkontos kommt. In Betracht käme nach dem BGH eine Zurechnung allenfalls, wenn die Beklagte ihre Zugangsdaten „nicht hinreichend vor dem Zugriff des Ehemanns" gesichert hätte.

Im Urteil scheiterte die Anscheinsvollmacht aber schon an einem anderen Punkt: Die Grundsätze der Anscheinsvollmacht kommen nach dem BGH nur in Betracht, „wenn das Verhalten des einen Teils, aus dem der Geschäftsgegner

143 BGHZ 189, 346, 350; im Anschluss an BGHZ 45, 193, 195 f.; BGH NJW-RR 2006, 701.

144 Bestätigung von OLG München NJW 2004, 1328 f.; OLG Köln NJW 2006, 1676; OLG Hamm NJW 2007, 611, 612.

145 BGHZ 189, 346, 351 f.

146 BGHZ 189, 346, 352.

147 BGHZ 189, 346, 353.

auf die Bevollmächtigung des Dritten glaubt schließen zu können, von einer gewissen Dauer und Häufigkeit ist".[148] Hier lehnte der BGH die Anwendung der Anscheinsvollmacht also deshalb ab, weil der Ehemann der Beklagten den eBay-Account der Beklagten zum ersten Mal missbräuchlich genutzt hatte. Eine einmalige missbräuchliche Nutzung konnte demnach nicht zum Entstehen eines „Vertrauenstatbestands" gegenüber dem Kläger führen. Allerdings setzte sich der BGH sodann damit auseinander, ob auf dieses Erfordernis etwa verzichtet werden kann, weil für den Geschäftspartner aufgrund der Gegebenheiten im Internetverkehr alleine die Beklagte als die aus ihrem eBay-Account heraus handelnde Person erscheint. Im Ergebnis wurde ein solcher Verzicht dann aber mit dem Argument abgelehnt, die Sicherheitsstandards im Internet böten keinen ausreichenden Schutz vor Ausspähung und Diebstahl der Zugangsdaten, weshalb nicht sichergestellt sei, dass „unter einem registrierten Mitgliedsnamen[149] ausschließlich dessen tatsächlicher Inhaber auftritt".[150]

Im Anschluss an diese Ablehnung einer Zurechnung des Verhaltens des Ehemanns der Beklagten aus stellvertretungsrechtlichen Grundsätzen ging der BGH der Frage nach, ob sich eine Zurechnung aus dem von ihm im sog. „Halzband"-Urteil[151] neu entwickelten Zurechnungskriterien ergeben könnte. Im Gegensatz zum hier betrachteten Urteil ging es im „Halzband"-Fall aber um die Zurechnung eines deliktischen Verhaltens.[152] Eine Übertragung dieser Rechtsprechung auf die rechtsgeschäftliche Haftung eines Accountinhabers hielt der BGH deshalb nicht für möglich. Im Deliktsrecht habe der Schutz absoluter Rechte stets Vorrang vor den Interessen des Schädigers, wohingegen hier die Interessen des Geschäftspartners hinter denen des Namensträgers bzw. Accountinhabers zurückstehen mussten.[153]

Schließlich untersuchte der BGH, ob sich eine Haftung der Beklagten aus § 2 Ziffer 9 der Allgemeinen Geschäftsbedingungen[154] von eBay herleiten ließe.

---

148 BGHZ 189, 346, 353; für die gewöhnliche Anwendung der Anscheinsvollmacht entspricht dies der ständigen Rechtsprechung: BGH WM 1977, 1169, 1170; BGH NJW 2007, 987, 989; BGH NJW 1998, 1854, 1855; BGHZ 166, 369, 375; siehe dazu auch unten S. 69 f.

149 Gemeint ist ein Nutzerkonto bzw. Account.

150 BGHZ 189, 346, 354.

151 BGHZ 180, 134.

152 In Frage kamen Ansprüche aus § 97 UrhG, § 14 MarkenG, §§ 8,9 UWG.

153 BGHZ 189, 346, 355.

154 „Mitglieder haften grundsätzlich für sämtliche Aktivitäten, die unter Verwendung ihres Mitgliedskontos vorgenommen werden", vgl. Fn. 135.

Wenngleich der Accountinhaber danach für „sämtliche Aktivitäten" aus seinem Account heraus haftbar gemacht werde, gelte dies aber nur zwischen den Vertragsparteien der AGB. Weil diese nur zwischen dem Nutzer und eBay vereinbart waren, komme ihnen generell keine Wirkung gegenüber den Vertragsparteien (Anbieter und Bieter) zu.[155] Nur für eine Auslegung der Erklärungen seien die AGB hinzuzuziehen. Daneben lehnte der BGH auch ab, in der Klausel einen Vertrag zugunsten Dritter gem. § 328 oder einen Vertrag mit Schutzwirkung für Dritte zu erkennen. Aus der Klausel folge aber die Pflicht des Accountinhabers gegenüber dem Plattformbetreiber eBay, etwaige durch den Missbrauch entstandene Schäden zu ersetzen.

Nach alledem lag entsprechend der Prüfung des BGH kein Schuldverhältnis vor, weshalb das Gericht einen Anspruch gem. §§ 280 Abs. 1, Abs. 3 i.V.m. § 281 verneinte.

155 BGHZ 189, 346, 355.

§ 4 Kritische Würdigung der Rechtsprechung

Der BGH hat die Frage der rechtsgeschäftlichen Bindung eines Accountinhabers in der vorliegenden Entscheidung aus mehreren Gesichtspunkten geprüft und letztlich verneint. Es wird zunächst deutlich, dass der Ausgangspunkt zur Frage der rechtsgeschäftlichen Bindung des Vertragspartners in der Anwendung des Rechtsinstituts „Handeln unter fremdem Namen" zu sehen ist. Über dieses Scharnier gelangt die Rechtsprechung nach Prüfung einer Bevollmächtigung, einer Genehmigung sowie einer Duldungsvollmacht schließlich zur Prüfung der Anscheinsvollmacht. Der Anscheinsvollmacht wird hier die weitaus größte Bedeutung in der Praxis zukommen.[156] Der Grund hierfür liegt schlicht in der Häufigkeit der Fälle.

Eine kritische Auseinandersetzung mit der Rechtsprechung muss daher von einer Untersuchung des Handelns unter fremdem Namen und der Anscheinsvollmacht ausgehen. Zu diesem Zweck wendet sich diese Arbeit im folgenden Kapitel den genannten Rechtsinstituten zu, um sich daran anschließend vor dem Hintergrund der Rechtsprechung ihre gemeinsamen Anwendung für die Fälle des Accountmissbrauchs zu untersuchen. Auf diese Weise soll letztlich die dogmatische Folgerichtigkeit des von Rechtsprechung[157] und Lehre[158] eingeschlagenen Wegs überprüft werden.

---

156 Siehe nur OLG Bremen MMR 2012, 593; LG Bonn MMR 2002, 255; AG Erfurt MMR 2002, 127; LG Bonn MMR 2004, 179; OLG Köln NJW 2006, 1676; AG Bremen NJW 2006, 518; OLG Hamm NJW 2007, 611; LG Aachen NJW-RR 2007, 565; LG Bonn NJW-RR 2012, 1008; BGH NJW 2007, 987;

157 Siehe neben der genannten BGH Rechtsprechung auch LG Bonn NJW-RR 2012, 1008; OLG Hamm, NJW 2007, 611, 612; OLG Köln, K&R 2003, 83, 84; LG Aachen, NJW-RR 2007, 565.

158 Vgl. nur Palandt/*Ellenberger*, § 172 Rn. 18; Staudinger/*Schilken*, vor § 164 Rn. 91; *Köhler*, BGB Allgemeiner Teil, § 11 Rn. 23; *Bräutigam/Leupold* (Hrsg.), Online-Handel. B III. Rn. 246 ff.; *Spindler/Anton*, in: *Spindler/Schuster* (Hrsg.), Recht der elektronischen Medien, § 164 BGB Rn. 9; *Härting*, Internetrecht. Rn. 555 ff.; *Hauck*, JuS 2011, 967; *Schwab*, JuS 2013, 454; *Redeker*, IT-Recht, Rn. 873.

A. Das Handeln unter fremdem Namen

I. Einführung

Im Rechtsverkehr wird als selbstverständlich vorausgesetzt, dass Namensträger und Handelnder ein und dieselbe Person sind.[159] Die Vorschriften des BGB, die sich mit dem Namen als solchem beschäftigen, sind indes relativ dünn gesät.[160] Dem entspricht es auch, dass sich gesetzlich[161] keine Vorschrift finden lässt, die eine Aussage darüber trifft, wie die Benutzung eines fremden Namens im Rechtsverkehr in rechtsgeschäftlicher Hinsicht zu beurteilen ist.[162] Diese Tatsache verwundert umso mehr, als man die Bedeutung des Namens im Rechtsverkehr nicht unterschätzen sollte. Dem Namen kommt eine der Schlüsselrollen zur Identifikation einer Person im geschäftlichen Kontakt zu. Das gilt insbesondere für den Geschäftsverkehr unter Abwesenden und dort gerade für den Vertragsschluss im Internet. Für das Internet verliert die Identifizierungswirkung des Namens zu Gunsten des Accounts immer mehr an Bedeutung.[163]

1) Terminologische Einordnung

Zunächst ist allerdings zu klären, welche Fälle der Benutzung eines fremden Namens im Rechtsverkehr mit dem in Literatur und Rechtsprechung verwendeten Institut des „Handelns unter fremdem Namen“ gemeint sind. Die Klärung dieser Frage macht eine Betrachtung der jeweiligen Begriffsmerkmale notwendig.

a) Name

Der Begriff des Namens wird in § 12 in das BGB eingeführt, wo sich allerdings keine Legaldefinition findet. Es handelt sich um ein absolutes Recht.[164] Unter Name versteht man eine sprachliche Kennzeichnung einer Person zur Unterscheidung von anderen.[165] Der Name ist Ausdruck der Individualität einer Person und dient ihrer Identifikation.[166] Deshalb wird dem Namen in der

---

159 *Ihnen*, Das Handeln unter fremdem Namen, S. 1.

160 Vgl. §§ 12, 65, 126, 806, 808, 1355, 1765.

161 Zumindest für das bürgerliche Recht.

162 *Geusen*, Das Handeln unter fremdem Namen im Zivilrecht.

163 Siehe dazu S. 10 ff.; Das Handeln „unter“ einem fremden Account ist ein Unterfall des Handelns unter fremdem Namen.

164 BGHZ 8, 318, 322.

165 RGZ 91, 350, 352; BGH NJW 1959, 525; Palandt/*Ellenberger*, § 12 Rn. 1.

166 BVerfG NVwZ 1982, 367; BVerfG NJW 1988, 1577.

Rechtsordnung an verschiedenen Stellen große Bedeutung zugemessen.[167] Im Bereich des Familienrechts etwa wird dies an den §§ 1355, 1616, 1758 deutlich. Aber auch im Grundstücksrecht (§ 873 Abs. 1 i.V.m. § 15 Abs. 1 GBV), im Wechselrecht (Art. 7 WG) und im Zivilprozessrecht (§ 253 Abs. 2 ZPO i. V. m. § 130 Nr. 1 ZPO) spielt der Name eine wesentliche Rolle (s.a. § 17 HGB, § 80 AktG, Art. 10 EGBGB). Zum Schutz der Identifikationswirkung des Namens ist die Falschangabe eines Namens gegenüber einer Behörde gem. § 111 OWiG[168] sogar unter Bußgeld gestellt.[169] Weil juristische Personen nur durch ihre Organe unter fremdem Namen handeln können, soll das Handeln juristischer Personen und ihrer Namen hier ausgeklammert bleiben.[170]

b) Eingrenzung des Begriffs „Handeln"

Rechtlich relevantes Handeln ist auf vielfältige Weise möglich. Von den Möglichkeiten unter einem anderen Namen als dem eigenen rechtlich relevante Handlungen vorzunehmen, wird hier alleine das rechtsgeschäftliche Handeln unter fremdem Namen betrachtet werden. Für Verfügungsgeschäfte ist heute weitgehend anerkannt, dass eine Verfügung vom berechtigten Namensträger gem. § 185 Abs. 2 genehmigt werden kann.[171]

c) Die Fremdheit eines Namens

Fremd ist ein Name für die handelnde Person dann, wenn sie sich im Rechtsverkehr einen Namen zulegt, den zu führen sie nicht oder nicht mehr berechtigt

---

167 Vgl. *Geusen*, Das Handeln unter fremdem Namen im Zivilrecht, S. 10 ff.

168 § 111 Falsche Namensangabe
(1) Ordnungswidrig handelt, wer einer zuständigen Behörde, einem zuständigen Amtsträger oder einem zuständigen Soldaten der Bundeswehr über seinen Vor-, Familien- oder Geburtsnamen, den Ort oder Tag seiner Geburt, seinen Familienstand, seinen Beruf, seinen Wohnort, seine Wohnung oder seine Staatsangehörigkeit eine unrichtige Angabe macht oder die Angabe verweigert.
(2) Ordnungswidrig handelt auch der Täter, der fahrlässig nicht erkennt, dass die Behörde, der Amtsträger oder der Soldat zuständig ist.
(3) Die Ordnungswidrigkeit kann, wenn die Handlung nicht nach anderen Vorschriften geahndet werden kann, in den Fällen des Absatzes 1 mit einer Geldbuße bis zu eintausend Euro, in den Fällen des Absatzes 2 mit einer Geldbuße bis zu fünfhundert Euro geahndet werden.

169 Früher war diese Handlung sogar strafbar, vgl. § 360 Abs. 1 Nr. 8 StGB a.F.

170 *Ihnen*, Das Handeln unter fremdem Namen, S. 7.

171 *Larenz*, in: *Nipperdey* (Hrsg.), Das Deutsche Privatrecht in der Mitte des 20. Jahrhunderts, S. 234.

ist.[172] Diese Berechtigung richtet sich grundsätzlich nach den bürgerlich-rechtlichen Vorschriften.[173]

d) Wann liegt ein Handeln „unter fremdem" Namen vor?

Wie schon oben kurz ausgeführt, findet sich im BGB keine Vorschrift darüber, wie das Auftreten eines Dritten im Rechtsverkehr unter einem anderen Namen als seinem eigenen zu bewerten ist. Allerdings sind mit den §§ 164 ff. die Situationen normiert, in denen ein Vertreter „in" fremdem Namen eine Erklärung für den Vertretenen abgibt.[174] Von diesen Fällen ist das Handeln „unter" fremdem Namen abzugrenzen. In einer Stellvertretungssituation liegt ein Dreipersonenverhältnis vor. Die rechtsgeschäftlichen Folgen des Handels eines Vertreters gegenüber einem Geschäftspartner sollen den Vertretenen treffen. Zur Verdeutlichung dieser Rechtsfolge muss der Vertreter gem. § 164 Abs. 1 erkennbar machen, „im fremden Namen" – d.h. für den Vertretenen – handeln zu wollen. Macht er diese Tatsache nicht hinreichend deutlich, so wird er gem. § 164 Abs. 2 selbst zum Vertragspartner. Dieses „Offenkundigkeitsprinzip" des Stellvertretungsrechts ist auf den Schutz des Geschäftspartners bezogen, der eindeutig wissen soll, wer sein Vertragspartner ist.[175] Während also bei der Stellvertretung die Offenlegung der Identität der drei beteiligten Parteien durch das „Handeln in fremdem Namen" geradezu konstitutiv ist, liegt beim „Handeln unter fremdem Namen" ein Auftreten des Handelnden unter einem anderen als seinem eigenen Namen vor, ohne dass dieses erkennbar wird. Hierin ist eine Verletzung des Offenkundigkeitsprinzips zu sehen: „Der Handelnde ist kein ‚*falsus procurator*', sondern ein ‚*falsus dominus*'".[176]

Genauer nachzugehen ist aber der Frage, ob die Verwendung eines anderen Namens im Rechtsverkehr stets ein „Handeln unter fremdem Namen" darstellt. Problematisch sind dabei die unterschiedlichen Bezeichnungsmöglichkeiten einer unrichtigen Namensverwendung. Ursprünglich wurde die unrichtige Namensverwendung stets als „Handeln unter *falschem* Namen" bezeichnet.[177] Erst

---

172 *Ihnen*, Das Handeln unter fremdem Namen, S. 5; *Weber*, JA 1996, 427.

173 *Larenz/Wolf*, Allgemeiner Teil des bürgerlichen Rechts, § 7 Rn. 1; vgl. Palandt/*Ellenberger*, § 12 Rn. 5.

174 Diese Nähe zum Stellvertretungsrecht ist der Anknüpfungspunkt für die h.M., vgl. S. 41 ff.

175 *Einsele*, JZ 1990, 1006; *Moser*, Offenkundigkeit, S. 65 ff.

176 *Hupka*, Die Haftung des Vertreters, S. 112; *Ihnen*, Das Handeln unter fremdem Namen, S. 6.

177 So z.B. *Pagel*, Gruch Beitrag 53 (1909), 229; *Letzgus*, AcP 137 (1933), 327.

später wurde dann zwischen „falschen“ und „fremdem“ Namen unterschieden.[178] Wenn von einem *„fremden“* Namen die Rede war, sollte dadurch deutlich werden, dass es sich um den Namen einer anderen dritten Person handelt. War ein Name „falsch“ (im Sinne von unwahr), sollte zum Ausdruck gebracht werden, dass dem Dritten die Berechtigung zur Führung dieses Namens fehlt.[179] Deshalb findet sich in der Literatur auch vielfach die Unterscheidung zwischen Handeln unter *„fremdem“* Namen und Handeln unter *„falschem“* Namen.[180] Problematisch und nicht zu terminologischer Klärung beitragend ist jedoch, dass zwischen diesen Begriffen nicht immer unterschieden wurde bzw. diese teilweise auch genau entgegengesetzt gebraucht wurden.[181] Eine weitere Beschäftigung mit dem Thema, ohne genaue Abgrenzungen geschaffen zu haben, ist nicht sinnvoll.[182]

Aus diesem Grund soll im Anschluss an *Geusen* zunächst ein Oberbegriff für die Fälle gebildet werden, in denen sich der Handelnde für seine Person bei der Vornahme eines Rechtsgeschäfts eines anderen als seines rechtlich anerkannten Namens bedient.[183] Diese Fälle sollten generell als „Handeln unter unrichtigem Namen“ zusammengefasst werden.[184] Für diesen Oberbegriff ist es zunächst unerheblich, ob das Auftreten unter unrichtigem Namen häufiger geschieht, ob es sich um den Namen einer bestimmten Person handelt, ob es sich um den Namen einer real existierenden Person handelt und ob eigentlich eine Vertretung gewollt war. Alle diese beschriebenen Situationen sollen unter das „Handeln unter unrichtigem Namen“ zusammengefasst werden.[185] Dieser Oberbegriff teilt sich auf in „das Handeln unter falschem Namen“[186] und in das „Handeln unter fremdem Namen“.

Unter dem „Handeln unter falschen Namen“ sollen diejenigen Fälle erfasst werden, in denen der rechtsgeschäftlich Handelnde einen unrichtigen Namen

---

178 Diese Unterscheidung geht wohl auf *Reichel,* Höchstpersönliche Rechtsgeschäfte, S. 136 ff. zurück.

179 *Ihnen*, Das Handeln unter fremdem Namen, S. 13.

180 Zur Kritik an dieser und anderen vorgeschlagenen Bezeichnungen vgl. *Ohr*, AcP 152 (1952/53), 240.

181 Vgl. dazu und zum folgenden: *Geusen*, Das Handeln unter fremdem Namen im Zivilrecht, S. 13 ff.

182 So schon *Demelius*, AcP 132 (1930), 115.

183 *Geusen*, Das Handeln unter fremdem Namen im Zivilrecht, S. 13.

184 So im Anschluss an *Geusen* auch *Ihnen*, Das Handeln unter fremdem Namen, S. 13 f.

185 A.A. etwa *Reichel,* Höchstpersönliche Rechtsgeschäfte, S. 137, der als Überbegriff „Handeln unter falschem Namen“ vorschlägt.

186 Bzw. „das eigentliche Handeln unter falschem Namen“, *Geusen*, Das Handeln unter fremdem Namen im Zivilrecht, S. 14.

verwendet, dadurch aber beim Geschäftspartner keinen Irrtum über die Identität des Handelnden hervorruft.[187] Bei Auslegung der Willenserklärung (gem. §§ 133, 157) des Handelnden gelangt der Geschäftspartner zu keiner entsprechenden Fehlvorstellung. Die Gründe hierfür können vielfältig sein: Dem Gegner ist die Identität des Handelnden beispielsweise egal, weil er wegen der Art des Vertrages mit jedem kontrahieren würde.[188] Dies wird vor allem dann der Fall sein, wenn ihm andere Möglichkeiten zur Identifizierung bereit stehen.[189] Daneben kann es auch sein, dass sich der Geschäftspartner überhaupt keine Vorstellung von dem Namen macht, oder mit diesem keine besonderen Merkmale verbindet.[190] Das „Handeln unter falschem Namen" bezeichnet damit alle Fälle, in denen es dem Geschäftspartner auf die Person und nicht auf den Namen ankommt.[191] Als praktische Anwendungsfälle kommen etwa das Mieten eines Hotelzimmers (verbunden mit Vorabzahlung) auf einen anderen Namen, um unerkannt zu bleiben[192], oder das Auftreten eines Vorbestraften als Hilfsarbeiter, der seinen richtigen Namen nicht nennen will, weil er in der Presse bekannt ist[193], in Betracht. Weiteres Beispiel ist das dauerhafte Auftreten unter falschem Namen gegenüber einem gewissen Personenkreis[194], um sich etwa in einer neuen Stadt ein neues Leben aufzubauen oder strafrechtlicher Verfolgung zu entgehen.[195] Gemeinsam ist diesen Konstellationen, dass der Erklärungsgegner keinem Identitätsirrtum unterliegt, weshalb die Rechtsfolgen den unter falschen Namen Handelnden selbst treffen. Es liegt dann ein Eigengeschäft vor.[196]

---

187 Wie hier auch *Medicus,* Allgemeiner Teil, Rn. 907, der allerdings von „Handeln unter falscher Namensangabe" spricht.

188 *Letzgus*, AcP 126 (1926), 35.

189 *Ihnen*, Das Handeln unter fremdem Namen, S. 14.

190 OLG Koblenz MDR 1958, 687, 688; Das OLG Koblenz stellt hier interessanterweise noch auf die Willensrichtung des Handelnden (!) als wesentliches Kriterium zur Bestimmung des Vertragspartners ab.

191 *Enneccerus/Nipperdey,* Allgemeiner Teil des bürgerlichen Rechts, 2. Hb. § 183 III 1 (S. 1127).

192 Auch „nom de guerre" oder „nom d'affaires" genannt, *Ihnen*, Das Handeln unter fremdem Namen, S. 14.

193 *Geusen*, Das Handeln unter fremdem Namen im Zivilrecht, S. 15.

194 „Felix Krull", *Ihnen*, Das Handeln unter fremdem Namen, S. 15.

195 Diese Motive werden bei *Geusen*, Das Handeln unter fremdem Namen im Zivilrecht, S. 1 deutlich.

196 Staudinger/*Schilken*, vor § 164 Rn. 88; PWW/*Frensch*, § 164 Rn. 46; *Larenz*, in: *Nipperdey* (Hrsg.), Das Deutsche Privatrecht in der Mitte des 20. Jahrhunderts, S. 237; *Flume,* Das Rechtsgeschäft, S. 776; *Lieb*, JuS 1967, 108; *Weber*, JA 1996, 427.

Anders liegen die Dinge beim „Handeln unter fremdem Namen". Hier tritt der Handelnde auf eine Weise unter unrichtigem Namen auf, dass der Geschäftspartner ihn nach Auslegung der Erklärung für eine andere existente Person halten muss.[197] Unerheblich ist, ob diese Person tatsächlich objektiv existiert.[198] Durch sein Verhalten erzeugt der rechtsgeschäftlich Handelnde beim Geschäftspartner die Vorstellung, der Handelnde sei auch der Namensträger.

Nach der Vorstellung des Geschäftspartners soll der Namensträger auch der Vertragspartner sein. Er unterliegt also einem Identitätsirrtum. Dies gilt ohne Zweifel, wenn der Geschäftspartner mit dem Namen eine gewisse Vorstellung verbindet, oder sich aufgrund des genannten Namens eine Vorstellung machen kann.[199] Nichts anderes gilt aber, wenn der Erklärungsgegner mit dem Namen keine Vorstellung verbindet, so lange die Angaben des Handelnden auf eine existente Person hindeuten.[200] Der Wille des Handelnden ist beim Auftreten „unter fremdem Namen" nicht von Relevanz, weshalb also sowohl die Fälle erfasst werden, in denen der Dritte beim Geschäftspartner absichtlich einen Identitätsirrtum hervorruft, als auch die Konstellationen, in denen ein Irrtum nur versehentlich verursacht wird.[201] Damit ist für das „Handeln unter fremdem Namen" alleine entscheidend, dass der Geschäftspartner durch die Handlungen des Dritten zu einem Identitätsirrtum gelangt, weil er den Handelnden für den Namensträger und den Namensträger für seinen Vertragspartner hält.

2) Zwischenergebnis zum Begriff des „Handelns unter fremdem Namen"

Das Institut „Handeln unter fremdem Namen" umfasst das rechtsgeschäftliche Handeln einer natürlichen Person unter Benutzung eines fremden (d.h. unrichtigen) Namens, wodurch beim Geschäftspartner eine irrtümliche Identitätsvorstellung erweckt wird.

---

197 *Geusen*, Das Handeln unter fremdem Namen im Zivilrecht, S. 15; ähnlich *Reichel*, Höchstpersönliche Rechtsgeschäfte, S. 138 f.

198 *Pagel*, Gruch Beitrag 53 (1909), 266.

199 *Larenz*, in: *Nipperdey* (Hrsg.), Das Deutsche Privatrecht in der Mitte des 20. Jahrhunderts, S. 237.

200 *Weber*, JA 1996, 427; *Lieb*, JuS 1967, 108.

201 MüKo/*Schramm*, § 164 Rn. 44; Soergel/*Leptien*, § 164 Rn. 25; *Geusen*, Das Handeln unter fremdem Namen im Zivilrecht, S. 16.

Diese begriffliche Sortierung ist deshalb erheblich, weil in der Literatur eine teilweise abweichende Terminologie vorherrscht.[202] Unter dem Oberbegriff „Handeln unter fremdem Namen“ findet man dort meist auch die Konstellationen aufgeführt, in denen keine Identitätstäuschung vorliegt, oftmals direkt mit dem Hinweis, dass diese Fallkonstellationen als Eigengeschäft des Handelnden einzuordnen sind.[203] Erst im Anschluss wird die Rechtslage bzgl. der übrigen Fälle erörtert. Zur Vermeidung begrifflicher Missverständlichkeiten sollte man jedoch diese Fälle wie hier vertreten nicht unter das „Handeln unter fremdem Namen“ fassen.

Hinsichtlich der Rechtsfolge des Handelns unter *falschem* Namen kann der Literatur hingegen uneingeschränkt beigepflichtet werden. Wer mit unrichtigem Namen einen Vertrag schließt und keinen Irrtum über seine Identität beim Geschäftspartner hervorruft, tätigt ein Eigengeschäft.[204] Schon von ihrer wirtschaftlichen Bedeutung her werden diese Konstellationen allerdings eine eher untergeordnete Rolle spielen.[205]

II. Die Rechtsfolgen des Handelns unter fremdem Namen

Während die zivilrechtlichen Folgen des Handelns unter *falschem* Namen dem Grunde nach relativ „unproblematisch“ sind[206], stellt sich die Rechtslage hinsichtlich des Handelns unter fremdem Namen dagegen als komplizierter dar. Der Streit über die Einordnung dieses Instituts wurde vor allem in der ersten Hälfte des 20. Jahrhunderts ausgiebig geführt (alleine zwischen den Jahren 1928 bis 1939 erschienen 17 Dissertationen).[207] Dessen ungeachtet verdient er

---

202 Vgl. aber noch MüKo/*Schramm*, 3. Aufl., § 164 Rn. 32, wo bei Identitätstäuschung noch die Rede vom „Handeln unter fremdem Namen im engeren Sinne“ ist.

203 Soergel/*Leptien*, § 164 Rn. 23 ff.; Erman/*Maier-Reimer*, § 164 Rn. 11; Palandt/*Ellenberger*, § 164 Rn. 10 ff.; *Bork*, BGB AT, Rn. 1406 ff.; *Larenz/Wolf*, Allgemeiner Teil des bürgerlichen Rechts, § 48 Rn. 87; *Köhler*, in: *Bundesnotarkammer* (Hrsg.), Festschrift für Helmut Schippel, S. 212.

204 Vgl. aus der älteren Literatur *Larenz*, in: *Nipperdey* (Hrsg.), Das Deutsche Privatrecht in der Mitte des 20. Jahrhunderts, S. 237; *Letzgus*, AcP 126 (1926), 31; *Reichel*, Höchstpersönliche Rechtsgeschäfte, S. 137.

205 Zum Inhalt einer Willenserklärung beim Handeln unter falschem Namen siehe *Geusen*, Das Handeln unter fremdem Namen im Zivilrecht, S. 18.

206 So ausdrücklich *Geusen*, Das Handeln unter fremdem Namen im Zivilrecht, S. 17.

207 M.w.N. *Ihnen*, Das Handeln unter fremdem Namen, S. 1.

weiterhin Beachtung[208], vor allem weil sich das Handeln unter fremdem Namen im rechtsgeschäftlichen Verkehr im Internet vor neue Anwendungsfelder gestellt sieht. Die fehlende direkte gesetzliche Anknüpfungsmöglichkeit ist dabei nur eine Triebfeder der rechtswissenschaftlichen Auseinandersetzung. Im Folgenden sollen die drei Auffassungen, die sich in der Literatur zur rechtlichen Einordnung des Handelns unter fremdem Namen herausgebildet haben sowie die entsprechende Rechtsprechung dargestellt und einer kritischen Würdigung unterzogen werden.[209]

1) Die Nichtigkeitstheorie

Ein Teil (insbesondere der frühen) Literatur ordnet eine Willenserklärung, die jemand unter einem fremden Namen abgibt, als nichtig ein. Unter fremdem Namen eingegangene Rechtsgeschäfte seien in sich widersprüchlich, weshalb sie auch keine Rechtsfolgen nach sich ziehen könnten.[210]

a) Nichtigkeit wegen Widersprüchlichkeit der Erklärung

Hupka war der Erste, der sich auf dem Boden des BGB mit dem Handeln unter fremdem Namen auseinandergesetzt hat.[211] Er hebt hervor, dass es sich in diesen Konstellationen um keine Stellvertretungssituation handele und zieht den Schluss, dass eine Erklärung unter fremdem Namen nichtig sein müsse. Diesen Ansatz fortgeführt und auf eine breiter angelegte dogmatische Begründung gestellt hat *Pagel.*[212] Seinen Ausgangspunkt bildet die Entwicklung eines allgemeinen „Fälscher"-Begriffes, der Gültigkeit für alle Rechtsgebiete haben sollte.[213] *Pagel* arbeitet für das Handeln unter einem falschen Namen fünf Kategorien

---

208 Vgl. dazu aus neuerer Zeit *Lieb*, JuS 1967, 106; *Geusen*, Das Handeln unter fremdem Namen im Zivilrecht; *Ihnen*, Das Handeln unter fremdem Namen; *Hanau*, Handeln unter fremder Nummer; *Weber*, JA 1996, 426; *Hauck*, JuS 2011, 967.

209 Die Darstellung der verschiedenen Auffassungen kann hier nicht in aller Tiefe erfolgen. Vgl. aber *Geusen*, Das Handeln unter fremdem Namen im Zivilrecht, S. 27 ff., an dem sich vorliegende Ausführungen orientieren.

210 *Hupka*, Die Haftung des Vertreters. S. 111 ff.; *Pagel*, Gruch Beitrag 53 (1909), 229 ff.; *Enneccerus/Nipperdey*, Allgemeiner Teil des bürgerlichen Rechts, 2. Hb. (12. Auflage) § 170 Fn. 1; *Hölder*, JherJb 55 (1909), 432; Planck/*Flad*, § 179 Rn. 6b; Staudinger/*Riezler*, 10. Aufl., § 179 Rn. 5.*Weber*, JA 1996, 427.

211 *Hupka*, Die Haftung des Vertreters, S. 111 ff.; *Ihnen*, Das Handeln unter fremdem Namen, S. 19.

212 *Pagel*, Gruch Beitrag 53 (1909), 229 ff.

213 *Pagel*, Gruch Beitrag 53 (1909), 236 f.

heraus:[214] Das Auftreten unter einem Pseudonym (etwa Spitznamen)[215], das Auftreten unter einem häufig vorkommenden Namen[216], das Handeln beim Reisen unter falschem Namen[217], viertens die Verwendung eines anderen Namens bei Rechtsgeschäften, in denen es (dem Geschäftsgegner) auf die Identität des Handelnden nicht ankomme[218] und schließlich den eigentlichen Fall einer Fälschung[219], also der vom Handelnden hervorgerufenen unrichtigen Identitätsvorstellung des Geschäftspartners, bei gleichzeitiger Wesentlichkeit der Identität für das Rechtsgeschäft. Lediglich auf diese Gruppe bringt er seinen „Fälscher"-Begriff zur Anwendung.[220] Diese Fallkonstellation entspricht auch dem hier vertretenen Begriff vom *Handeln unter fremdem Namen*. Die Fälschung einer Erklärung führe dazu, dass eine Willenserklärung begrifflich nicht vorliegen könne. Die Nichtigkeit folge dabei aus der Widersprüchlichkeit des Handelns:

„Der Erklärende begeht damit den logischen Widerspruch (den er dem Gegner, der Außenwelt, meist verschleiern wird, aber nicht zu verschleiern braucht, Fälle der offenen und offenbaren Fälschung), zu behaupten, dass er mit seinem eigenen Ich nicht identisch sei, da er doch leugnet, der Erklärende, der er doch in Wirklichkeit ist, also sein eigenes Ich, zu sein. Da er aber ferner behauptet, dass die Person, deren Erklärung er darstellt, eine ist, die sie doch in Wirklichkeit nicht ist, nämlich die tatsächlich auftretende, leugnet er auch deren Identität mit ihrem eigenen Ich".[221]

Ausgehend von der Prämisse, dass jede Willenserklärung von sich behaupte, wahr zu sein, sei eine Erklärung in der der Erklärende in der Realität der Erklärende ist, aber die rechtsgeschäftliche Bindung gar nicht wirklich eingehen möchte (weil er etwa betrügen will), eine widersprüchliche Leugnung der Identität. Eine solche Leugnung dürfe aber nicht als Willenserklärung betrachtet werden.

Daneben entspreche die objektive Erklärung des Handelnden unter einem fremden Namen nicht seinem wirklichen Willen, denn er wolle gar nicht eine

214 *Geusen*, Das Handeln unter fremdem Namen im Zivilrecht, S. 28.
215 *Pagel*, Gruch Beitrag 53 (1909), 250.
216 *Pagel*, Gruch Beitrag 53 (1909), 262 ff.
217 *Pagel*, Gruch Beitrag 53 (1909), 264.
218 *Pagel*, Gruch Beitrag 53 (1909), 233
219 *Pagel*, Gruch Beitrag 53 (1909), 266 ff.
220 *Pagel*, Gruch Beitrag 53 (1909), 281 f.
221 *Pagel*, Gruch Beitrag 53 (1909), 241 Fn. 17.

andere Person sein. Deshalb fehle dem Handelnden das Erklärungsbewusstsein.[222] *Pagel* hat mit diesem Ansatz und der Rechtsfolge der Nichtigkeit in der Literatur großen Zuspruch erhalten.[223]

b) Aus dem Gesetz folgende Nichtigkeit der Erklärung

Ein weiterer Begründungsstrang für die Nichtigkeit der Erklärung des Dritten liegt in der Herleitung aus dem Gesetz selbst heraus. Weil das Handeln unter fremdem Namen zur Strafbarkeit nach §§ 267, 271 StGB führe, sei die Erklärung gem. § 134 auch zivilrechtlich als nichtig einzuordnen.[224] Dieser Gedanke stellt damit – wenngleich nicht ausdrücklich – letztlich auf den Grundsatz von der Einheit der Rechtsordnung ab.

Es ist aber darauf hinzuweisen, dass auch nach der Nichtigkeitstheorie der Geschäftspartner nicht schutzlos sein sollte. Ihm stehen danach gegen den unter fremdem Namen Handelnden Schadensersatzansprüche aus §§ 823, 826 zu.[225]

2) Eigengeschäftstheorie

Ein anderer Teil der Literatur ordnet das Handeln unter fremdem Namen im Gegensatz zur Nichtigkeitstheorie grundsätzlich als rechtswirksames Eigenhandeln des Handelnden ein.[226] Unter Zugrundelegung eines engen Verständnisses von § 164 Abs. 2 fehle es beim Handeln unter fremdem Namen an der Offenlegung der Stellvertretungssituation, und damit an einem wesentlichen Charakteristikum der Stellvertretung.[227] Wenn aus dem Verhalten des Handelnden nicht deutlich werde, dass er etwas für einen anderen erkläre, sei auch sein Wille, nicht

---

222 *Pagel*, Gruch Beitrag 53 (1909), 266; *Geusen*, Das Handeln unter fremdem Namen im Zivilrecht, S. 29.

223 *Hupka*, Die Haftung des Vertreters, S. 111 ff.; *Enneccerus/Nipperdey*, Allgemeiner Teil des bürgerlichen Rechts, 2. Hb. (12. Auflage) § 170 Fn. 1; *Hölder*, JherJb 55 (1909), 432; so dem Ergebnis nach auch Planck/*Flad*, § 179 Rn. 6b; Staudinger/*Riezler*, 10. Aufl., § 179 Rn. 5.

224 *Pagel*, Gruch Beitrag 53 (1909), 232; *Ihnen*, Das Handeln unter fremdem Namen, S. 20.

225 Vgl. Staudinger/*Riezler*, 10. Aufl., § 179 Rn. 5.

226 *Enneccerus/Lehmann*, Recht der Schuldverhältnisse, § 168 I 1b); v. *Tuhr*, Der allgemeine Teil des deutschen bürgerlichen Rechts, S. 345 ff.; *Larenz*, in: *Nipperdey* (Hrsg.), Das Deutsche Privatrecht in der Mitte des 20. Jahrhunderts, S. 252; AK/*Ott*, § 164 Rn. 18 ff.; *Hinke*, Wirkung des Handelns unter falschem Namen, bes. S. 32 ff.; *Heß*, Handeln unter falschem Namen im Grundbuchrecht, S. 9 f.; *Ihnen*, Das Handeln unter fremdem Namen, S. 38 ff.; *Zeiss*, JZ 1963, 744.

227 v. *Tuhr*, Der allgemeine Teil des deutschen bürgerlichen Rechts, S. 345.

für sich zu handeln, nach § 164 Abs. 2 unbeachtlich. Insoweit ergebe sich keine davon abweichende Beurteilung für das Handeln unter fremdem Namen. Der Namensträger selbst könne auf diese Weise jedenfalls nicht verpflichtet werden und insbesondere das Geschäft nicht gem. § 184 genehmigen.[228] Lediglich für Verfügungen könne § 185 Abs. 2 entsprechend angewandt werden.

Der Name als solcher ist für die Anhänger der Eigengeschäftstheorie nur ein Auslegungskriterium für die Zurechnung der Willenserklärung.[229] Zentral wird damit der Gedanke der Trennung von Namensnennung und Willenserklärung. Die Willenserklärung gebe der Handelnde als derjenige ab, den auch ihre Rechtsfolgen treffen sollen.[230] Wenn der Handelnde also sagt: „Ich will", bezeichnet das „ich" die Person, die auch aus der Sicht des Erklärenden Vertragspartner werden soll.[231] Ob der (wahrhaftige) Träger des vom Erklärenden dabei verwendeten Namens eine von ihm verschiedene Person ist, ist unbeachtlich. Die bloße Namensnennung enthalte nämlich keine Rechtsfolgeanordnung.[232] Auf diese Weise gebe nicht „der Name, [...] sondern der handelnde Mensch" die Erklärung ab.[233]

„Die Erklärung des Täuschenden ist daher, nach dem Grundsatz von ‚Treu und Glauben', so zu deuten, wie er wollte, dass sie der Empfänger irrtümlich verstehen sollte: als eine Erklärung ‚für' den [vermeintlichen] Namensträger. Das ist zwar keine Auslegung mehr, sondern eine Umdeutung; eine Umdeutung aber, die der Erklärende sich gefallen lassen muss, weil ihm damit nichts anderes zugemutet wird, als den von ihm absichtlich erregten Schein gelten zu lassen."[234]

Die Anhänger der Eigengeschäftstheorie glauben schließlich, mit ihrer Einordnung der Wirklichkeit näher zu kommen.[235] Der unter fremdem Namen

---

228 AK/*Ott*, § 164 Rn. 19; a.A. *Zeiss*, JZ 1963, 744, der dem Namensträger die Möglichkeit lassen will, „das Geschäft für sich wirksam werden zu lassen". *Enneccerus/Lehmann*, Recht der Schuldverhältnisse, S. 708 schlagen vor, die Regeln über die Geschäftsführung ohne Auftrag anzuwenden, um dem Namensträger die Aneignung des Geschäftserfolgs doch noch zu ermöglichen.

229 *Ihnen*, Das Handeln unter fremdem Namen, S. 40.

230 *Larenz*, in: *Nipperdey* (Hrsg.), Das Deutsche Privatrecht in der Mitte des 20. Jahrhunderts, S. 242.

231 *Hinke*, Wirkung des Handelns unter falschem Namen, S. 33; *Ihnen*, Das Handeln unter fremdem Namen, S. 27 f.

232 *Larenz*, in: *Nipperdey* (Hrsg.), Das Deutsche Privatrecht in der Mitte des 20. Jahrhunderts, S. 241.

233 *Hinke*, Wirkung des Handelns unter falschem Namen, S. 34.

234 *Larenz*, in: *Nipperdey* (Hrsg.), Das Deutsche Privatrecht in der Mitte des 20. Jahrhunderts, S. 248.

235 *Ihnen*, Das Handeln unter fremdem Namen, S. 28.

Handelnde wolle schließlich das Geschäft (genauer: die Rechtsfolgen) für sich, der Namensträger hingegen habe mit dem abgeschlossenen Rechtsgeschäft nichts zu tun und soll deshalb auch von dessen Folgen nicht berührt werden.[236] Des Weiteren täusche der vollmachtlose Vertreter über das Bestehen einer Vertretungsmacht. Dagegen gebe der unter fremdem Namen Handelnde vor, ein anderer zu sein, als er tatsächlich ist.[237] Deshalb komme auch eine entsprechende Anwendung der §§ 164 ff. nicht in Betracht.

3) Die Vertretungstheorie

Auch die Anhänger der sog. Vertretungstheorie[238] gelangen für eine unter fremdem Namen abgegebene Willenserklärung nicht zu ihrer Nichtigkeit. Danach sollen für das Handeln unter fremdem Namen die Stellvertretungsregeln entweder unmittelbar[239] oder zumindest entsprechend[240] anwendbar sein. Nach dieser Konzeption rückt erneut die Sichtweise des Geschäftspartners in den Vordergrund. Nach dem objektiven Sinn der Erklärung solle der Namensträger verpflichtet werden.[241] Schließlich sei auch dem Geschäftspartner die handelnde Person (als sein Vertragspartner) nur unter dem fremden Namen bekannt.[242] Zentrale gedankliche Grundlage für die Anhänger der Vertretungstheorie ist damit, dass der Name entscheidende Bedeutung als Identitätsmerkmal besitzt.[243] Offensichtlich ist diese Bedeutung bei einem Vertragsschluss unter Abwesenden, aber auch unter Anwesenden spiele der Name beim Vertragsschluss eine große Rolle für die geschäftliche Vertrauenswürdigkeit.[244] Deshalb sei die Anwendung der Stellvertretungsregeln gem. §§ 164 ff. auch interessengerecht. Der Wille des

---

236 AK/*Ott*, § 164 Rn. 19.

237 RGZ 145, 87, 91; *Weber*, JA 1996, 430.

238 Diese Bezeichnung stammt von *Demelius*, AcP 132 (1930), 113.

239 *Flume*, Das Rechtsgeschäft, S. 777 ff.; *Letzgus*, AcP 126 (1926), 53 f.; *Medicus/Petersen*, Bürgerliches Recht, Rn. 82; wohl auch *Mansfeld*, LZ 1914, 805 f.

240 Vgl. statt aller nur *Geusen*, Das Handeln unter fremdem Namen im Zivilrecht, S. 68; Staudinger/*Schilken*, vor § 164 Rn. 90; MüKo/*Schramm*, § 164 Rn. 37 ff.; Palandt/*Ellenberger*, § 164 Rn. 10; *Köhler*, BGB Allgemeiner Teil, § 11 Rn. 23; aus der frühen Literatur *Oertmann*, Zentralblatt Handelsrecht 1926 (1), 304; *Hansen*, Handeln unter fremdem Namen, S. 20 ff.

241 *Letzgus*, AcP 126 (1926), 39.

242 *Letzgus*, AcP 126 (1926), 46.

243 *Geusen*, Das Handeln unter fremdem Namen im Zivilrecht, S. 68; *Lieb*, JuS 1967, 110; für einen Vertrag unter Abwesenden auch *Letzgus*, AcP 137 (1933), 328 f.

244 *Reichel*, Höchstpersönliche Rechtsgeschäfte, S. 143; vgl. *Ihnen*, Das Handeln unter fremdem Namen, S. 24.

unter fremdem Namen Handelnden, als die in diesen Situationen „am wenigsten schützenswerte Person“[245], sei unbeachtlich. Sein Begehren, ein vermeintlich günstiges Eigengeschäft abzuschließen, verdiene keinen Schutz.[246]

Darüber hinaus werde die Nähe des Handelns unter fremdem Namen zum Stellvertretungsrecht im Vergleich besonders deutlich. Die Behauptung des unter fremdem Namen Handelnden, ein anderer zu sein, sei „tatbestandsmäßig gleichbedeutend“ mit der Sachlage, wenn ein Vertreter behaupte, die Erklärung sei die eines Dritten.[247] Der Vertreter ohne Vertretungsmacht behaupte also hinsichtlich der Rechtsfolgen der Erklärung, diese sei eine des Vertretenen, wohingegen der Handelnde unter fremdem Namen sogar den Eindruck erwecke, die Erklärung sei auch in ihrem Tatbestand eine des „Vertretenen“. Wenn aber die §§ 164 ff. schon für den geringeren Eingriff Geltung hätten, müsse dies erst Recht für das Handeln unter fremdem Namen gelten.

Auch die Schutzbedürftigkeit des Namensträgers spreche für eine Anwendung insb. der §§ 177 ff. Er habe, wenn der Handelnde nicht von ihm bevollmächtigt war, stets die Wahlmöglichkeit, ob er das Geschäft noch entsprechend § 177 Abs. 1 genehmigen wolle. Will er das durch Missbrauch seines Namens entstandene Geschäft nicht über § 177 Abs. 1 an sich ziehen, so haftet der Handelnde dem Geschäftspartner in entsprechender Anwendung der §§ 177 Abs. 1, 179 Abs. 1 auf Erfüllung bzw. Schadensersatz.[248]

Wenn die Vertreter jener Ansicht betonen, in diesen Fällen sei „die entsprechende Anwendung aller vom Gesetz für die Handlungen des falsus procurator vorgesehenen Rechtsfolgen geboten“[249], sollen davon nach allgemeiner Ansicht auch die stellvertretungsrechtlichen Rechtsscheintatbestände erfasst sein.[250] Das ist keine Selbstverständlichkeit, führt man sich vor Augen, dass die Anwendung jener Vorschriften sich für den Namensträger (als „Vertretenen“) negativ

245 *Weber*, JA 1996, 428. *Weber* verweist auch darauf, dass der Handelnde § 164 Abs. 2 nicht für sich in Anspruch nehmen könne. Von seinem Schutzzweck her ziele § 164 Abs. 2 auf den Schutz des Geschäftspartners ab, der eben wissen soll, wer sein Vertragspartner ist.

246 MüKo/*Schramm*, § 164 Rn. 44.

247 *Geusen*, Das Handeln unter fremdem Namen im Zivilrecht, S. 62, wohl im Anschluss an *Oertmann*, Zentralblatt Handelsrecht 1926 (1), 304.

248 Siehe etwa Soergel/*Leptien*, § 164 Rn. 25; *Ohr*, AcP 152 (1952/53), 232.

249 *Geusen*, Das Handeln unter fremdem Namen im Zivilrecht, S. 62.

250 Palandt/*Ellenberger*, § 172 Rn. 18; *Hanau*, Handeln unter fremder Nummer. S. 23 ff.; *Spindler/Anton*, in: *Spindler/Schuster* (Hrsg.), Recht der elektronischen Medien, § 164 Rn. 9 ff.; *Härting*, Internetrecht, Rn. 562 ff.; LG Aachen NJW-RR 2007, 565.

auswirken dürfte. So würde er dem Geschäftspartner verpflichtet sein, wenn er dem Handelnden das Auftreten unter seinem Namen etwa fahrlässig ermöglicht hat. Die Untersuchung der Anwendung der Rechtsscheinvollmachten – insbesondere die Anscheinsvollmacht – wird an anderer Stelle noch im Mittelpunkt stehen.[251]

Besondere Erwähnung soll abschließend noch *Flumes* Variante der Vertretungstheorie finden. Er kritisiert die nur entsprechende Anwendung der Stellvertretungsregeln für das Handeln unter fremdem Namen.[252] Diese nach *Flume* falsche Ansicht sei auf eine durch die Repräsentationstheorie bestimmte Sicht zurückzuführen. Richtigerweise seien die Stellvertretungsregeln direkt anwendbar: „Die Rechtsfigur der Stellvertretung" erfordere nicht, „dass [...] Vertreter und Vertretener als verschiedene Personen sichtbar werden."[253] Die Vorschrift des § 164 Abs. 1, wonach der Vertreter „im Namen" des Vertretenen handeln müsse, sei so zu verstehen, dass sich aus der Erklärung des Vertreters insgesamt ergeben muss, dass das Rechtsgeschäft für den Vertretenen wirken solle. Ein „begrifflicher" Unterschied zwischen „Handeln unter" und „Handeln in" fremdem Namen verdiene somit keine Anerkennung. Die objektive Drittbezogenheit des Vertretergeschäfts könne auch an anderen Umständen als der Namensnennung deutlich genug werden. Deshalb müsse beim Handeln unter fremdem Namen eben im Rahmen einer Einzelfallauslegung überprüft werden, wessen Geschäft nun geschlossen sei.[254] Dafür sei wiederum die Sichtweise des Geschäftspartners wesentlich. Komme es für ihn nicht auf den Namen an, sei dieser also „Schall und Rauch", gelte das Geschäft als Eigengeschäft des Handelnden.[255] Etwas anderes ergebe sich, wenn es dem Geschäftspartner auf die Person seines Vertragspartners ankommt. „In diesem Falle ist das Handeln unter fremdem Namen ein Handeln in fremdem Namen."[256] An dieser Stelle soll bereits darauf hingewiesen sein, dass nach dem hier vertretenen Verständnis ein „Handeln unter fremdem Namen" für die „Schall und Rauch"-Konstellation schon nicht vorliegen kann.[257]

---

251 Siehe dazu S. 123 ff.

252 *Flume*, Das Rechtsgeschäft, S. 778.

253 *Flume*, Das Rechtsgeschäft, S. 778.

254 *Flume*, Das Rechtsgeschäft, S. 779.

255 *Flume*, Das Rechtsgeschäft, S. 779 nennt als Beispiel die Bargeschäfte des täglichen Lebens.

256 *Flume*, Das Rechtsgeschäft, S. 779.

257 Vgl. S. 35. Danach ist für das Handeln unter fremdem Namen (tatbestandlich) erforderlich, dass der Geschäftspartner einer Identitätstäuschung unterliegt. Eine solche ist schon unmöglich, wenn er sich überhaupt keine Vorstellung von der

4) Überblick über die Rechtsprechung

Auch die Rechtsprechung hatte sich mit dem Phänomen des Handelns unter fremdem Namen auseinander zu setzen. Die diesbezüglichen Entwicklungslinien sollen im Folgenden grob skizziert werden.[258]

Bereits in einem Urteil von 1896[259], also noch nur Zeit des gemeinen Rechts, hatte das Reichsgericht über die Rechtsfolgen des Handelns unter fremdem Namen zu entscheiden. Eine Ehefrau hatte unter dem Namen ihres Mannes eine Bürgschaft für die gemeinsame Tochter unterzeichnet. Das Reichsgericht kam zu dem Ergebnis, dass die Frau keine Vertreterin ihres Mannes gewesen sei. Die Situation sei eher mit der eines Boten vergleichbar, der eine Erklärung unter dem Namen des Geschäftsherrn abgeben solle.[260] Vielmehr besitze die Bürgschaftserklärung der Ehefrau keine Gültigkeit. Demgegenüber sah das OLG Frankfurt, das sich 1906 als erstes Gericht auf dem Boden des BGB mit dieser Problematik befassen musste[261], in einem ähnlich gelagerten Fall ein Eigengeschäft des Handelnden gegeben. In seiner Begründung betont das Gericht, dass der Wille, in fremdem Namen zu handeln, für den Geschäftspartner objektiv deutlich werden müsse. Anderenfalls könne dieser nur den körperlich Handelnden als seinen Vertragspartner ansehen. Auch das RG wandte sich in der Folge von der früher[262] noch vertretenen Nichtigkeitstheorie ab. In einem Urteil von 1918[263] hatte es über den Fall zu urteilen, dass eine Person, die aus verschiedenen Gründen unerkannt bleiben wollte, über Telegraph unter fremdem Namen einen Vertrag geschlossen hatte. Im Gegensatz zur früheren Rechtsprechung sah es nun die Erklärung nicht als ungültig an, verneinte aber gleichzeitig aufgrund eines Dissenses über die Vertragsparteien einen Vertragsschluss.[264] Nur ein Jahr später erfolgte dann in einer weiteren Entscheidung[265] die volle Hinwendung des RG

Identität (Name etc.) des Handelnden macht, weil diese für ihn aufgrund der Natur des Geschäftes nicht wesentlich ist. *Flume* verlagert diese Fragestellung also (wie große Teile der Literatur) auf die Rechtsfolgenseite.

258 Vgl. die ausführliche Darstellung bei *Ihnen*, Das Handeln unter fremdem Namen, S. 150 ff.

259 RGZ 38, 178 ff.

260 RGZ 38, 178, 179.

261 OLG Frankfurt Bank Archiv 5, 240 (1906), zitiert nach *Ihnen*, Das Handeln unter fremdem Namen, S. 153 f.

262 Siehe oben RGZ 38, 178 ff.

263 RG Gruch Beitrag 62 (1918), 587 ff.

264 RG Gruch Beitrag 62 (1918), 587, 588.

265 RGZ 95, 188 ff.

zur Eigengeschäftstheorie. Der Offenkundigkeitsgrundsatz der Stellvertretung verlange, dass aus dem Verhalten des Vertreters die Stellvertretungssituation deutlich werde. Wenngleich § 164 Abs. 2 nicht verlange, dass eine ausdrückliche Nennung des Namens des Geschäftsherrn erfolge, müsse die Tatsache, dass eine Stellvertretung vorliege, doch für den Vertragspartner erkennbar sein. Deshalb liege für diese Fälle nach § 164 Abs. 2 ein Eigengeschäft des Handelnden vor.[266] Als Folge einer intensiven wissenschaftlichen Auseinandersetzung[267] setzte schließlich in den dreißiger Jahren ein weiterer Wandel in der Rechtsprechung ein. Erstmals gelangte das RG für das Handeln unter fremdem Namen in einer wechselrechtlichen Entscheidung[268] zur Anwendung der Stellvertretungsregeln. So sei in ausdrücklicher Aufgabe der bisherigen Rechtsprechung des RG sowohl eine Genehmigung durch den Namensträger entsprechend § 177, als auch eine Haftung des Handelnden aus dem Rechtsgedanken des § 179 möglich.[269] Der BGH hat diese Hinwendung zur Vertretungstheorie 1951 zunächst für das Wechselrecht bestätigt.[270] Schließlich erfuhr diese Tendenz auch im Bürgerlichen Recht Bekräftigung, für das der BGH in einer weiteren Entscheidung die „entsprechende Anwendung der §§ 164 ff." generell als geboten erachtete.[271] Der BGH hat diese auf der Vertretungstheorie beruhende Linie in der Folgezeit stets bestätigt, sie entspricht der bis heute[272] ständigen Rechtsprechung.[273] Dass es sich bei der Frage nach den Folgen des Handelns unter fremdem Namen um ein nicht einfaches Problem handelt, wird aber auch daran deutlich, dass sich gleich mehrere Obergerichte[274] mit der Linie des BGH in der Vergangenheit kritisch auseinandergesetzt haben.[275] Dessen ungeachtet ändern diese drei

266 RGZ 95, 188, 190.

267 In den Jahren von 1928 bis 1939 erschienen 17 Dissertationen zum Handeln unter fremdem Namen, vgl. *Ihnen*, Das Handeln unter fremdem Namen, S. 1.

268 RGZ 145, 87 ff.

269 RGZ 145, 87, 91 f.

270 BGH JZ 1951, 783.

271 BGHZ 45, 193, 195.

272 Vgl. nur BGH NJW-RR 2006, 701; BGHZ 189, 346, 351; BGH NJW 2013, 1946; bestätigend auch OLG Koblenz, Urt. v. 07.10.2014 – 3 U 91/14, 211/14 = BeckRS 2014, 18898.

273 Vgl. etwa BGH NJW 1963, 148; BGH NJW-RR 1988, 814, 815; BGH WM 1990, 1450, 1451; BGHZ 111, 334, 338.

274 OLG Koblenz MDR 1958, 687; OLG München NJW 1959, 1085 OLG Düsseldorf NJW 1985, 2484.

275 Die Kritik richtet sich gegen die Anwendung aller Stellvertretungsregeln und nicht nur der Haftung des Handelnden entsprechend § 179 Abs. 1 sowie gegen die (strikte) Ablehnung der Eigengeschäftstheorie durch den BGH.

Entscheidungen nichts an der Einordnung der Vertretungstheorie als heute ständige Rechtsprechung des BGH.

Als Fazit dieser kurzen Betrachtung der Rechtsprechung lässt sich die Beobachtung festhalten, dass sich die Entwicklungen in Literatur und Judikatur beeinflussten und weitgehend parallel verlaufen sind.[276] Bis Anfang der dreißiger Jahre darf die Nichtigkeitstheorie als h.M. angesehen werden.[277] Nach einer kurzen Hochphase der Eigengeschäftstheorie[278], in der auch das RG diese vertrat, befindet sich die Vertretungstheorie bis heute auf dem Vormarsch und entspricht der wohl h.M.[279]

5) *Stellungnahme*

Zu klären ist damit, welche der genannten Theorien die dogmatisch am überzeugendste ist.

a) Zur Nichtigkeitstheorie

Ohne Zweifel erscheint eine Erklärung, in der eine Rechtsfolge in fremden Namen herbeigeführt werden soll, nicht ganz ohne Widerspruch: Der Handelnde will das vermeintlich günstige, profitable, aber gleichzeitig auch „betrügerische" Ergebnis eines Rechtsgeschäfts an sich ziehen, aber die für sich selbst negativen Folgen – etwa die Pflicht zur Kaufpreiszahlung – entweder vermeiden oder den Namensträger bewusst schädigen. Wenn er also einerseits erklärt, er sei der Namensträger und wolle XY, in Wirklichkeit aber ein Teil dieser Erklärung nicht von seinem Willen gedeckt ist, handelt er durchaus bewusst widersprüchlich. Aber ist eine solche Erklärung tatsächlich deshalb automatisch nichtig? In Wahrheit ist es eine einseitige Betrachtungsweise, nämlich die aus Sicht der Erklärenden, die zu einem solchen Verständnis führt. Schon zu Beginn der wissenschaftlichen Auseinandersetzung ist mit Recht darauf hingewiesen worden, dass ein Widerspruch nur scheinbar besteht.[280] Zu berücksichtigen ist vielmehr

---

276 *Geusen*, Das Handeln unter fremdem Namen im Zivilrecht, S. 26.

277 Für die Literatur dieser Zeit stehen etwa *Pagel*, Gruch Beitrag 53 (1909), 229 ff.; Staudinger/*Riezler*, 10. Aufl., § 179 Rn. 5.

278 *Larenz*, in: *Nipperdey* (Hrsg.), Das Deutsche Privatrecht in der Mitte des 20. Jahrhunderts, S. 252; *Enneccerus/Lehmann,* Recht der Schuldverhältnisse, § 168 I 1b); *Hinke*, Wirkung des Handelns unter falschem Namen, S. 26 ff.

279 *Flume*, Das Rechtsgeschäft, S. 777 ff.; *Letzgus*, AcP 126 (1926), 53 f.; *Medicus/Petersen,* Bürgerliches Recht, Rn. 82; *Mansfeld*, LZ 1914, 805 f.; *Ohr*, AcP 152 (1952/53), 216.

280 *Letzgus*, AcP 126 (1926), 39; vgl. *Geusen*, Das Handeln unter fremdem Namen im Zivilrecht, S. 31.

die Tatsache, dass Willenserklärungen gem. §§ 133,157 nach dem objektiven Empfängerhorizont auszulegen sind.[281] Für das Verständnis und die Auslegung einer Willenserklärung muss deshalb auch die Frage eine Rolle spielen, wie der Erklärungsempfänger unter Zugrundelegung objektiver Maßstäbe die Erklärung verstehen musste. Schon mit Blick auf § 116 S. 1 wird deutlich, dass eine Willenserklärung, so lange der Empfänger die Mentalreservation des Erklärenden nicht erkennt, nicht nichtig wird.[282] Nur wenn dem Geschäftspartner der obige Widerspruch hinreichend deutlich wird, kann von einer Nichtigkeit die Rede sein. Beim Handeln unter fremdem Namen müssten also mindestens zwei Aussagen vorliegen, die der Erklärungsempfänger als widersprüchlich erkennt. Das wäre der Fall, wenn der rechtsgeschäftlichen Erklärung des Handelnden gleichzeitig die Erklärung inne wohne, er sei XY, aber das Ergebnis des Geschäfts solle nicht für XY, sondern für den Handelnden gelten.[283] Tatsächlich wird aber doch beim Handeln unter fremdem Namen dem Erklärungsempfänger durch die Täuschung gerade nicht deutlich, dass der Handelnde einen fremden Namen verwendet.[284] Für den Erklärungsempfänger wird nicht erkennbar, dass der Handelnde sich nur als Namensträger ausgibt. Deshalb kann er auch den Widerspruch nicht erkennen. Nur ein für den Geschäftspartner erkennbar gewordener Widerspruch kann aber letztlich nach Gesagtem im Blick auf §§ 133, 157 die Nichtigkeit der Erklärung begründen.[285]

Als weiteres Argument werden gegen die Nichtigkeitstheorie auch die §§ 119 Abs. 1, 123 Abs. 1 ins Feld geführt.[286] Schließlich liege bei einem Irrtum oder bei einer durch Drohung bzw. Täuschung veranlassten Willenserklärung auch ein Widerspruch zwischen wahrem Willen und der nach außen geäußerten Erklärung vor. In diesen Fällen werde anhand der §§ 119 Abs. 1, 123 Abs. 1 deutlich, dass das Gesetz keine Nichtigkeit anordne. Dieser Begründung kann allerdings nicht gefolgt werden. Im Gegensatz zur Erklärung eines unter fremden Namen Handelnden liegt in den Konstellationen nach §§ 119 Abs. 1, 123 Abs. 1 eine

281 Siehe dazu nur *Brox/Walker*, Allgemeiner Teil des BGB, Rn. 136; der Sache nach hat schon *Ohr*, AcP 152 (1952/53), 220, diesen Gedanken gegen die Nichtigkeitstheorie vorgebracht.

282 *Geusen*, Das Handeln unter fremdem Namen im Zivilrecht, S. 38.

283 *Geusen*, Das Handeln unter fremdem Namen im Zivilrecht, S. 32 f.

284 So auch *Ihnen*, Das Handeln unter fremdem Namen, S. 33.

285 *Holzhauer*, Die eigenhändige Unterschrift, S. 148; *Ihnen*, Das Handeln unter fremdem Namen, S. 34.

286 *Geusen*, Das Handeln unter fremdem Namen im Zivilrecht, S. 33.

unfreiwillige, d.h. unabsichtliche, Diskrepanz zwischen Willen und Erklärung vor. Deshalb können diese Situationen nicht als Vergleich herangezogen werden.

Die Befürworter der Nichtigkeitstheorie leiten teilweise die Nichtigkeit der Erklärung aus dem Gesetz selbst ab. Die zentrale Verknüpfung zwischen strafrechtlichen Verbotsnormen hinsichtlich des Auftretens unter fremdem Namen (vgl. etwa § 267 StGB, § 111 OWiG) soll dabei § 134 zukommen. Letztlich kann auch dieses Argument nicht überzeugen. § 134 richtet sich gegen inhaltlich verbotene Rechtsgeschäfte, nicht alleine gegen das evtl. verbotene Verhalten des Erklärenden.[287] Ein Vertreter ohne Vertretungsmacht würde unter Umständen durch die Täuschung über das Bestehen seiner Vertretungsmacht § 263 StGB erfüllen und seine Erklärung müsste gem. § 134 nichtig sein. Dann käme der Genehmigungsmöglichkeit durch den Vertretenen gem. § 177 Abs. 1 aber keine Bedeutung mehr zu.[288] Das Gesetz bestimmt gerade ausdrücklich, dass diese Erklärung nicht automatisch nichtig ist. Auch mit Blick auf § 111 OWiG[289] ergibt sich kein anderes Bild. Diese Norm soll das Hoheitsrecht des Staates auf die richtige Namenserforschung im Zusammenhang mit dessen öffentlich-rechtlicher Tätigkeit schützen.[290] Ein Verstoß gegen solche alleine dem öffentlichen Interesse[291] dienenden Sanktionsnormen mit Ordnungscharakter begründet aber für sich noch keine privatrechtliche Nichtigkeit.[292]

Die Nichtigkeitstheorie ist folglich als Lösung für die rechtsgeschäftliche Einordnung des Handelns unter fremden Namen abzulehnen.

b) Zur Eigengeschäftstheorie

Von einem engen Verständnis des § 164 Abs. 2 ausgehend, beharren die Anhänger der Eigengeschäftstheorie darauf, der unter fremdem Namen Handelnde sei die einzige Person, die dem Geschäftspartner bekannt sei, weshalb den Namensträger durch das Handeln keine Rechte und Pflichten erwachsen könnten. Im Gegensatz zur Nichtigkeitstheorie berücksichtigt die Eigengeschäftstheorie somit durchaus ein Stück weit die Wirkung und Auslegung der Erklärung nach außen. Tatsächlich könnte der Erklärungsempfänger ja annehmen, der

---

287 *Hinke*, Wirkung des Handelns unter falschem Namen, S. 48.

288 *Geusen*, Das Handeln unter fremdem Namen im Zivilrecht, S. 37.

289 Siehe Fn. 168.

290 *Geusen*, Das Handeln unter fremdem Namen im Zivilrecht, S. 37.

291 Zu diesem Schutzzweck des § 111 OWiG vgl. die zur Vorgängervorschrift § 360 Abs. 1 Nr. 8 ergangenen Entscheidungen: RGSt 17, 224 (225); RGSt 72, 30 (31).

292 Vgl. dazu ausführlich: HKK/*Dorn*, §§ 134-137 Rn. 15; Soergel/*Hefermehl*, § 134 Rn. 20.

Handelnde sei auch der Namensträger. Was die Eigengeschäftstheorie aber unzureichend berücksichtigt, sind die Interessen des Empfängers.[293] Ihm wird es doch unter Umständen gerade darauf ankommen, nur mit dem Namensträger einen Vertrag zu schließen.[294] Besonders klar tritt diese Interessenlage bei einem Vertragsschluss unter Abwesenden, bei einem fernmündlichen Geschäftsabschluss, oder einem Vertragsschluss im Internet in den Vordergrund. Hier ist dem Vertragspartner nur der Namensträger bekannt. Es wird ihm daher stark darauf ankommen, auch nur diesem Gegenüber Ansprüche zu begründen. Die Annahme eines Eigengeschäfts führt für den Vertragspartner aber unmittelbar zu einem Vertragsschluss mit einer unerwünschten Person.[295] Man würde auf diese Weise die Identitätstäuschung, welcher er unterlag, noch vertiefen. Selbst wenn man ein Eigengeschäft annehmen und dem Geschäftspartner dann wegen Irrtums ein Anfechtungsrecht einräumen würde, hätte dieser mit seinem eigentlich gewünschten Vertragspartner – dem Namensträger – noch keinen Vertrag geschlossen.[296]

Aus diesen Gründen kann auch insbesondere den Ausführungen von *Larenz* nicht gefolgt werden.[297] Sind seine rechtsgeschäftlichen Grundannahmen sonst immer stark von dem Bemühen getragen, die nach außen in den Rechtsverkehr getretenen Wirkungen einer Erklärung (bzw. eines Handelns) in den Fokus zu nehmen, unterliegt er hier einer Fehldeutung. Insbesondere die von ihm vorgetragene Argumentation bzgl. der Trennung von Namen und Willenserklärung[298] führt letztlich für den Erklärungsempfänger zu einem Irrtum. Der Name ist doch für diesen (besonders deutlich beim Vertragsschluss unter Abwesenden[299]) das entscheidende Merkmal zur Bestimmung einer Identität.[300] Zwar erkennt *Larenz* diese Problematik, weshalb er aus § 242 für bestimmte Fälle Ausnahmen

293 *Weber*, JA 1996, 430.

294 Dem unter fremdem Namen Handelnden ist dies auch bewusst, sonst würde er ja auch nicht unter fremdem Namen handeln.

295 Er wollte ja gerade mit dem Namensträger kontrahieren.

296 *Geusen*, Das Handeln unter fremdem Namen im Zivilrecht, S. 52.

297 *Larenz*, in: *Nipperdey* (Hrsg.), Das Deutsche Privatrecht in der Mitte des 20. Jahrhunderts, S. 241 ff.

298 Denn die Namensnennung soll keine Rechtsfolgeanordnung beinhalten, vgl. *Larenz*, in: *Nipperdey* (Hrsg.), Das Deutsche Privatrecht in der Mitte des 20. Jahrhunderts, S. 241.

299 *Larenz*‘ Argumentation von der „Ich“-Bezogenheit des Handelns steht wohl tatsächlich ganz unter dem Eindruck des Rechtsgeschäfts unter Anwesenden, vgl. *Lieb*, JuS 1967, 109 Fn. 38.

300 *Reichel*, Höchstpersönliche Rechtsgeschäfte, S. 143.

vom Eigengeschäft herleiten möchte.[301] Er begründet diese Ausnahmen aber mit der Treuwidrigkeit (und ausdrücklich *nicht* durch Auslegung) des unter fremdem Namen Handelnden und übersieht dabei, dass eine Willenserklärung schon grundsätzlich gem. §§ 133, 157 unter Berücksichtigung von Treu und Glauben und die Verkehrssitte ausgelegt werden muss. In Wahrheit werden also die Schwächen der Eigengeschäftstheorie gerade anhand der Auslegung deutlich.[302]

Daneben missachtet die Eigengeschäftstheorie auch weitgehend die Interessen des tatsächlichen Namensträgers. Unter Umständen ist ihm an dem evtl. für ihn günstigen Geschäft ja sogar gelegen. Er hätte hiernach allerdings keine Möglichkeit, das Rechtsgeschäft durch Genehmigung an sich zu ziehen. Schon *Oertmann* hatte auf die Nähe zwischen Stellvertretungsrecht und Handeln unter fremdem Namen hingewiesen und betont, dass das Verhalten des Handelnden unter fremdem Namen sogar noch über das des Vertreters ohne Vertretungsmacht hinausgehe, weshalb dem Namensträger eine ähnliche Position zukommen müsse.[303] Auch der Eigengeschäftstheorie für das Handeln unter fremdem Namen kann damit nicht gefolgt werden.

c) Zur Vertretungstheorie

Den Ausführungen zur Vertretungstheorie sollte zunächst vorausgeschickt werden, dass es sich in den Fällen des Handelns unter fremdem Namen keinesfalls um eine Stellvertretungssituation handelt. Natürlich ist es richtig zu sagen, das Handeln „für" einen anderen müsse nach den §§ 164 Abs. 1, Abs. 2 nicht ausdrücklich für den Geschäftspartner erkennbar werden. Dieses ergibt sich schon mit Blick auf den Gesetzestext des § 164 Abs. 1 S. 2. Beim Handeln unter fremdem Namen nach dem hier zugrunde liegenden Verständnis kommt es dagegen auf Seiten des Erklärungsempfängers zu einer Identitätstäuschung. Die Situation, dass der Geschäftspartner mit dem Namensträger kontrahieren will, dabei aber den Handelnden für den Namensträger hält, kann nicht unter §§ 164 Abs. 1, Abs. 2 gefasst werden, denn nach dem Offenkundigkeitsprinzip muss dem Vertragspartner die Stellvertretungssituation deutlich (gemacht) werden. Dieses Dogma der Stellvertretung hat letztlich seine Rechtfertigung im schutzwürdigen Interesse des Vertragspartners auf Rechtsklarheit.[304] Ist der Offenkundigkeitsgrundsatz nicht gewahrt, können die Stellvertretungsregeln

---

301 *Larenz*, in: *Nipperdey* (Hrsg.), Das Deutsche Privatrecht in der Mitte des 20. Jahrhunderts, S. 247 f.

302 *Geusen*, Das Handeln unter fremdem Namen im Zivilrecht, S. 50.

303 *Oertmann*, Zentralblatt Handelsrecht 1926 (1), 304.

304 *Köhler*, BGB Allgemeiner Teil, § 11 Rn. 18.

keine Anwendung finden. Deshalb kann der Vertretungstheorie, im Sinne einer direkten Anwendung der Stellvertretungsregeln, wie sie u.a. von *Flume* vertreten wird, nicht gefolgt werden.[305]

Eine andere Frage ist es, ob die Stellvertretungsregeln (§§ 164 ff.) und dabei insbesondere die §§ 177, 179 im Rahmen einer Analogie für das Handeln unter fremdem Namen entsprechend herangezogen werden können.

aa) Voraussetzungen eines Analogieschlusses

Begreift man unsere Zivilrechtsordnung als ein zusammenhängendes System, gelangt man, trotz aller Abstraktion des Gesetzes, an manchen Stellen dieser Ordnung zu einem Punkt, an dem die Wirklichkeit vom Wortlaut des Gesetzes nicht mehr erfasst wird. Die Wirklichkeit stellt dann an das Gesetz eine Frage, die dieses alleine aus seiner Normierung heraus nicht beantworten kann. Im System des Gesetzes scheint ein „Baustein" zu fehlen.[306] Für solche Situationen hat es sich im Anschluss an *Larenz* eingebürgert, von einer „planwidrigen Regelungslücke" zu sprechen.[307] Die Planwidrigkeit bezieht sich dabei auf den ursprünglichen Plan, die Regelungsabsicht des Gesetzgebers. Der Analogieschluss ist die Übertragung einer für einen Tatbestand (oder mehrere Tatbestände) gegebenen gesetzlichen Regelung auf einen vom Gesetz nicht geregelten Tatbestand.[308] Wesensbestimmend ist, dass der nicht geregelte Tatbestand dem geregelten Tatbestand vergleichbar, d.h. ähnlich ist.[309] Der Grund für die Übertragbarkeit des einen Tatbestandes auf den anderen liegt in ihrer wertungsmäßigen Vergleichbarkeit.

bb) Übertragung auf die vorliegende Fallgestaltung

Untersucht werden muss folglich, inwieweit die Stellvertretungsregeln mit der Fallgestaltung des Handelns *unter* fremdem Namen vergleichbar sind. Die besagten Normen erfassen auch die Situationen (§§ 177, 179), in denen ein Vertreter ohne Vertretungsmacht[310] für den Geschäftsherrn ein Rechtsgeschäft geschlossen hat. Der Vertreter, der (konkludent) behauptet, er handele mit Vertretungsmacht des Geschäftsherrn, wird über § 179 für sein Verhalten haftbar gemacht.

---

305 *Flume,* Das Rechtsgeschäft, S. 778 ff.; so auch *Letzgus*, AcP 126 (1926), 53 f.; *Medicus/Petersen,* Bürgerliches Recht, Rn. 82; ähnlich *Mansfeld*, LZ 1914, 805 f.

306 *Röhl,* Allgemeine Rechtslehre, S. 633.

307 *Larenz,* Methodenlehre, S. 373.

308 Vgl. dazu und zum folgenden: *Larenz,* Methodenlehre, S. 381 ff.

309 *Esser,* Grundsatz und Norm, S. 231 ff.

310 Aber „*in*" fremdem Namen.

Zugleich steht es im Ermessen des Geschäftsherrn, ein etwaiges Geschäft über § 177 noch an sich zu ziehen und zugleich die Haftung des falsus procurator entfallen zu lassen.

Demgegenüber geht die Behauptung des unter fremdem Namen Handelnden noch darüber hinaus.[311] Er behauptet nicht nur, er könne rechtsgeschäftlich für einen anderen handeln, sondern sogar, dass er dieser Handelnde sei. Wenn aber der Vertreter ohne Vertretungsmacht, der lediglich für die Wirkung des Rechtsgeschäfts behauptet, diese treffe einen anderen, der Haftung über §§ 177, 179 ausgesetzt ist, muss dies erst Recht für den Handelnden unter fremdem Namen gelten. Denn durch dessen Verhalten erscheint das Rechtsgeschäft nicht nur in seiner Wirkung, sondern sogar in seinem Tatbestand als ein solches des Namensträgers.[312] Da aber schon der geringere Eingriff des Vertreters ohne Vertretungsmacht in die Rechte des Geschäftsgegners zur Rechtsfolge des § 179 führt, muss auch für den unter fremdem Namen Handelnden der gleiche Haftungsmaßstab gelten.[313] Folglich müssen dem Grunde nach alle Regeln entsprechend Anwendung finden, die für den Vertreter ohne Vertretungsmacht gelten.

Die Anwendung dieser Normen gebietet auch der Interessenschutz der betroffenen Personen.[314] Ganz besonders deutlich wird dies an der Stellung des Namensträgers. Er kann die unbefugte Nutzung seines Namens zwar nicht mehr rückgängig machen, ist aber an die Rechtsfolgen der Nutzung nur gebunden, wenn er entsprechend § 177 Abs. 1 eine Genehmigung vornimmt. Auf der anderen Seite steht der Geschäftspartner, dem die Identität seines Vertragspartners in den meisten Fällen nur über dessen Namen erschließbar sein wird. Er hat den Vorteil, dass sein Vertragspartner durch eine Genehmigung doch noch der wahre Namensträger werden kann. Nach der Eigengeschäftstheorie und der Nichtigkeitstheorie würde er deutlich schlechter stehen.[315] Dagegen könnte man einwenden, die Anwendung der Stellvertretungsregeln bevorzuge

---

311 Die Entwicklung dieser Analogie stammt wohl von *Oertmann*, Zentralblatt Handelsrecht 1926 (1), 304; vgl. im Anschluss daran auch *Geusen*, Das Handeln unter fremdem Namen im Zivilrecht, S. 62; *Ohr*, AcP 152 (1952/53), 232.

312 RGZ 145, 87, 92.

313 Ausführlich zum Ganzen *Geusen*, Das Handeln unter fremdem Namen im Zivilrecht, S. 62.

314 So wohl auch *Geusen*, Das Handeln unter fremdem Namen im Zivilrecht, S. 63.

315 Wenigstens nach der Nichtigkeitstheorie wäre ein Vertragsschluss zwischen Namensträger und Geschäftspartner allerdings noch denkbar und möglich. Voraussetzung dafür wäre, dass der Leistungsgegenstand noch erbringbar ist, also beispielsweise die Kaufsache nicht etwa schon anderweitig veräußert wurde.

den Namensträger deutlich stärker, weil dem Geschäftspartner weiterhin die Ungewissheit über seinen Vertragspartner bleibe. Dieser Argumentation kann allerdings entgegengehalten werden, dass der Geschäftspartner durch die Anwendung der Stellvertretungsregeln beim Handeln *unter* fremdem Namen nicht schlechter gestellt wird als beim Handeln *in* fremdem Namen. Genauso wie es ihm zumutbar ist, sich über den tatsächlichen Bestand einer Vertretungsmacht zu vergewissern, ist es ihm auch zumutbar, sich der wahren Identität des Handelnden zu vergewissern und gegebenenfalls eingehendere Nachforschungen zu betreiben.[316] Die Interessen des Handelnden selbst können unberücksichtigt bleiben. Er ist die „am wenigsten schützenswerte Person".[317]

Das wichtigste Gegenargument gegen die Vertretungstheorie liegt scheinbar in ihrem Ausgangspunkt: Nach §§ 133, 157 müsse der Geschäftspartner die Erklärung unter fremdem Namen als eine Erklärung des Namensträgers verstehen. Damit ist fraglich, ob dem Namen tatsächlich eine solch hohe Bedeutung zukommt, ob der Geschäftspartner also „gerade der Namensnennung die entscheidende personelle Bezugsfunktion der Erklärung beimisst."[318] Zugegebenermaßen wird dem Namen bei den meisten Geschäften des täglichen Lebens[319] keine große Bedeutung mehr zukommen. Weil die Identität des Handelnden schon durch seine „sinnliche Demonstration" erfolgt, ist seine Namensnennung nur noch eine „Höflichkeitsfloskel".[320] In diese Richtung hat schon *Ohr* argumentiert.[321].

So ist es auch zu erklären, warum innerhalb der Vertretungstheorie an mancher Stelle[322] das entscheidende Kriterium zur Anwendung der §§ 177, 179 die Frage sein soll, ob der Vertragsschluss unter Anwesenden erfolgte. Für diesen Fall soll dann in der Regel doch ein Eigengeschäft des Handelnden vorliegen. Dessen ungeachtet muss man gleichwohl festhalten, dass der Name das wesentliche Kriterium zur Identitätsbestimmung bleibt, sowohl für den Vertragsschluss im Internet[323], als auch für den Vertragsschluss unter Anwesenden.[324] Auch für das

316 *Hanau,* Handeln unter fremder Nummer, S. 16.

317 *Weber*, JA 1996, 428; *Zeiss*, JZ 1963, 744.

318 *Ihnen*, Das Handeln unter fremdem Namen, S. 24 f.; kritisch auch *Weber*, JA 1996, 429.

319 Anders aber bei Geschäften auf denen es auf eine längerfristige Liquidität des Vertragspartners ankommt, z.B. § 488.

320 *Hinke*, Wirkung des Handelns unter falschem Namen, S. 37.

321 *Ohr*, AcP 152 (1952/53), 229.

322 *Weber*, JA 1996, 431; *Reichel,* Höchstpersönliche Rechtsgeschäfte, S. 143 f.

323 Zum Namen im Internet siehe *Meyer,* Identität und virtuelle Identität, S. 74 ff.

324 *Lieb*, JuS 1967, 110; *Geusen*, Das Handeln unter fremdem Namen im Zivilrecht, S. 68; *Letzgus*, AcP 137 (1933), 328.

Strafrecht hat *Puppe* überzeugend die Tendenz kritisiert, dem Namen als Identitätskriterium unter Anwesenden immer weniger Bedeutung beizumessen.[325]

Allerdings läuft diese Argumentationskette letztlich leer, wenn man sich das hier entwickelte Verständnis vom Handeln unter fremden Namen vergegenwärtigt.[326] Danach liegt ein Handeln unter fremdem Namen ohnehin nur vor, wenn beim Geschäftspartner ein Identitätsirrtum hervorgerufen wurde, unabhängig davon, ob ein Vertragsschluss unter Anwesenden oder unter Abwesenden vorliegt. Hat der Handelnde sich eines falschen Namens bedient und keinen Irrtum des Vertragspartners erzeugt, so liegt ein Eigengeschäft vor. Hat der Geschäftspartner sich geirrt, unterlag er aber einer Identitätstäuschung, die durch die Nennung des falschen Namens hervorgerufen wurde. Dann ist die Namensnennung auch für ihn wesentlich gewesen.

Für das Handeln unter fremdem Namen ist damit grundsätzlich der Vertretungstheorie zuzustimmen. Die rechtliche Einordnung des Handelns unter fremdem Namen bestimmt sich demgemäß nach den Stellvertretungsregeln §§ 164 ff. Damit soll noch keine Aussage darüber getroffen sein, ob die Anwendung der Vertretungsregeln für das Handeln unter fremdem Namen auch die Rechtsscheinvollmachten, insbesondere die Anscheinsvollmacht, umfasst.[327]

III. Das Handeln unter fremdem Namen im Internet

Nachdem die dogmatische Herleitung und die Rechtsfolgen des Handelns unter fremdem Namen eine Einordnung erfahren haben, stellt sich vor dem Hintergrund der Anwendung des Handelns unter fremdem Namen beim Accountmissbrauch im Internet die Frage, welche Besonderheiten sich für das Handeln unter fremdem Namen im elektronischen Geschäftsverkehr ergeben.

1) Handeln unter fremder Nummer?

Wie oben bereits festgestellt, werden elektronische Willenserklärungen in den meisten Fällen über besonders eingerichtete Nutzerkonten (Accounts) abgegeben und empfangen.[328] Der Vertragsschluss erfolgt in diesen Fällen entweder über eine Plattform, die nur bereits vorher registrierten Nutzern zugänglich ist (Beispiel „eBay“ oder Online-Banking), oder über Kommunikation via E-Mail, wobei auch hier die Nachricht erst versendet werden kann, nachdem der Nutzer

325 *Puppe*, JuS 1987, 278.
326 Siehe dazu oben S. 35.
327 Vgl. hierzu S. 123 ff.
328 Vgl. S. 11 ff.

sich „eingeloggt"[329] hat. Die Sicherung des Accounts erfolgt dabei aus einer Kombination von Nutzernamen und Passwörtern, persönlichen Identifikationsnummern (PIN) und teilweise Transaktionsnummern (TAN).

Weil Passwörter und Nummern damit gleichsam zu einem Benutzerausweis werden, der zur Benutzung eines Accounts legitimiert, hat *Hanau* vorgeschlagen, die Fälle, in denen ein Dritter rechtsgeschäftlich handelt, dabei aber durch einen solchen Benutzerausweis (scheinbar) legitimiert ist, als „Handeln unter fremder Nummer" zu bezeichnen.[330] Er sieht darin das „moderne Gegenstück" zum Handeln unter fremdem Namen und in der Nummer selbst „das bedeutendste Legitimationsmerkmal des beginnenden 21. Jahrhunderts".[331] Seinen Ausgangspunkt bildet zunächst ein Beispiel, das gar nicht im elektronischen Geschäftsverkehr spielt. Als Musterbeispiel nennt er die Geldabhebung am Geldautomat mittels EC-Karte: Gegenüber seiner Bank weise sich der Karteninhaber nicht mit seinem Namen, sondern durch seine PIN aus, welche ihm vorher zugewiesen wurde. Komme nun ein Dritter, der aus irgendwelchen Gründen Kenntnis über die PIN hat, in Besitz der Karte, könne dieser zu Lasten des Kontoinhabers verfügen. Gegenüber der Bank selbst erscheine die Situation jedoch so, als ob der tatsächlich Berechtigte handeln würde. Der Dritte handele somit „unter der Nummer" des Kontoinhabers.[332] Sodann weist *Hanau* aber darauf hin, dass der weitaus bedeutendste Bereich seines „Handelns unter fremder Nummer" aufgrund neuer „Lebenssachverhalte" im elektronischen Geschäftsverkehr liege.[333] Was diese neue Begrifflichkeit also tatsächlich bezeichnet, ist das Auftreten eines Dritten als eine andere Person, die durch die Benutzung des Legitimationszeichens als dessen Inhaber erscheint.

Ob diese Neubezeichnung tatsächlich notwendig ist, erscheint jedoch fraglich. In Wahrheit handelt der Dritte ja immer noch als diejenige Person, die nach außen hin erkennbar der Inhaber des Bankkontos, des Accounts oder der E-Mailadresse ist. Der Dritte handelt nicht unter der Nummer des Inhabers, sondern mit Hilfe der Nummer kann er überhaupt erst unter dem Namen des Inhabers handeln. Weil es im modernen Geschäftsverkehr oft nicht mehr die direkte Rückkopplung zwischen zwei Geschäftspartnern gibt, entsteht doch erst die Notwendigkeit, sich anders als mit seinem Namen, Personalausweis etc.

---

329 Einloggen meint die Eingabe von Benutzernamen und dazugehörigem Passwort zum Zwecke des elektronischen Zugangs.

330 *Hanau,* Handeln unter fremder Nummer, S. 1.

331 *Hanau,* Handeln unter fremder Nummer, S. 225.

332 *Hanau,* Handeln unter fremder Nummer, S. 1.

333 *Hanau,* VersR 2005, 1215.

auszuweisen. Die Benutzung der Nummer (Passwort, PIN, etc.) ist also nur der Schlüssel zum Auftreten unter fremdem Namen.

2) *Handeln „unter dem Account" eines Dritten im Internet*

Die Besonderheiten des Handelns unter fremdem Namen im Internet sind nicht auf einer begrifflichen Ebene zu suchen. Was durch *Hanaus* begriffliche Neuschöpfung dessen ungeachtet deutlich wird, ist die Sonderstellung des Handelns unter fremdem Namen im elektronischen Geschäftsverkehr generell. Durch seine Ausführungen wird nämlich offenbar, dass es im Internet ein Handeln unter fremdem Namen häufig nur in seiner Spielart des Handelns unter fremder Nummer geben wird. Denn wer im Internet rechtsgeschäftlich handelt, tut dies in den meisten Fällen über einen gesicherten Account. Aus diesem Account heraus erscheint dann – so oder so – der tatsächliche Accountinhaber als Vertragspartner.

Selbst wenn ein Dritter mit Wissen und Wollen des Accountinhabers für diesen rechtgeschäftlich im Rahmen einer Stellvertretung tätig würde, wäre ein „Handeln *in* fremdem Namen" in den meisten Fällen[334] technisch nicht möglich, da schlicht nicht vorgesehen ist, dass ein Dritter unter einem fremdem Account auftritt und dies auch noch deutlich, d.h. offenkundig macht.[335] Dass die Möglichkeit zur Offenlegung einer Dreipersonen-Konstellation technisch nicht gegeben ist, mag aber auch daran liegen, dass der Rechtsverkehr davon ausgeht, dass derjenige, der „unter" einem Account handelt, auch dazu legitimiert ist.

Wenn man also überhaupt eine begriffliche Neuschöpfung vornehmen wollte, könnte man sowohl für das Handeln *unter* als auch für das Handeln *in* fremdem Namen im elektronischen Geschäftsverkehr von einem „Handeln unter fremdem Account" sprechen. Solche begrifflichen Variationen dürfen aber nicht den Blick darauf verstellen, dass es sich um ein Handeln unter fremdem Namen handelt. Für die Frage nach der Reichweite der Haftung des Accountinhabers für das Handeln Dritter muss jedoch die Anknüpfung an die Sicherung durch Passwort, PIN etc. eine entscheidende Rolle spielen. Der Rechtsprechung ist damit insoweit zuzustimmen, dass es sich beim rechtsgeschäftlichen Auftreten eines Dritten „unter" einem Account im Internet um einen Fall des „Handelns unter fremdem Namen" handelt.

---

334 Denkbar wäre höchstens der Versand einer E-Mail aus dem Account des Vertretenen mit Unterzeichnung des Vertreters.

335 Teilweise wird das Handeln „unter" einem Account sowie die Weitergabe der Daten für den „Login" auch ausdrücklich in den AGB untersagt, vgl. Fn. 135.

B. Die Anscheinsvollmacht

Die Anscheinsvollmacht ist das zweite, neben dem Handeln unter fremdem Namen herangezogene Rechtsinstitut, welches die Rechtsprechung zur rechtsgeschäftlichen Einordnung eines Accountmissbrauchs heranzieht. Das folgende Kapitel widmet sich daher den dogmatischen Grundlagen der Anscheinsvollmacht.

I. Einführung: Stellvertretung und Anscheinsvollmacht

Die Vorstellung, ein Vertreter könne einen anderen gegenüber einem Dritten wirksam berechtigen oder verpflichten, war den Rechtsordnungen früherer Zeiten eher fremd.[336] Daran zeigt sich, dass das Institut der direkten Stellvertretung keine Selbstverständlichkeit ist, denn die Wirkungen der Stellvertretung bringen für den Vertretenen auch Gefahren mit sich.[337]

1) Rechtsgeschichtliche Entwicklung

Aus *Ulpian* D. 45,1,38,17 („alteri stipulari nemo potest") heraus ist entwickelt worden, dass sich nach dem antiken römischen Recht eine Person nur selbst vertraglich verpflichten konnte.[338]. Aus verschiedenen Quellen[339] ist darüber hinaus gefolgert worden, dass sich die Unzulässigkeit der direkten Stellvertretung nicht nur auf Stipulationen, sondern auf sämtliche Schuldverhältnisse erstreckte.[340] Als Begründung für diese Ablehnung werden mangelndes juristisches Abstraktionsvermögen[341] und die Verhaftung des altrömischen Rechtes in den

336 *Ogris*, in: HRG Band IV „Stellvertretung", S. 1957.

337 *Schmoeckel*/HKK, §§ 164 – 181 Rn. 1.

338 *Bauer*, Entwicklung der gewillkürten Stellvertretung, S. 2; *Müller*, Die Entwicklung der Stellvertretung, S. 14; *Rabel*, Grundzüge des römischen Privatrechts, § 118 S. 182; *Kaser*, Das römische Privatrecht, S. 260; *Coing*, Europäisches Privatrecht, S. 423.

339 Vgl. die Quellen bei *Müller*, Die Entwicklung der Stellvertretung, S. 15; Mit Blick auf diese Quellen zieht diesen Schluss auch *Bauer*, Entwicklung der gewillkürten Stellvertretung, S. 2 Fn. 2; *Buchka*, Die Lehre von der Stellvertretung, S. 4.

340 Von der herrschenden Lehre spricht *Mitteis*, Die Lehre von der Stellvertretung nach römischem Recht, S. 9; *Müller*, Die Entwicklung der Stellvertretung, S. 16; *Buchka*, Die Lehre von der Stellvertretung, S. 4; *Claus*, Gewillkürte Stellvertretung im römischen Privatrecht, S. 367 ff.

341 *Kaser/Knütel*, Römisches Privatrecht, § 11 Rn. 1.

„magischen Wurzeln des Formalismus“[342] angeführt. Die Behauptung, es habe im römischen Recht keine direkte Stellvertretung gegeben, ist freilich nicht ohne Einschränkung geblieben[343] und hat von prominenter Stelle auch Widerspruch erfahren.[344]

Erst mit dem hohen Mittelalter und dem aufkommenden Bedürfnis des Rechtsverkehrs durch die Zunahme des Handels begann man sich langsam vom Grundsatz des „alteri stipulari nemo potest“ zu lösen.[345] Mit der Herausbildung der Vertragsfreiheit breitete sich später auch die Akzeptanz eines Vertragsschlusses durch Dritte aus.[346] Man kann durchaus davon sprechen, dass dies ein früher „Verdienst“ der deutschrechtlichen Rechtswissenschaft darstellt.[347]

Als es zu den ersten Kodifikationen[348] kam, war die Stellvertretung als „Produkt neuzeitlicher Privatrechtsentwicklung“[349] demnach noch relativ jung. Sie war das Kind einer Wirtschaftsordnung, die gerade die Industrialisierung durchlebte und deren Rechtsverkehr ihrer bedurfte. So findet sich im Anfang des Abschnittes zur Stellvertretung in den Motiven auch der Satz: „Die grundsätzliche Zulässigkeit der Vornahme von Rechtsgeschäften durch Vertreter ist für den heutigen Verkehr unabweisbares Bedürfnis“.[350]

---

342 *Kaser,* Das römische Privatrecht, S. 260; *Müller,* Die Entwicklung der Stellvertretung, S. 18.

343 *Finkenauer,* Zeitschrift der Savigny Stiftung 125 (2008), S. 489 ff.; *Wieling,* in: *Nörr* (Hrsg.), Mandatum und Verwandtes, 1993, S. 263 f.

344 *Savigny,* System des heutigen römischen Rechts, § 113 S. 95 ff.; vgl. zum Ganzen *Hölzl,* Savignys Lehre von der Stellvertretung.

345 *Rüfner,* in: *Harke* (Hrsg.), Drittbeteiligung am Schuldverhältnis, S. 110.

346 *Coing,* Europäisches Privatrecht, S. 429 f.; vgl. zur weiteren Entwicklung: *Doris,* in: *Canaris/Diederichsen* (Hrsg.), Festschrift für Karl Larenz, S. 168; *Schmoeckel*/HKK, §§ 164 - 181 Rn. 3; *Bauer,* Entwicklung der gewillkürten Stellvertretung, S. 49 ff. u. 61; *Müller,* Die Entwicklung der Stellvertretung, S. 128 f.; *Bader,* Duldungs- und Anscheinsvollmacht, S. 4; *Müller-Freienfels,* Stellvertretungsregelungen in Einheit und Vielfalt, S. 81.

347 *Krause,* JuS 1970, 318.

348 Zu den Kodifikationen der Stellvertretung: *Müller,* Die Entwicklung der Stellvertretung, S. 152.

349 *Ogris,* in: HRG Band IV „Stellvertretung“, S. 1957.

350 *Mugdan* I, S: 475.

Die Verfasser des BGB legten dem Stellvertretungsrecht die Repräsentationstheorie zugrunde.[351] Auch heute ist sie die herrschende Auffassung.[352] Wer nach Gesetzeskonzeption maßgebend ist, wird darüber hinaus auch an § 166 Abs. 1 deutlich: Es ist der Vertreter, „nicht die Person des Vertretenen", dessen Willensmängel entscheidend sind. Das mit der Schaffung des BGB eine Entscheidung zu Gunsten der Repräsentationstheorie gefällt wurde, hat jedenfalls nicht unbedingt dazu geführt, dass das willenstheoretische Problem um die Stellvertretung damit dogmatisch sauber geklärt wäre, auch wenn einige darauf hinweisen, dass diese Fragestellung damit obsolet sei.[353] Immer noch sind Privatautonomie und die Fremdwirkung des Vertreterhandelns miteinander zu vereinbaren.[354]

Dieses Zusammenspiel von Stellvertretung und Privatautonomie wird noch komplexer, wenn man die Grundsätze der Vertrauenshaftung bzw. der Rechtsscheinhaftung mit berücksichtigt.

2) Das Entstehen der Rechtsscheinhaftung bis hin zur Anscheinsvollmacht

Eine Rechtsscheinhaftung liegt vor, „wenn die Rechtsordnung einen an sich nicht gegebenen Anspruch deshalb gewährt, weil der Schein seines Bestehens entstanden war"[355]. Auf das Stellvertretungsrecht übertragen erfasst dieser Begriff damit vor allem die Fälle, in denen der Anschein einer Bevollmächtigung des Vertreters gegeben ist. Der Grundsatz, dass das Vertrauen auf einen äußerlich gesetzten Tatbestand schützenswert ist, kann als deutschrechtlich bezeichnet werden.[356] Eine Rechtsordnung, die wie die deutschrechtliche auf symbolische Elemente und Formensprache aufbaut, entwickelt auf natürliche Weise

---

351 *Mugdan* I, S. 477 f.; *Enneccerus/Nipperdey,* Allgemeiner Teil des bürgerlichen Rechts 2. Hb, § 182, S. 1116; a.A. *Beuthien*, in: *Beuthien/Fuchs/Roth u. a.* (Hrsg.), Festschrift für Dieter Medicus, S. 4 f.; vgl. zur Repräsentationstheorie *Windscheid/Kipp,* Lehrbuch des Pandektenrechts, Bd I, § 73 S. 295 ff.; *Schilken,* Wissenszurechnung im Zivilrecht, S. 10; vgl. zur Geschäftsherrntheorie *Savigny,* Obligationenrecht, § 57 S. 59 ff.

352 Palandt/*Ellenberger*, vor § 164 Rn. 2 u. § 166 Rn. 1; *Schilken,* Wissenszurechnung im Zivilrecht, S. 10; *Beuthien,* in: *Beuthien/Fuchs/Roth u. a.* (Hrsg.), Festschrift für Dieter Medicus, S. 2.

353 *Ballerstedt*, AcP 151 (1951), 513 ff.

354 *Beuthien*, in: *Beuthien/Fuchs/Roth u. a.* (Hrsg.), Festschrift für Dieter Medicus, S. 1; *Müller-Freienfels,* Die Vertretung beim Rechtsgeschäft, S. 15 ff.; *Flume,* Das Rechtsgeschäft, S. 753 f.; *Flume*, in: von *Caemmerer/Friesenhain/Lange* (Hrsg.), Hundert Jahre deutsches Rechtsleben, S. 160 ff.

355 *Canaris,* Vertrauenshaftung, S. 9

356 *Erler*, in: HRG Band IV „Rechtsschein", S. 339.

ein System der „Rechtsscheinhaftung".[357] Der tatsächliche Wille des Einzelnen hatte also noch hinter den Bedürfnissen und Gebräuchen der Gemeinschaft anzustehen.[358] Diese deutschrechtliche Tendenz lässt sich bis zum Mittelalter feststellen[359]; erst mit der beginnenden Rezeption des römischen Rechts rückt der Wille gegenüber den äußeren Tatbeständen in den Vordergrund.[360] Dementsprechend war auch für die erste Kommission der Wille des Vertretenen noch zentral, ein guter Glaube an eine Bevollmächtigung grundsätzlich unerheblich.[361] Dennoch wurden in den §§ 170 ff. BGB Vorschriften geschaffen, die auf den Verkehrsschutz abzielten. Mit einer moderner und damit komplexer werdenden Wirtschaftsordnung wurde dieser Trend seit dem Beginn des 20. Jahrhunderts beschleunigt.[362] *Schmoeckel* sieht darin „die zunehmende Bedeutung der Erklärungstheorie und die abnehmende Bedeutung des Willensdogmas" gespiegelt.[363] Diese Entwicklung bildete den Boden für Literatur[364] und vor allem die Rechtsprechung[365], um die Grundsätze der Rechtsscheinvollmachten zu entwickeln. Eine genaue terminologische Unterscheidung bzgl. der „Vollmacht kraft Rechtsscheins" hat sich allerdings erst in der zweiten Hälfte des 20. Jahrhunderts herausgebildet.[366]

---

357 *Mitteis/Lieberich,* Deutsche Rechtsgeschichte, S. 22; *Planitz/Eckhardt,* Rechtsgeschichte, S. 24.

358 *Wenzel,* Anscheinsvollmacht, S. 1.

359 *Brunner,* Grundzüge der deutschen Rechtsgeschichte, S. 186 f.

360 *Wenzel,* Anscheinsvollmacht, S. 1.

361 *Schmoeckel*/HKK, §§ 164 – 181 Rn. 4; *Gebhard,* in: *Schubert* (Hrsg.), Die Vorlagen der Redaktoren für die erste Kommission zur Ausarbeitung des Entwurfs eines Bürgerlichen Gesetzbuches, AT, 2. Teil, S. 194; Gleichzeitig wurde aber schon auf den Verkehrsschutz abgestellt, siehe *Jakobs/Schubert,* Die Beratung des Bürgerlichen Gesetzbuchs, 2.Tb, S. 883 f.

362 *Wellspacher,* Das Vertrauen auf äußere Tatbestände, S. 79 ff.; *Wieacker,* Privatrechtsgeschichte der Neuzeit, S. 517.

363 *Schmoeckel*/HKK, §§ 164 – 181 Rn. 22.

364 Palandt/*Danckelmann,* 6. Aufl. München 1944, § 170-173, Anm. 4, 152, zitiert nach: *Schmoeckel*/HKK, §§ 164 – 181 Fn. 198.

365 ROHG 1, 149, 151; ROHG 4, 294, 303 ff.; ROHG 8, 314, 315; ROHG 10, 141, 143; RGZ 65, 292, 295; RGZ 105, 183,185; RGZ 117, 164, 165; RGZ 138, 265, 269; RGZ 170, 281, 284; BGHZ 5, 111, 116; BGHZ 86, 275; BGH NJW 1991, 1225; BGH NJW-RR 1988, 1299.

366 *Brandmair,* Die Anscheinsvollmacht allgemein und ihre Wirkung bei juristischen Personen des öffentlichen Rechts, S. 5 ff.

Es lässt sich keine Gesetzesbestimmung finden, die eine allgemeine Rechtsscheinvollmacht regelt.[367] Im Gesetz finden sich zunächst die §§ 170 – 173 und § 56 HGB, welche teilweise noch heute als Ausgangspunkt für die Herausbildung allgemeiner Grundsätze der Rechtsscheinvollmacht dienen.[368] Gemeinsam ist diesen Vorschriften, dass jeweils ein besonderes äußeres Element hinzukommt, auf welches ein außenstehender Geschäftspartner aufmerksam werden kann und auf welches er sein Vertrauen auf das Bestehen einer Vollmacht gründen könnte. Sowohl die §§ 170 – 173, als auch § 56 HGB[369] kann man folglich als gesetzlich geregelte Fälle von Rechtsscheinvollmachten zusammenfassen.[370]

Diese Regeln umfassen zwar einige der Situationen, in denen der Rechtsschein für ein Vorliegen einer Vollmacht spricht, regeln aber nicht alle Konstellationen, in denen der Rechtsschein einer Vollmacht auch schützenswert erscheint.[371] Deshalb haben Rechtsprechung und Literatur diese Grundsätze fortentwickelt und dabei insbesondere zwischen Duldungs- und Anscheinsvollmacht unterschieden.

a) Die Duldungsvollmacht

Eine Duldungsvollmacht liegt vor, „wenn der Vertretene das ihm bekannte Verhalten des Vertreters duldet und diese Duldung vom Geschäftsgegner nach Treu und Glauben und mit Rücksicht auf die Verkehrssitte dahin gedeutet werden darf, dass der Vertreter vom Vertretenen Vollmacht, für ihn zu handeln, erhalten hat“.[372] Bei der Duldungsvollmacht liegt demnach eine Wissens- und Willenskomponente des Vertretenen vor. Aufgrund dieser Tatsache besteht hinsichtlich der dogmatischen Konstruktion Uneinigkeit darüber, ob die Duldungsvollmacht eine rechtsgeschäftlich-konkludent erteilte Vollmacht oder eine Rechtsscheinvollmacht ist:

---

367 *Brandmair*, Die Anscheinsvollmacht allgemein und ihre Wirkung bei juristischen Personen des öffentlichen Rechts, S. 6.

368 *Fikentscher*, AcP 154 (1955), 3 f.

369 *Schmidt*, Handelsrecht, § 16 Rn. 120 ff.; *Fabricius*, JuS 1966, 55; *Canaris*, Handelsrecht, § 14 Rn. 5; *Canaris*, Vertrauenshaftung, S: 218 f.; a.A. *Flume*, Das Rechtsgeschäft, S. 829, der § 56 HGB als Unterfall der “Duldungsvollmacht” behandelt und diese auch als rechtsgeschäftlich erteilt ansieht.

370 *Köhler*, BGB Allgemeiner Teil, § 11 Rn. 35 ff.

371 *Larenz/Wolf*, Allgemeiner Teil des bürgerlichen Rechts, § 48 Rn. 19.

372 BGH NJW 2002, 2325; BGH NJW-RR 2004, 1275, 1277; BGH LM § 167 BGB Nr. 4 Rn. 13; Palandt/*Ellenberger*, § 172 Rn. 8.

Beträchtliche Teile der Lehre[373] gehen von einer rechtsgeschäftlich erteilten Vollmacht aus, wobei diese Ansicht ihren Ursprung wohl in der Lehre von der „stillschweigenden Bevollmächtigung“[374] hat. Auch das Reichsgericht sprach zunächst davon, dass derjenige, der zulasse, dass etwa ein Angestellter sich als Vertreter geriere, diesen „stillschweigend“ bevollmächtige.[375] Demgegenüber vertritt die heute herrschende Meinung die Ansicht, dass die Duldungsvollmacht ein Unterfall einer Rechtsscheinvollmacht ist.[376] Mit überzeugenden Ausführungen hat *Canaris*[377] herausgearbeitet, dass das Verhalten des Vertretenen nicht konstitutiv, sondern nur deklaratorisch wirkt: Zunächst müsste seitens der Anhänger der rechtsgeschäftlichen Lösung nämlich unterschieden werden zwischen Innen- und Außenvollmacht. Der Vertreter wird oft sogar wissen, dass ihm vom Vertretenen keine Vollmacht erteilt werden soll, „ihm gegenüber fehlt es daher an der Konkludenz des Verhaltens des Geschäftsherrn“[378]. Eine Innenvollmacht kann also schon nicht vorliegen. Nun soll es aber bei der Duldungsvollmacht darauf ankommen, ob der Geschäftspartner darauf schließen darf, dass der Vertreter bevollmächtigt sei. Will man diese Konstruktion rechtsgeschäftlich erklären, muss man von einer konkludenten Außenvollmachtserteilung an den Geschäftspartner ausgehen. Dies wiederum setzt die lebensferne Annahme voraus, der Geschäftspartner würde in den Fällen der Duldungsvollmacht davon ausgehen, gerade ihm gegenüber würde eine Außenvollmacht erteilt. Der BGH[379] spricht deshalb ja auch davon, dass die Duldung „vom Geschäftsgegner dahin gedeutet werden darf, dass der Vertreter Vollmacht erhalten *hat*“ und gerade nicht, dass

---

373 Palandt/*Ellenberger*, § 172 Rn. 8; Staudinger/*Schilken*, § 167 Rn. 29a; *Medicus/Petersen*, Bürgerliches Recht, Rn. 101; *Flume*, Das Rechtsgeschäft, S. 828 f.

374 Vgl. *Macris*, Die stillschweigende Vollmachtserteilung, S. 53 ff; *Hupka*, Die Vollmacht, S. 119 ff.; *Grüter*, Stillschweigende Bevollmächtigung und Scheinvollmacht im Rechtsverkehr der Sparkassen, S. 38 ff.

375 RGZ 1, 8 ff.; RGZ 43, 188, 190;vgl. weitere Nachweise bei *Krause*, Schweigen im Rechtsverkehr, S. 23 Fn. 77; *Merkt*, AcP 204 (2004), 641; Auch der BGH wendete diese Terminologie an, vgl. BGH LM § 164 Nr. 9; BGH LM § 167 Nr. 5 und 10; BGH NJW 1956, 460; BGH NJW 1966, 1915.

376 BGH LM § 164 Nr. 34; BGH LM § 167 Nr. 15; *Fikentscher*, AcP 154 (1955), 14 ff.; MüKo/*Schramm*, § 167 Rn. 51; *Köhler*, BGB Allgemeiner Teil, § 11 Rn. 43; *Larenz/Wolf*, Allgemeiner Teil des bürgerlichen Rechts, § 48 Rn. 23; *Canaris*, Vertrauenshaftung, S. 40 ff.

377 Die folgenden Ausführungen umschreiben in Grundzügen seine Argumentation: *Canaris*, Vertrauenshaftung, S. 40 ff.

378 *Canaris*, Vertrauenshaftung, S. 40.

379 BGH LM § 167 Nr. 4.

der Vertreter bevollmächtigt *wird.* Bei der Duldungsvollmacht liegt somit die konkludente Deklaration einer Innenvollmacht vor. Wenigstens hinsichtlich der Rechtsfolge der Duldungsvollmacht besteht Einigkeit darüber, dass sie wie eine wirkliche Bevollmächtigung wirkt und dem Geschäftspartner deshalb ein Erfüllungsanspruch gegen den Vertretenen zukommt.[380]

b) Die Anscheinsvollmacht

Die Anscheinsvollmacht liegt nach heutigem Verständnis vor, wenn der Vertretene das Handeln des Vertreters „zwar nicht kannte, es aber bei pflichtgemäßer Sorgfalt hätte kennen und verhindern können und der Geschäftsgegner das Verhalten des Vertreters nach Treu und Glauben dahin auffassen durfte, dass es dem Vertretenen bei verkehrsmäßiger Sorgfalt nicht habe verborgen bleiben können und dieser es also dulde".[381] Im Unterschied zur Duldungsvollmacht ist dem Vertretenen hier das Verhalten des Vertreters nicht bekannt. Er hätte das Auftreten des Vertreters aber kennen können und kennen müssen. Anders als bei der Duldungsvollmacht wird nicht an das wissentliche und willentliche, sondern an das pflichtwidrige Schaffen eines Rechtsscheins angeknüpft. Insoweit liegt eine deutliche Parallele zu den Fällen des fehlenden Erklärungsbewusstseins vor, in denen der Erklärende aber hätte erkennen können, dass sein Handeln als Willenserklärung aufgefasst werden wird (sog. „potentielles Erklärungsbewusstsein").[382] Im Unterschied zur Duldungsvollmacht, deren Rechtsfolge allgemein akzeptiert ist, sind bei der Anscheinsvollmacht sowohl dogmatische Herleitung als auch Rechtsfolge heftig umstritten.[383].

II. Die Anscheinsvollmacht in der Rechtsprechung

Der BGH hat sich in seinen ersten grundlegenden Urteilen zur Anscheinsvollmacht offenbar auf einer Linie mit der Rechtsprechung seiner Vorgängergerichte gesehen, wenn er in diesem Zusammenhang von „anerkannten

---

380 Vgl. nur Palandt/*Ellenberger* § 172 Rn. 8 ff.; *Larenz/Wolf,* Allgemeiner Teil des bürgerlichen Rechts, § 48 Rn. 21 ff.; *Köhler,* BGB Allgemeiner Teil, § 11 Rn. 43; *Medicus,* Allgemeiner Teil, Rn. 930; PWW/*Frensch,* § 167 Rn. 37; *Bork,* BGB AT, Rn. 1559; *Merkt,* AcP 204 (2004), 640; Ablehnend: *Bienert,* Anscheinsvollmacht und Duldungsvollmacht, S. 64 ff.; *Lobinger,* Rechtsgeschäftliche Verpflichtung und autonome Bindung, S. 265.

381 BGH LM § 167 Nr. 4; BGHZ 5, 111, 116.

382 *Canaris,* in: *Canaris/Heldrich* (Hrsg.), 50 Jahre Bundesgerichtshof, S. 157.

383 Vgl. dazu S. 72 ff.

Rechtsgrundsätzen“[384] und einer „ständigen Rechtsprechung“[385] spricht. In der gebotenen Kürze soll daher die Entwicklung dieser vermeintlichen Rechtstradition nachvollzogen werden.[386]

1) Meilensteine der Entwicklung

Die Entwicklung der Anscheinsvollmacht ist nicht zuletzt dadurch geprägt, dass sich der Begriff „Anscheinsvollmacht“ erst im Laufe des 20. Jahrhunderts entwickelte.[387] In der Rechtsprechung des Reichsoberhandelsgerichts (ROHG) und des Reichsgerichts (RG) war man noch nicht zu unserer heutigen Terminologie gelangt.[388] Häufig ist nur von „stillschweigender Bevollmächtigung“, einer „Scheinvollmacht“, oder von „Gesichtspunkten des Rechtsscheins einer Bevollmächtigung“ die Rede.

Schon mit Beginn seiner Tätigkeit hatte das ROHG[389] sich mit Problemen bzgl. verschiedener Rechtsscheinvollmachten zu befassen. Dabei bezog sich die diesbezügliche Rechtsprechung aufgrund der Zuständigkeit des ROHG nur auf das Handelsrecht. Die erste Entscheidung hierzu stammt bereits aus dem Jahr 1870[390]: Aus dem Zusammenspiel von Art. 47 und 49 ADHGB und der „der Verkehrssicherheit schuldigen Rücksicht“ entwickelt das ROHG bereits eine Art Rechtsscheinhaftung.[391] Weitere Urteile[392] in diesem Zusammenhang verweisen zur Herleitung einer Rechtsscheinhaftung auf das Römische Recht,

---

384 BGH MDR 1953, 345.

385 BGH NJW 1951, 309.

386 Die folgende Rechtsprechungsübersicht gibt nur eine Auswahl wieder, die sich an den Ausführungen von *Bader,* Duldungs- und Anscheinsvollmacht, S. 9 ff. orientiert. Eine ausführliche Aufzählung einschlägiger Urteile findet sich auch bei *Krause,* Schweigen im Rechtsverkehr, S. 23 Fn. 76; siehe zur Rechtsprechung des RG: *Bader,* Duldungs- und Anscheinsvollmacht, S. 18 ff., *Bürger,* Die Tatbestandsvoraussetzungen der Anscheins- und Duldungsvollmacht, S. 20 ff. und *Bienert,* Anscheinsvollmacht und Duldungsvollmacht, S. 16 ff.

387 Selbst bei *Fikentscher,* AcP 154 (1955), 1 ff. findet sich noch keine genaue Unterscheidung.

388 *Bürger,* Die Tatbestandsvoraussetzungen der Anscheins- und Duldungsvollmacht - Insbesondere zur „Häufigkeit des Auftretens“, S. 21.

389 Bis zum 2. September 1871 führte es die Bezeichnung „Bundesoberhandelsgericht“, *Kotulla,* Deutsche Verfassungsgeschichte, Rn. 2140.

390 ROHG 1, 149.

391 ROHG 1, 149, 151.

392 Siehe nur ROHG 4, 294 ff., wonach ein Geschäftsherr im kaufmännischen Verkehr eine intern bereits widerrufene Vollmacht weiter gegen sich gelten lassen musste,

das Allgemeine Preußische Landrecht und das Sächsische BGB.[393] An anderen Entscheidungen wiederum lässt sich die nicht vorhandene terminologische Differenzierung der verschiedenen Rechtsscheinvollmachten aufzeigen.[394] Die Begründungsstränge des ROHG sind mit der ständigen Bezugnahme auf eine vermeintliche „stillschweigende Bevollmächtigung"[395] stark von dem Versuch getragen, eine Haftung irgendwie rechtsgeschäftlich herzuleiten. Interessanterweise gelangt das ROHG an verschiedenen Stellen[396] bereits zu ähnlichen Ergebnissen, wie sie später in den §§ 170 ff. als gesetzlich geregelte Rechtsscheinvollmachten normiert werden.

Immer wieder wurde vorgebracht, das ROHG habe sich nicht mit Rechtsscheinvollmachten beschäftigt, sondern nur auf die „stillschweigende

---

weil der Geschäftspartner hinsichtlich des Bestands dieser Vollmacht gutgläubig gewesen war und diesem der Widerruf nicht angezeigt worden war.

393 ROHG 4, 294, 303 ff.: „Schon das Römische Recht enthält hierüber zum Schutze des gutgläubigen zahlenden Schuldners unzweideutige Bestimmungen: (1. 12 § 2. 1, 34. § 3. *Dig de solut*)", daneben Verweis auf § 200 Thl. I Tit. 13 des ALR: „Ein Geschäft, welches mit einem Dritten abgeschlossen worden, ehe derselbe von dem Tode oder von der eingetretenen Unfähigkeit des Machtgebers Wissenschaft erlangt hat, bleibt gültig, wenn auch der Bevollmächtigte selbst davon bereits unterrichtet gewesen wäre"; sowie Verweis auf § 1327 Sächs. BGB: „Aus Rechtsgeschäften, welche der Beauftragte im Namen des Auftraggebers nach der Zeit schließt, wo er den Widerruf oder den Tod des Auftraggebers erfahren hat, können Dritte dem Auftraggeber gegenüber keine Rechte erwerben, selbst wenn sie von der Erlöschung des Auftrags nichts gewusst haben, ausgenommen, wenn bei Widerruf des Auftrags der Auftraggeber [...] dem Dritten, welchem er den Auftrag angezeigt hatte, oder mit welchem der Beauftragte unterhandeln sollte, oder mit Wissen des Auftraggebers in Unterhandlung stand, von der Erlöschung des Auftrags keine Nachricht gegeben oder die dem Beauftragten ausgestellte Vollmachts-Urkunde in dessen Händen gelassen hat.

394 Siehe ROHG 8, 314, 315, wonach „Schweigen" nicht für eine „stillschweigende Bevollmächtigung" ausreiche; ähnlich ROHG 10, 141.

395 ROHG 11, 31.

396 In ROHG 16, 337, 341, hatte das Gericht zu entscheiden, wie zu verfahren ist, wenn intern die Vollmacht zwar widerrufen wird, die Vollmachtsurkunde aber beim Bevollmächtigten verbleibt. Weil der Vollmachtgeber sich die Urkunde nicht zurückgeben ließ, habe er sich selbst ein Risiko geschaffen und sich „einer *culpa lata*" schuldig gemacht, weshalb er auch auf Erfüllung hafte. Ebenso kommt es in ROHG 22, 373 zu dem Ergebnis, dass ein Geschäftspartner, dem vom Geschäftsherrn angezeigt wurde, dass dessen Agent zu Geschäftsabschlüssen ermächtigt sei, sich bis zur Mitteilung des Gegenteils auf diese Anzeige berufen kann.

Bevollmächtigung" abgestellt.[397] Weil nach *Flumes* Auffassung[398] die Duldungsvollmacht das gleiche ist wie eine stillschweigende Bevollmächtigung (d.h. im Ergebnis eine rechtsgeschäftliche), hat das ROHG nach seiner Ansicht nur über Fälle der Duldungsvollmacht entschieden. Für die Rechtsprechung des RG kommt er zu dem gleichen Ergebnis.[399] Daraus folgert er wiederum, der BGH habe sich zu Unrecht auf „anerkannte Rechtsgrundsätze"[400] bezogen, als er auch für die Anscheinsvollmacht als Rechtsfolge einen Erfüllungsanspruch gewährte. Da das ROHG nie über eine Anscheinsvollmacht geurteilt habe, kann es nach *Flume* diese „anerkannten Rechtsgrundsätze" nicht geben.[401] Man wird *Flume* dahingehend zustimmen können, dass tatsächlich in einer stattlichen Anzahl von Urteilen auf die „stillschweigende Bevollmächtigung" abgestellt wird. Auf der anderen Seite stehen aber jene Urteile, deren Ergebnis den heute gültigen §§ 170 ff. sehr nahe kommt. Dort wird immer wieder auf die nach außen hin wirkende Situation abgestellt, womit gemeint ist, was wir heute unter Rechtsschein verstehen. Nicht nur derjenige, der das wiederholte Auftreten eines Dritten, der für ihn handelt, duldet, sondern auch derjenige, der diesen Dritten irgendwie in eine Stellung bringt, die gewöhnlich nur ein Vertreter hat, sollte durch diesen Dritten verpflichtet werden können.[402] Das ROHG wollte demnach auch in Fällen, die nicht nur wie die der Duldungsvollmacht gelagert sind, Vertrauensschutz durch die Zusprechung eines Erfüllungsanspruches leisten.[403]

Das RG setzte die verkehrsfreundliche Tendenz im Hinblick auf die Rechtsscheinvollmachten von Beginn an fort[404], konnte sich aber zunächst auch noch

397 So zu finden bei *Fikentscher*, AcP 154 (1955), 2; *Flume*, Das Rechtsgeschäft, S. 829; *Bürger*, Die Tatbestandsvoraussetzungen der Anscheins- und Duldungsvollmacht - Insbesondere zur „Häufigkeit des Auftretens", S. 22.

398 *Flume*, Das Rechtsgeschäft, S. 829; vgl. auch S. 373.

399 Auch dieses Ergebnis ist zweifelhaft. Vgl. unten und *Canaris*, Vertrauenshaftung, S. 192 Fn. 19.

400 BGH MDR 1953, 345.

401 Vgl. zum Ganzen *Bader*, Duldungs- und Anscheinsvollmacht, S. 15.

402 *Schubert*, Anscheinsvollmacht und Privatautonomie, S. 93.

403 *Bienert*, Anscheinsvollmacht und Duldungsvollmacht, S. 15f.; *Bader*, Duldungs- und Anscheinsvollmacht, S. 16.

404 RGZ 1, 8; weil in der Begründung des RG später eine große Rolle spielt, dass es dem vermeintlichen Vertreter überhaupt möglich war, sich als Handlungsbevollmächtigter zu „gerieren" und der Geschäftsherr sich deshalb auch gar nicht auf seine Unkenntnis berufen könne, wird in der Literatur die Ansicht vertreten, es habe sich hier bereits um die Situation einer Anscheinsvollmacht gehandelt, vgl. *Bienert*, Anscheinsvollmacht und Duldungsvollmacht, S. 21; *Bader*, Duldungs- und

nicht von der Terminologie der „stillschweigenden Bevollmächtigung" lösen.[405] Vielleicht sind es die Schwächen in der dogmatischen Konstruktion der stillschweigenden Bevollmächtigung, die das RG dazu veranlassten, auch auf andere Anhaltspunkte abzustellen.[406] So wird in einem Urteil darauf verwiesen, dass das Dulden des Auftretens eines Dritten als Vertreter auch *ohne* Vollmacht dazu führen könne, dass dieser wie ein Vertreter zu behandeln sei.[407] Hier wird somit (erstmalig) unterschieden zwischen einer rechtgeschäftlich-konkludent erteilten Vollmacht und einer Fallgestaltung, in der ein Dritter kraft Rechtsscheins als Vertreter anzusehen ist.

Damit setzt in der Rechtsprechung langsam ein Wandel ein, bei dem der mutmaßliche Wille des Geschäftsherrn immer weiter in den Hintergrund tritt.[408] Der Sache nach wird hier immer mehr „das Rechtsgeschäft [...] durch den Rechtsschein ersetzt"[409].

Vom Inkrafttreten der §§ 170 ff. lies sich das RG nicht zu einem anderen dogmatischen Begründungsstrang leiten.[410] In der Folgezeit verfestigte sich diese Rechtsprechung zusehends.[411] Erstmals wurden dabei in einer Entscheidung[412] die vom RG aufgestellten Grundsätze zur Rechtsscheinvollmacht – freilich noch immer als „stillschweigende Bevollmächtigung" bezeichnet – auch auf einen *nicht* kaufmännischen Betrieb angewandt, der allerdings in kaufmännischer Art und Weise geleitet wurde.

Anscheinsvollmacht, S. 18; a.A. *Flume*, Das Rechtsgeschäft, S. 829 Fn. 20; *Bürger*, Die Tatbestandsvoraussetzungen der Anscheins- und Duldungsvollmacht, S. 23.

405 Vgl. etwa RGZ 22,70; 43, 188; 48, 56; RG JW 1900, 663 Nr. 18; RG JW 1901, 844 Nr. 27.

406 So jedenfalls *Bader*, Duldungs- und Anscheinsvollmacht, S. 19 f.

407 RGZ 28, 389, 390.

408 RGZ 65, 292, 296; in diesem Urteil wird zur Begründung eindeutig auf den Rechtsschein verwiesen, weshalb es in der Literatur auch als Grundsatzurteil bezeichnet wird, vgl. *Fikentscher*, AcP 154 (1955), 3; *Bürger*, Die Tatbestandsvoraussetzungen der Anscheins- und Duldungsvollmacht, S. 26; *Bader*, Duldungs- und Anscheinsvollmacht, S. 22; a.A. *Bienert*, Anscheinsvollmacht und Duldungsvollmacht, S. 23 f.

409 *Fikentscher*, AcP 154 (1955), 4.

410 Soweit ersichtlich sind es nur zwei Urteile, in denen das RG mit diesen Vorschriften arbeitet: RGZ 81, 257; Urteil vom 16.09.1911 – Az. V 101/11.

411 RG JW 1927, 1089; RGZ 116, 247; RGZ 117, 164; RG JW 1927, 2114; RGZ 118, 234; RGZ 119, 198.

412 RG JW 1927, 1089.

Abschließend ist auf ein letztes wichtiges Urteil[413] des RG hinzuweisen, das gleich in vielfacher Hinsicht Neuerungen mit sich bringt. Während der Anwendungsbereich der Rechtsscheinvollmachten vom RG bisher nur zögerlich auf Fälle außerhalb des Handelsrechts angewandt wurde[414], erstreckt es diesen nun auch auf Rechtsgeschäfte des allgemeinen Bürgerlichen Rechts. Es erscheine „nach der heutigen Rechtsauffassung überhaupt nicht gerechtfertigt, die Haftung auf Grund einer Anscheinsvollmacht [sic!] auf den kaufmännischen Verkehr zu beschränken. Denn es handelt sich bei dieser Haftung lediglich um eine Anwendung des Grundsatzes von Treu und Glauben, der für den gesamten Rechtsverkehr Geltung hat". Auch *Carl-Hans Barz* hebt die Erweiterung des Anwendungsbereichs in seiner Urteilsanmerkung[415] zustimmend hervor und bezeichnet gleichzeitig „die Haftung aus der Anscheinsvollmacht" als „alten handelsrechtlichen Grundsatz, der bereits in der Rechtsprechung des ROHG anerkannt und vom RG in ständiger Rechtsprechung übernommen wurde".

Das Reichsgericht war damit einer wohl in der Literatur schon vertretenen Meinung gefolgt.[416] Von Bedeutung ist an dieser Stelle auch die erstmalige Bezeichnung einer Rechtsscheinvollmacht als „Anscheinsvollmacht", die sowohl im Leitsatz des Urteils, als auch in der Entscheidungsanmerkung selbstverständlich so übernommen wird.

Zusammenfassend: Das Reichsgericht sah sich in seiner Rechtsprechung bzgl. der Rechtsscheinvollmachten ganz auf der Linie des ROHG, hat diese aber weiterentwickelt, ihren Anwendungsbereich auch außerhalb des Handelsrechts ausgeweitet und letztlich mit der Bezugnahme auf einen Rechtsschein der Vollmacht auf neuen dogmatischen Boden gestellt. Man könnte also sagen, dass das RG der gerade in der Entstehung begriffenen Lehre von der Rechtsscheinvollmacht zunächst einen gewissen Raum geschaffen hat, ohne dass dieser Rechtsgedanke bereits wirklich herausgebildet war, und dass es später dann auf die dort entwickelten Begründungsstränge zurückgriff.[417] Auch wenn das Gericht selbst

---

413 RG DR 1942, 172.

414 Siehe aber oben: RG JW 1927, 1089,

415 RG DR 1942, 172.

416 Vgl. nur *Heymann*, in: *Schreiber* (Hrsg.), Die Reichsgerichtspraxis im deutschen Rechtsleben, S. 330 f.

417 Zu diesem Gedanken siehe *Larenz*, in: *Bötticher* (Hrsg.), Festschrift für Arthur Nikisch, S. 297 f.

immer noch von „stillschweigender Bevollmächtigung" sprach, waren es immer mehr Gesichtspunkte des Rechtsscheins, auf die es abstellte.[418]

Wenn *Flume* ausführt, das Reichsgericht hätte nie über Konstellationen entschieden, in denen es auf den Rechtsschein einer Vollmacht angekommen wäre[419], weil es immer auf die nach außen Kund getane Bevollmächtigung abgestellt habe, dann liegt die Erklärung hierfür in seinem engen Verständnis der Duldungsvollmacht. *Flume* erklärt jedenfalls nicht, warum das RG selbst von einer „Anscheinsvollmacht"[420] sprach, wenn es in Wahrheit nicht auf den Anschein einer Vollmacht ankam. Daran wird doch deutlich, dass das Gericht sich spätestens ab Mitte der 1920er Jahre unserem heutigen Verständnis von Rechtsscheinvollmachten stark annäherte.[421] Der BGH konnte sich folglich durchaus auf „anerkannte Rechtsgrundsätze" berufen.[422]

2) Der Bundesgerichtshof

a) Die Übernahme der Rechtsprechung durch den BGH

Der BGH übernahm die Rechtsprechung des RG zu den Rechtsscheinvollmachten von Beginn an. In seinem ersten Urteil[423] hierzu, stellte er zunächst klar, dass der Anwendungsbereich der Anscheinsvollmacht nicht auf den kaufmännischen Bereich beschränkt sei. Der „Rechtsgrundsatz" des Rechtsscheins der Vollmacht sei „wegen § 242" allgemein anzuerkennen.[424] Zunächst setzte der BGH hinsichtlich Systematik und Terminologie wenig neue Impulse, weshalb auch in der oft zitierten „Toto-Entscheidung"[425] von 1952 noch von einer einheitlichen Rechtsscheinhaftung ausgegangen wird, wie an der Bezeichnung „Rechtsschein der Vollmacht"[426] deutlich wird.

---

418 *Gottsmann*, Die Anscheinsvollmacht, S. 6; vgl. zu dieser Entwicklung *Wenzel*, Anscheinsvollmacht, S. 69; a.A. *Bienert*, Anscheinsvollmacht und Duldungsvollmacht, S. 23 f.

419 *Flume*, Das Rechtsgeschäft, S. 829 und S. 833.

420 RG DR 1942, 172.

421 *Fikentscher*, AcP 154 (1955), 4 ff.; *Bürger*, Die Tatbestandsvoraussetzungen der Anscheins- und Duldungsvollmacht, S. 38; *Schubert*, Anscheinsvollmacht und Privatautonomie, S. 94 Fn. 4; vgl. *Bader*, Duldungs- und Anscheinsvollmacht, S. 30; *Gottsmann*, Die Anscheinsvollmacht, S. 6.

422 BGH MDR 1953, 345.

423 BGH NJW 1951, 309.

424 BGH NJW 1951, 309.

425 BGHZ 5, 111.

426 BGHZ 5, 111, 116.

Ein wichtiger Schritt erfolgt durch ein Urteil vom 10.03.1953.[427] Zum ersten Mal wird zwischen der Anscheinsvollmacht und der Duldungsvollmacht unterschieden. Eine Anscheinsvollmachten definiert das Gericht mit den Worten: „Der Vertretene kann sich auf den Mangel an Vollmacht seines angeblichen Vertreters dann nicht berufen, wenn er dessen Verhalten zwar nicht kannte, es aber bei pflichtgemäßer Sorgfalt hätte kennen und verhindern können und der Geschäftsgegner das Verhalten des Vertreters nach Treu und Glauben dahin auffassen durfte, dass es dem Vertretenen bei verkehrsmäßiger Sorgfalt nicht habe verborgen bleiben können und dass dieser es also dulde". Dahingegen sei zu unterscheiden: „Um stillschweigende Vollmachtserteilung handelt es sich dagegen, wenn der Vertretene das ihm bekannte Verhalten des Vertreters duldet und diese Duldung vom Geschäftsgegner nach Treu und Glauben und mit Rücksicht auf die Verkehrssitte dahin gedeutet werden darf, dass der Vertreter vom Vertretenen Vollmacht, für ihn zu handeln, erhalten hat".

Die soeben dargestellten Grundlinien der Rechtsprechung des BGH zur Anscheinsvollmacht wurden – vor allem in den beiden folgenden Jahrzehnten – präzisiert und weiterentwickelt, so dass man guten Grundes von einer gefestigten Rechtsprechung des BGH sprechen kann.[428] Insbesondere sprach der BGH von Beginn an dem Geschäftspartner immer einen Erfüllungsanspruch zu.[429]

b) Voraussetzungen der Anscheinsvollmacht nach dem BGH

Die vom BGH entwickelten Grundsätze zu Anscheinsvollmacht stellen sich im Einzelnen wie folgt dar:[430]

aa) Rechtsschein einer Bevollmächtigung

Grundkonstellation bei der Anscheinsvollmacht ist zunächst, dass rechtsgeschäftlich keine Vollmacht erteilt wurde, nach Außen aber ein gewisser Anschein einer Bevollmächtigung entstanden ist. Die zentrale Voraussetzung der Anscheinsvollmacht nach dem BGH ist konsequenterweise der Rechtsschein der Vollmacht. Hierbei wesentlich ist der Schutz des Rechtsverkehrs, also des Geschäftspartners. Aus dem Verhalten des als Vertreter auftretenden muss für den

---

427 BGH LM § 167 Nr. 4.

428 Vgl. zu diesem Zeitraum nur: BGH LM § 278 Nr. 2/3; BGHZ 12, 105; BGH NJW 1956, 460; BGHZ 17, 13; BGH BB 1957, 730; BGH MDR 1958, 83; BGH MDR 1959, 30; BGH MDR 1961, 592; BGH NJW 1962, 1003; BGH NJW 1962, 2196; BGH MDR 1963, 125; BGH MDR 1964, 913; BGH WM 1973, 612; BGH MDR 1976, 752.

429 Eine vereinzelt gebliebene Abweichung findet sich in BGHZ 30, 396, 398.

430 Siehe dazu auch ausführlich MüKo/*Schramm*, § 167 Rn. 57 ff.

Geschäftspartner der Anschein einer Bevollmächtigung entstanden sein.[431] Dabei hat der BGH allerdings klargestellt, dass die Anscheinsvollmacht auch dann vorliegen kann, wenn dem vermeintlichen Vertreter der „Wille fehlt", als Vertreter zu handeln.[432] Für den Geschäftspartner muss sich die Sachlage zusätzlich so darstellen, dass dem Vertretenen das Verhalten des Vertreters bekannt sei und er es akzeptiere.[433] Genau genommen sind es also zwei Verhaltensweisen, die zusammen die Voraussetzung für den Rechtsschein der Vollmacht bilden: Einmal das Auftreten des vermeintlichen Vertreters „wie ein Bevollmächtigter" und zweitens das Verhalten des Vertretenen, dass sich bei der Anscheinsvollmacht typischerweise darauf beschränkt, dass der Vertretene nicht eingreift.[434]

Nach dem BGH sind diese Grundsätze über den Rechtsschein der Bevollmächtigung aber „in der Regel" nur anwendbar, „wenn das Verhalten des einen Teils, aus dem der Geschäftsgegner auf die Bevollmächtigung eines Dritten schließen zu können glaubt, von einer gewissen „Häufigkeit oder Dauer ist".[435] Inwieweit dieses Kriterium für die Anwendung der Anscheinsvollmacht im elektronischen Rechtsverkehr bzw. im Internet, insbesondere beim dortigen Auftreten „unter fremden Namen", Geltung beanspruchen kann, wird noch Gegenstand dieser Arbeit sein.[436]

bb) Verschulden des Vertretenen

Der geschaffene Rechtsschein einer Bevollmächtigung muss dem Vertretenen zurechenbar sein. Gemeint ist damit nicht die reine Veranlassung des Rechtsscheins durch den Vertretenen, sondern die Frage, ob ihn hinsichtlich der Schaffung des Rechtsscheins ein Verschulden trifft.[437] Entscheidend ist, ob der Vertretene das Auftreten eines anderen als Stellvertreter bei Anwendung „pflichtgemäßer

431 BGH LM § 167 Nr. 4, 8, 17; BGH WM 1973, 612; BGH WM 1971, 42; BGH NJW-RR 1987, 308; BGH NJW-RR 1996, 673; BGH NJW 1998, 1854; BGH LM § 164 Nr. 9.

432 BGH NJW 1962, 2196, 2197.

433 BGH NJW 1951, 309; BGH NJW 1952, 218; BGH WM 1957, 927.

434 BGH LM § 167 Nr. 13; vgl. *Canaris*, in: *Canaris/Heldrich* (Hrsg.), 50 Jahre Bundesgerichtshof, S. 156: „konkludentes Verhalten mit deklaratorischen Charakter".

435 BGH NJW 1956, 1673, 1674; BGHZ 98, 1854, 1855; BGH LM § 164 Nr. 54; vgl. zu diesem Kriterium: *Bürger*, Die Tatbestandsvoraussetzungen der Anscheins- und Duldungsvollmacht, S. 112 ff.

436 In BGHZ 189, 346 ff. bejaht der BGH zwar grundsätzlich der Anwendbarkeit der Anscheinsvollmacht im Internet beim sog. „Handeln unter fremden Namen", verlangt aber weiterhin ein wiederholtes Auftreten.

437 BGHZ 65, 13; BGH LM § 164 Nr. 9, Nr. 17.

Sorgfalt" hätte erkennen müssen und es hätte verhindern können.[438] Der Vertretene muss aber auch die Möglichkeit gehabt haben, die Entstehung des Rechtsscheintatbestandes zu verhindern.[439] Die Zurechnung setzt darüber hinaus die Geschäftsfähigkeit des Vertretenen voraus.[440] Der Geschäftspartner kann wegen der Zurechnung einer Rechtsscheinvollmacht nicht besser stehen, als er stehen würde, wenn ein Geschäftsunfähiger einen Dritten bevollmächtigt hätte.[441] Das hinter der Anscheinsvollmacht stehende Verschuldensprinzip, welches nicht ohne Kritik geblieben ist[442], lässt sich auch als fahrlässige Ermöglichung des Rechtsscheins einer Bevollmächtigung durch den Vertretenen bezeichnen.

cc) Gutgläubigkeit des Geschäftspartners

Aus § 173 ergibt sich für die Fälle gesetzlich geregelter Rechtsscheinvollmachten die gesetzliche Wertung, dass der Geschäftspartner sich nur auf einen Rechtsschein der Vollmacht berufen kann, soweit er hinsichtlich der äußeren Tatbestände, die für eine Bevollmächtigung sprechen, gutgläubig ist. Dieser allgemeine Satz ist analog auf die Anscheinsvollmacht zu übertragen, womit sich aber auch die Frage stellt, welche Anforderungen an den guten Glauben des Dritten zu stellen sind. Mit den Worten des BGH: Eine Anscheinsvollmacht kommt nur in Betracht, „wenn der Geschäftsgegner, der mit dem vollmachtlosen Vertreter verhandelt hat, an das Bestehen einer Vollmacht glauben durfte".[443] Der Geschäftspartner wird also nicht geschützt, wenn er den Mangel der Bevollmächtigung kannte, oder in Folge einfacher Fahrlässigkeit nicht kannte.[444] Für ungewöhnliche Geschäfte oder solche, die aufgrund ihrer Bedeutung einer besonderen Vorbereitung bedürfen, ist daher ein sehr strenger Maßstab an die Fahrlässigkeit des Geschäftsgegners anzulegen.[445]

dd) Kausalität zwischen „Bevollmächtigung" und Geschäftsabschluss

Das Vertrauen des Geschäftspartners auf den geschaffenen Anschein einer Bevollmächtigung muss die kausale Ursache für den Abschluss des Geschäfts

---

438 BGHZ 5, 111, 116; BGHZ 65, 13; BGH LM § 167 Nr. 4.

439 BGH LM § 167 Nr. 13, Nr. 17; BGH VersR 1965, 133, 134; BGH LM § 164 Nr. 9.

440 BGH NJW 1970, 806, 808.

441 MüKo/*Schramm*, § 167 Rn. 65.

442 *Medicus*, Allgemeiner Teil, Rn. 969 ff.; *Canaris*, Vertrauenshaftung, S. 194 f.; *Flume*, Das Rechtsgeschäft, S. 834.

443 BGH NJW 158, 2061, 2062.

444 BGH NJW 1982, 1513; BGH WM 1976, 74.

445 BGH LM § 164 Nr. 34; BGH NJW 1958, 2061; BGH NJW 1981, 1728, 1729.

gewesen sein.[446] Der Geschäftspartner muss daher auch die Tatsachen kennen, aus denen sich der Rechtsschein der Bevollmächtigung ergibt.[447] Hätte er das Geschäft auch ohne diesen Rechtsschein geschlossen, kommt eine Haftung des Vertretenen aufgrund der Anscheinsvollmacht nicht in Betracht.[448]

c) Die Wirkungen der Anscheinsvollmacht

Die Anscheinsvollmacht steht nach dem BGH in ihrer Wirkung einer rechtsgeschäftlich erteilten Vollmacht gleich.[449] Der Rechtsschein einer Bevollmächtigung tritt an die Stelle der Realität. Der Vertreter handelt insoweit auch mit Vertretungsmacht, weshalb gegen ihn seitens des Geschäftspartners keine Ansprüche, etwa aus § 179, bestehen.[450]

III. Die Anscheinsvollmacht in der Lehre

Über die Notwendigkeit des Vertrauensschutzes in den Situationen der Anscheinsvollmacht besteht dem Grunde nach von allen Seiten Einigkeit. Problematisch ist indessen, wie dieser Vertrauensschutz ausgestaltet sein soll. Soll der auf den Bestand einer Vollmacht Vertrauende so gestellt werden, als würde die von ihm angenommene Lage der Realität entsprechen („positiver Vertrauensschutz"), oder wird er so gestellt, als sei ihm die wahre Lage bekannt gewesen, weshalb er wiederum gar nicht erst vertraut hätte („negativer Vertrauensschutz")?[451] Der BGH hat sich für den positiven Vertrauensschutz entschieden, dabei aber nur unzureichende und uneinheitliche Begründungen und Einordnungen angeführt.[452] Diesem Ergebnis stimmt die h.M. in der Literatur zu.[453] Der Streit

---

446 BGH VersR 1965, 135; BGH LM § 167 Nr. 13; BGH WM 1957, 926; BGH NJW 1956, 460; BGHZ 17, 13, 18.

447 BGH NJW 1956, 460; BGH NJW 2007, 987, 989.

448 BGH LM § 169 Nr. 13; BGHZ 17, 13, 19.

449 BGHZ 86, 273, 275 f.

450 BGHZ 86, 273, 276; *Schmidt*, in: *Lange/Nörr/Westermann* (Hrsg.), Festschrift für Joachim Gernhuber, 1993, S. 459 f.; Für ein Wahlrecht: *Canaris*, NJW 1991, 2628; *Chiusi*, AcP 202 (2002), 510 ff.; *Larenz/Wolf*, Allgemeiner Teil des bürgerlichen Rechts, § 48 Rn. 33.

451 *Canaris*, in: *Canaris/Heldrich* (Hrsg.), 50 Jahre Bundesgerichtshof, S. 132.

452 Hergeleitet wurde diese Rechtsprechung vom BGH einmal aus einer Analogie zu den Bestimmungen der §§ 170 ff. und § 56 HGB, sowie teilweise auch aus dem Hinweis, die Rechtsscheinhaftung sei in § 242 verwurzelt, vgl. MüKo/Schramm, § 167 Rn. 56.

453 BeckOK/*Valenthin*, § 167 Rn. 17; RGRK/*Steffen*, § 167 Rn. 12; Erman/*Maier-Reimer*, § 167 Rn. 9 ff.; HKK/*Schmoeckel*, §§ 164 – 181 Rn. 23; MüKo/*Schramm*, §167

über die Rechtsfolge der Anscheinsvollmacht hängt naturgemäß davon ab, wie man dieses Rechtsinstitut rechtsdogmatisch einordnet. Er rührt an die generelle Frage bzgl. der Vereinbarkeit von Vertrauensschutz und Privatautonomie heran; in seiner Tiefe berührt er damit Grundfragen der Rechtsgeschäftslehre. Deshalb macht man es sich auch etwas zu leicht, wenn man darauf verweist, der Meinungsstreit habe nur theoretische Bedeutung, aber keine „praktischen Auswirkungen".[454] An gleicher Stelle in der Kommentarliteratur findet sich auch folgende Aussage:

„Die ständige Rspr. hat jedoch die verbindliche Kraft des Richterrechts. Damit sind die Grundsätze der Anscheinsvollmacht einschließlich der Rechtsfolge des „positiven Vertrauensschutzes" jedenfalls dem theoretisch dogmatischen Meinungsstreit, wenn auch nicht der rechtspolitischen Kritik entzogen."

Sich angesichts der fortschreitenden Akzeptanz des Rechtsinstituts Anscheinsvollmacht in der Rechtsprechung des BGH damit abzufinden und sich mit solch einer Feststellung zu begnügen, kann nicht die Aufgabe wissenschaftlicher Erörterung sein. Über die dogmatische Folgerichtigkeit dieser Rechtsprechung ist dadurch nämlich noch keine Aussage getroffen. Im Folgenden sollen deshalb nun die verschiedenen Sichtweisen, die sich in der Lehre bzgl. der Anscheinsvollmacht herausgebildet haben, dargestellt sowie einer kritischen Würdigung unterzogen werden.[455]

1) *Die Anscheinsvollmacht als Rechtsgeschäft*

Eine Vollmacht, also eine rechtsgeschäftlich erteilte Vertretungsmacht, wird gem. § 167 Abs. 1 durch eine einseitige empfangsbedürftige Willenserklärung begründet.[456] Insofern gelten für die Bevollmächtigung also grundsätzlich auch alle Regeln über die Willenserklärungen. In Fortführung dieser Erkenntnis versuchte das RG in seiner frühen Rechtsprechung, das Verhalten und Auftreten des Geschäftsherrn in den Situationen der Anscheinsvollmacht als Willenserklärung

---

Rn. 54 ff.; Palandt/*Ellenberger*, § 172 Rn. 11; PWW/*Frensch*, § 167 Rn. 37 ff.; Soergel/Leptien, § 167 Rn. 15 ff.; *Bork*, BGB AT, Rn. 1560 ff.; *Brox/Walker*, Allgemeiner Teil des BGB, Rn. 566; *Köhler*, BGB Allgemeiner Teil, § 11 Rn. 35; *Larenz/Wolf*, Allgemeiner Teil des bürgerlichen Rechts, § 48 Rn. 25 ff.; *Mock*, JuS 2008, 395; *Pfeifer*, JuS 2004, 697.

454 So aber MüKo/*Schramm*, § 167 Rn. 56.

455 Vgl. zur Darstellung der einzelnen Literaturmeinungen besonders *Wenzel*, Anscheinsvollmacht, S. 54 ff., an dessen Ausführungen sich dieser Abschnitt orientiert.

456 Palandt/*Elllenberger*, § 167 Rn. 1; BGH NJW-RR 2007, 1202.

zu interpretieren, in dem es die Konstruktion der sog. „stillschweigenden Bevollmächtigung“ einführte.

a) Die älteren Ansichten Flads, Hupkas und Manigks

Dem RG in seiner frühen Rechtsprechung beigesprungen sind *Hupka*[457] und *Flad* in seiner Kommentierung in Planck's Kommentar zum BGB[458]: Ausgehend von der Feststellung, dass das Gesetz keine Regeln über vermutete oder stillschweigende Vollmachten enthalte, verweisen sie darauf, dass eine Vollmachtserteilung grundsätzlich keiner Form und vor allem keiner ausdrücklichen Erklärung bedarf. Jedes Verhalten des Geschäftsherrn könne daher unter Betrachtung des Einzelfalls als Akt der Bevollmächtigung angesehen werden. Die Konstellationen, welche *Flad* im Folgenden als Beispiele im Auge hat, sind dann sämtlich solche des Handelsrechts.[459] Er weist aber darauf hin, dass es möglich sei, eine solche stillschweigende Erklärung „im Wege der Anfechtung wegen Irrtums“ zu beseitigen.

Ein weiterer Vertreter der Ansicht, welche die Anscheinsvollmacht rechtsgeschäftlich zu erklären versucht, ist *Manigk*, der sich gleich in mehreren Arbeiten mit dieser Problematik auseinandergesetzt hat.[460] Seine Lehre fällt dabei in eine Zeit, in der sich das RG schon langsam von einer rechtgeschäftlichen Erklärung zu lösen beginnt. So kritisiert er, man habe die Situationen der Anscheinsvollmacht zu Unrecht aus dem Bereich der stillschweigenden Bevollmächtigung „ausgesondert“, wodurch das „Wesen der Willenserklärung“ verkannt werde.[461] Um zur richtigen Würdigung der Anscheinsvollmacht zu gelangen, fordert er eine neue, allgemeine Theorie der Willenserklärung.[462] Er schafft dadurch eine neue Kategorie, nämlich die der sog. „fahrlässigen Willenserklärungen“.[463] Die Zurechnung des Verhaltens als Willenserklärung erfolge deshalb, weil der Handelnde das Erscheinen seines Verhaltens als Willenserklärung bei Beachtung

457 *Hupka,* Die Vollmacht, S. 119 ff.

458 Planck/*Flad*, § 167 Anm. 6.

459 Auch *Hupka* sieht deren größte Bedeutung im Handelsrecht, *Hupka,* Die Vollmacht, S. 121.

460 *Manigk*, in: *Klausing/Nipperdey* (Hrsg.), Beiträge zum Wirtschaftsrecht, S. 590; *Manigk,* Das rechtswirksame Verhalten; vgl. *Wenzel,* Anscheinsvollmacht, S. 60 ff.; *Peters*, AcP 179 (1979), 229 f.; *Macris,* Die stillschweigende Vollmachtserteilung, S. 56 ff.

461 *Manigk*, in: *Klausing/Nipperdey* (Hrsg.), Beiträge zum Wirtschaftsrecht, S. 637.

462 *Manigk*, in: *Klausing/Nipperdey* (Hrsg.), Beiträge zum Wirtschaftsrecht, S. 640.

463 *Manigk*, in: *Klausing/Nipperdey* (Hrsg.), Beiträge zum Wirtschaftsrecht, S. 640.

der im Verkehr erforderlichen Sorgfalt hätte erkennen müssen. Auf dieser Lehre aufbauend erfolgt nun *Manigks* Einordnung hinsichtlich der Anscheinsvollmacht: Das Verhalten des Geschäftsherrn sei als eine solche fahrlässige Willenserklärung zu qualifizieren und erfolge eben in der Form einer stillschweigenden Vollmachtserteilung. *Manigk* erkennt aber, dass der Mangel des „Kundgebungszweck" (Erklärungsbewusstsein) grundsätzlich zur Anfechtbarkeit der Erklärung führt.[464] Weil er für die Situationen der Anscheinsvollmacht einen positiven Vertrauensschutz als erforderlich betrachtet, bedarf es nach seiner Ansicht einer Konstruktion, die zu einer Unanfechtbarkeit der fahrlässigen Vollmachtserteilung führt: Im passiven Verhalten des Geschäftsherrn sei eine „typisierte Erklärung mit normativer Wirkung" zu sehen.[465] Aus ihr folge letztlich die endgültige Zurechnung eines Erklärungswertes unter Ausschluss eines Anfechtungsrechts.[466]

b) Die moderneren Ansichten von Craushaars und Pawlowskis

In neuerer Zeit hat zunächst *von Craushaar* einen weiteren Versuch unternommen, die Anscheinsvollmacht mit den Regeln der Rechtsgeschäftslehre zu erklären.[467] Seine Ausführungen sind vor dem Hintergrund zu sehen, dass der BGH bereits die Unterscheidung zwischen stillschweigender Bevollmächtigung auf der einen, sowie Duldungs- und Anscheinsvollmacht auf der anderen Seite getroffen hatte. Ein Verhalten ist danach auch dann als Willenserklärung zu werten, wenn es sich seinem äußeren Erscheinungsbild nach als eine Willenserklärung darstellt, ohne dass dies dem Erklärenden bekannt ist. Deshalb kommt es auch nicht auf das Kennen oder Kennenmüssen des Rechtsscheintatbestands durch den Geschäftsherrn an.[468] Konsequenterweise unterscheidet *von Craushaar* schließlich auch nicht zwischen Duldungs- und Anscheinsvollmacht. Wegen der „Besonderheit der Vertrauenslage" soll für die Fälle der Anscheinsvollmacht eine Anfechtung nicht zulässig sein.[469]

Schließlich hat sich *Pawlowski* ebenfalls der rechtsgeschäftlichen Sichtweise auf die Anscheinsvollmacht angeschlossen.[470] Er sieht in der Bevollmächtigung vor allem einen Legitimationsakt, der den Vertreter gegenüber dem

---

464 *Manigk*, in: *Klausing/Nipperdey* (Hrsg.), Beiträge zum Wirtschaftsrecht, S. 641.
465 *Manigk*, in: *Klausing/Nipperdey* (Hrsg.), Beiträge zum Wirtschaftsrecht, S. 664.
466 *Manigk*, Das rechtswirksame Verhalten, S. 286.
467 v. *Craushaar*, AcP 174 (1974), 2.
468 v. *Craushaar*, AcP 174 (1974), 24.
469 v. *Craushaar*, AcP 174 (1974), 23.
470 *Pawlowski*, JZ 1996, 125 ff.

Verhandlungspartner legitimieren soll. Ist nur noch die Legitimation des Vertreters das Entscheidende, gibt es nach *Pawlowski* keinen Anlass mehr für die Unterscheidung zwischen rechtsgeschäftlicher Vollmacht und Scheinvollmachten generell.[471] Als weiteres Argument für diese Sichtweise führt er an, es sei heute allgemein anerkannt, dass eine Verhaltensweise auch ohne Erklärungswillen bzw. Erklärungsbewusstsein eine Willenserklärung darstellen könne. Diese These bezieht sich auf die (in der Zwischenzeit ergangene) Rechtsprechung des BGH[472], wonach eine Zurechnung eines Verhaltens als Willenserklärung trotz fehlenden Erklärungsbewusstseins erfolgen kann, wenn sich dieses Verhalten dem anderen als Willenserklärung darstellt und der Handelnde dies erkennen musste. Dadurch sei für die Bevollmächtigung als Willenserklärung eine neue Situation eingetreten. Auch die unbewusste Bevollmächtigung sei nun problemlos als Willenserklärung einzuordnen, weshalb bei ihm eine Anfechtung möglich bleibt.

c) Stellungnahme

Die Idee, die Anscheinsvollmacht rechtsgeschäftlich erklären zu wollen, ist zunächst durchaus reizvoll. Durch ein weites Verständnis rechtsgeschäftlichen Handelns wird das Verhalten des Geschäftsherrn in den Situationen der Anscheinsvollmacht – es wird oft in einem Unterlassen liegen – mit den Regeln über Willenserklärungen erklärbar. Auf diese Weise sparen die Vertreter dieser Ansicht sich eine komplizierte rechtsdogmatische Begründung, oder etwa die analoge Heranziehung einzelner Normen. Wie genau ein Rechtsschein ausgestaltet ist, welche Grundlagen er hat, braucht nicht beantwortet zu werden. Allerdings bringt dieser Ansatz auch Negatives mit sich. Hat man die Regeln über die Willenserklärungen für anwendbar erklärt, findet man sich schnell in den aus der allgemeinen Rechtsgeschäftslehre bereits bestens bekannten Problemen wieder. Was hat zu gelten, wenn der Geschäftsherr ohne Erklärungsbewusstsein handelte?[473] Ist er an sein Handeln wirklich endgültig gebunden, oder kommt ihm ein Anfechtungsrecht zu? Am Beispiel der Ausführungen von *Manigk* und *von Craushaar* kann exemplarisch aufgezeigt werden, welche Schwierigkeiten die Vertreter jener Ansicht haben, das Problem der Anfechtbarkeit zu lösen. Beide sehen jedenfalls das rechtspolitische Bedürfnis, dem Geschäftspartner einen Erfüllungsanspruch gegen den Geschäftsherrn zu geben und nicht nur

471 *Pawlowski*, JZ 1996, 127.

472 BGHZ 91, 324, 327; BGHZ 109, 171, 177.

473 So wird sich die Situation bei der Anscheinsvollmacht ja immer darstellen.

einen Anspruch auf das negative Interesse aus § 122. Davon ausgehend entwirft *Manigk* die Konstruktion der „typisierten Erklärung mit normativer Wirkung" welche nicht anfechtbar sein soll.[474] Manche Verhaltensweisen würden danach durch die Verkehrssitte typisiert. Dieser Ansatz ist mindestens zweifelhaft.[475] Man merkt dieser Konstruktion an, dass *Manigk* unbedingt einen Weg suchte, die Endgültigkeit der Anscheinsbevollmächtigung zu erreichen. So wirkt sein Versuch, dem Vertragspartner unbedingt einen Erfüllungsanspruch zuzusprechen, sehr gekünstelt.

Während *Manigk* oben beschriebenen Kunstgriff erfindet, um die Unanfechtbarkeit zu erreichen, lässt *von Craushaar* es damit bewenden, auf die „Besonderheit der Vertrauenslage" hinzuweisen.[476] Damit meint er vor allem, das Vertrauen des Geschäftspartners stehe im Vordergrund, es sei nämlich „empfindliches" Vertrauen. Hier wird noch klarer, dass seine Argumentation mehr auf dem Boden rechtspolitischer Motivation als auf begründeter Rechtsdogmatik steht. Schon an diesem Punkt wird deutlich, dass auch eine rechtsgeschäftliche Erklärung der Anscheinsvollmacht hoch problematisch ist. Gegen einen solchen Ansatz sprechen aber noch weitere Gründe:

aa) Anwendungsbereich nur im Handelsrecht

Fast alle Vertreter der rechtsgeschäftlichen Sichtweise wollen den Anwendungsbereich der Anscheinsvollmacht auf das Handelsrecht beschränken.[477] Für die älteren Ansichten lässt sich zur Rechtfertigung dieser Einschränkung noch anführen, dass auch in der frühen Rechtsprechung des RG diese Beschränkung gemacht wurde. Das Rechtsinstitut vom Anschein der Vollmacht hat seine Wurzeln auch ohne Zweifel im Handelsrecht. Dessen ungeachtet verwundert diese Einschränkung. Zunächst geben sich die Vertreter nämlich alle durchweg Mühe, das Verhalten des Geschäftsherrn rechtsgeschäftlich zu erklären, und dies zu einem Zeitpunkt, als die h.M. durchaus noch das Erklärungsbewusstsein als notwendigen Bestandteil einer Willenserklärung forderte. Wenn nun aber die „normalen" rechtsgeschäftlichen Regeln gelten sollen, ist nicht nachvollziehbar, warum der Anwendungsbereich der Anscheinsvollmacht auf das Handelsrecht beschränkt sein soll. Bei der Frage, ob der Geschäftsherr mit dem sog. potentiellen Erklärungsbewusstsein handelte, ob er also die Bedeutung seines Verhaltens

474 *Manigk*, in: *Klausing/Nipperdey* (Hrsg.), Beiträge zum Wirtschaftsrecht, S. 664.
475 *Peters*, AcP 179 (1979), 229 f.
476 v. *Craushaar*, AcP 174 (1974), 23.
477 Planck/*Flad*, § 167 Anm. 6; *Hupka*, Die Vollmacht, S. 121; *Pawlowski*, JZ 1996, 129; Einschränkend auch v. *Craushaar*, AcP 174 (1974), 22.

(d.h. sein vermeintliches Dulden des Auftretens eines Vertreters) hätte voraussehen müssen, wird man sicher die Verletzung seiner Sorgfaltspflichten überprüfen müssen. Warum diese Pflichten nur im Handelsrecht existieren sollen[478], leuchtet demgegenüber nicht ein und wird auch nicht ausreichend begründet. Die Frage der Zurechnung kann doch für jeden Einzelfall gesondert betrachtet werden. Aus der Sicht der Anhänger dieser Lehre müsste man schlicht die Frage stellen, ob der Geschäftsherr das Auftreten des Vertreters hätte erkennen müssen. Entweder man will die allgemeinen Regeln der Rechtsgeschäftslehre dann zur Anwendung bringen oder nicht.

bb) Das Verhalten des Geschäftsherrn als Willenserklärung?

Von Beginn an[479] ist der rechtsgeschäftlichen Ansicht entgegengehalten worden, aus dem bloßen Unterlassen des Geschäftsherrn könne kein rechtsgeschäftliches Handeln hergeleitet werden. Wenn man das sog. „Erklärungsbewusstsein" als notwendige Voraussetzung einer Willenserklärung ansieht, ist dieser Einwand durchaus berechtigt.[480] *Pawlowski* ist aber insoweit zuzustimmen, dass mit der Rechtsprechung des BGH[481], die auf ein Erklärungsbewusstsein verzichtete und der sich daran anschließenden Festigung der heute h.M.[482], eine neue Entwicklung eingetreten ist. Eine Willenserklärung, auch ohne tatsächliches Erklärungsbewusstsein, liegt danach vor, wenn der Erklärende hätte erkennen können, dass sein Verhalten als Willenserklärung aufgefasst werden muss.[483] Sie ist aber nach den Regeln der Rechtsgeschäftslehre nach § 119 Abs. 1 (bzw. analog) anfechtbar. Diese Fallgestaltung ist mit der Situation der Anscheinsvollmacht vergleichbar, lässt sich doch im unbewussten schuldhaften Verhalten des Geschäftsherrn eine ähnliche Lage erblicken.[484] Der Geschäftsherr weiß nichts vom Auftreten seines vermeintlichen Vertreters als sein Bevollmächtigter, hätte es aber wissen müssen. Aus seinem Verhalten heraus entsteht damit der Anschein einer

---

478 So ausdrücklich *Pawlowski*, JZ 1996, 129.

479 Vgl. nur *Wellspacher*, Das Vertrauen auf äußere Tatbestände, S. 97 ff.

480 Alle Vertreter der Willenstheorie werden dies so annehmen.

481 BGHZ 91, 324, 327; BGHZ 109, 171, 177.

482 Vgl. statt vieler *Brox/Walker*, Allgemeiner Teil des BGB, Rn. 85; *Medicus*, Allgemeiner Teil, Rn. 60.

483 Palandt/*Ellenberger*, vor § 116 Rn. 17.

484 Vgl. etwa *Verse/Gaschler*, Jura 2009, 215: „In der Tat sind die Fälle der Anscheinsvollmacht bei Licht betrachtet nicht anders zu beurteilen als Fälle fehlenden Erklärungsbewusstseins"; ebenso *Lobinger*, Rechtsgeschäftliche Verpflichtung und autonome Bindung, S. 271, der allerdings in diesen Fällen nicht zu einer rechtsgeschäftlichen Bindung kommen will.

Bevollmächtigung. Vergleichbar ist im Kern der hinter beiden Situationen stehende Gedanke, den gutgläubigen Dritten hinsichtlich des fahrlässig verursachten Verhaltens des Geschäftsherrn zu schützen. *Pawlowski* hat also Recht, wenn er sinngemäß darauf hinweist, die Rechtsprechung des BGH zum fehlenden Erklärungsbewusstsein sei für die rechtsgeschäftliche Theorie der Anscheinsvollmacht eine weitere Bestätigung. Jedoch ist das fehlende Erklärungsbewusstsein des Geschäftsherrn auch nicht das entscheidende Argument.

cc) Rein deklaratorischer Charakter

Es verhält sich hier nämlich ähnlich wie oben beim Rechtscharakter der Duldungsvollmacht herausgearbeitet.[485] Man kann sich nicht damit begnügen, das Verhalten des Geschäftsherrn als Willenserklärung und damit als rechtsgeschäftliche Vollmacht einzuordnen und dabei weder eingehender zu erläutern, was genau Inhalt dieser Erklärung sein soll, noch zwischen Innen- und Außenvollmacht zu unterscheiden. Dabei ist dies der entscheidende Punkt. Welche Bedeutung kommt dem Verhalten des Geschäftsherrn wirklich zu? Eine Innenvollmacht kommt aus zwei Gründen nicht in Betracht: Erstens wird der Vertreter in den Fällen der Anscheinsvollmacht über das Nichtwissen des Geschäftsherrn so gut wie immer im Bilde sein. Des Weiteren weiß der Vertretene auch, dass er gar keine Vollmacht erhalten hat, oder durch das Verhalten des Geschäftsherrn erhalten soll. Eine Bevollmächtigung an ihn kann also darin (auch konkludent) nicht gesehen werden. Er wird das Verhalten des Geschäftsherrn schlicht so nicht verstehen. Es müsste sich also um die Erteilung einer Außenvollmacht handeln. Denkt aber der Geschäftspartner in den Fällen der Anscheinsvollmacht tatsächlich, durch die vermeintliche Duldung des Auftretens des Vertreters durch den Geschäftsherrn werde der Vertreter nun ihm gegenüber bevollmächtigt? Der BGH gibt einen Teil der Antwort: Der Geschäftspartner darf in den Fällen der Anscheinsvollmacht „das Verhalten des Vertreters nach Treu und Glauben dahin auffassen […], dass es dem Vertretenen bei verkehrsmäßiger Sorgfalt nicht habe verborgen bleiben können und dieser es also dulde".[486] Der Geschäftspartner schließt also aus dem Verhalten des Geschäftsherrn auf ein bereits bestehendes Vollmachtsverhältnis; er geht nicht davon aus, dass gerade ihm gegenüber durch die Verhaltensweise des Geschäftsherrn Vollmacht erteilt werden sollte.[487] Bei der Anscheinsvollmacht handelt es sich folglich um die konkludente

485 Siehe S. 61.

486 BGH LM § 167 Nr. 4; BGHZ 5, 111 (116).

487 *Wellspacher*, Das Vertrauen auf äußere Tatbestände, S. 97.

Deklaration einer bereits erteilten Innenvollmacht. Man könnte auch sagen, es wird deutlich gemacht, dass eine Vollmacht besteht. Eine rechtsgeschäftlich erteilte Vollmacht kann darin nicht erblickt werden.

2) Die Anscheinsvollmacht als Unterfall der „culpa in contrahendo"

Das Rechtsinstitut der Anscheinsvollmacht hat in der Literatur von einer beachtlichen Anzahl von Autoren Ablehnung erfahren.[488] Hauptkritikpunkt dieser Gegenauffassung, als deren maßgeblicher Vertreter *Flume* genannt werden muss[489], ist die mangelnde Vereinbarkeit der Anscheinsvollmacht mit der Privatautonomie. Unserer Rechtsordnung sei die Anknüpfung eines Erfüllungsanspruchs an die fahrlässige Nichtbeachtung von Sorgfaltspflichten außerhalb des kaufmännischen Verkehrs fremd. Deshalb habe der Geschäftspartner allenfalls einen Schadensersatzanspruch auf das negative Interesse, welcher der Sache nach ein Anspruch aus c.i.c. sei. Diese Bewertung ergebe sich schon aus einem Vergleich mit § 179 Abs. 1 und Abs. 2.

---

488 AnwK-BGB/*Ackermann*, § 167 Rn. 74 ff.; *Bader*, Duldungs- und Anscheinsvollmacht, S. 199; *Bienert*, Anscheinsvollmacht und Duldungsvollmacht, S. 42 ff. u. 105; *Jauernig*, § 167 Rn. 9; MüKo/*Krebs*, vor § 48 HGB Rn. 52 ff.; *Brehm*, Allgemeiner Teil d. BGB. Rn. 467 f.; *Flume*, Das Rechtsgeschäft, S. 832 ff.; *Flume*, in: von *Caemmerer/Friesenhain/Lange* (Hrsg.), Hundert Jahre deutsches Rechtsleben, S. 181 ff.; *Frotz*, Verkehrsschutz im Vertretungsrecht, S. 299 ff.; *Kindl*, Rechtsscheintatbestände und ihre rückwirkende Beseitigung, S. 108; *Litterer*, Vertragsfolgen ohne Vertrag, S. 142 ff.; *Medicus/Petersen*, Bürgerliches Recht, Rn. 101; *Medicus*, Allgemeiner Teil, Rn. 971; *Lobinger*, Rechtsgeschäftliche Verpflichtung und autonome Bindung, S. 270 ff.; *Gottsmann*, Die Anscheinsvollmacht, S. 66 ff.; *Grimme*, JuS 1989, L 49-52, 51; *Diederichsen*, Fälle und Lösungen nach höchstrichterlichen Entscheidungen, S. 103 ff.; v. *Tuhr*, Der allgemeine Teil des deutschen Rechts, § 85 V (S. 394 ff.); *Hoffmann*, JuS 1970, 451; *Petersen*, Jura 2003, 313; *Schubert*, Anscheinsvollmacht und Privatautonomie, S. 92 In diese Reihe gehört auch *Canaris*. Da er sich aber nicht grundsätzlich gegen die Rechtsscheinhaftung bzw. den Vertrauensschutz wendet und sich mit der Vertrauenshaftung auch tiefergehend auseinandergesetzt hat, soll auf ihn gesondert eingegangen werden. Dessen ungeachtet lehnt auch er wie hier für das Bürgerliche Recht eine Bindung aus fahrlässig hervorgerufenem Rechtsschein ab, gleichzeitig wendet er sich gegen die pauschale Ablehnung einer Vertrauenshaftung (neben der vertraglichen Haftung) wie sie etwa bei *Flume* zu finden ist. Zu Canaris siehe S. 108 ff.

489 Seine Argumentation wird deshalb hier auch im Fokus stehen.

a) Anscheinsvollmacht und Privatautonomie

Ausgangspunkt dieser Auffassung ist ein bestimmtes Verständnis der Rechtsgeschäftslehre und deren Vereinbarkeit mit der Stellvertretung: Grundlegend sei zwischen der Willenserklärung als Akt der bloßen Erklärung und der durch diesen Akt geschaffenen Regelung durch Rechtsgeschäft zu trennen.[490] So lasse sich die „Vertretung im Willen" vermeiden. Denn zugerechnet werde dem Vertretenen auf diese Weise nur das Ergebnis des rechtsgeschäftlichen Willens des Vertreters, also das Rechtsgeschäft selbst. Der Grund für die Zurechnung des Ergebnisses der rechtsgeschäftlichen Erklärung des Vertreters liege in seiner privatautonomen Autorisierung, also etwa der Erteilung von Vertretungsmacht, durch den Vertretenen. Dies gelte aber nur für die gewillkürte Stellvertretung. Ohne selbstverantwortete „Autorisierung" des Vertretenen, sei für eine Stellvertretung wegen der Verletzung der Privatautonomie kein Raum.[491] Dabei steht für *Flume* fest, dass sich aus der Schaffung eines Rechtsscheins kein positiver Vertrauensschutz ableiten lässt.[492] Die Stellvertretung stehe aber nicht im Widerspruch zur Privatautonomie, sondern sei deren „konsequente Durchführung"[493]. Das gilt aber nach dieser Ansicht nur für die selbstbestimmte Stellvertretung. Denn wer nicht selbstbestimmt handelt, kann auch nicht rechtsgeschäftlich gebunden werden.

Die Gleichsetzung von privatautonomer rechtsgeschäftlicher Bindung und der Rechtsfolge anderen „rechtlich relevanten Verhaltens" (also etwa der Schaffung eines Rechtsscheins) sei deshalb nicht möglich.[494] Die Anknüpfung der h.M. an die Nichterfüllung pflichtgemäßer Sorgfalt sei insbesondere deshalb verfehlt, weil eine solche Anknüpfung ansonsten immer nur Ansatzpunkt für Schadensersatz sei.

b) Die Anscheinsvollmacht als Unterfall der *culpa in contrahendo*

Auf diesem Wege gelangen die Vertreter dieser Ansicht („mit Selbstverständlichkeit"[495]) zu dem Schluss, die Anscheinsvollmacht lasse sich als Unterfall der *culpa in*

490 *Flume*, Das Rechtsgeschäft, S. 78 f.; *Flume*, in: von *Caemmerer/Friesenhain/Lange* (Hrsg.), Hundert Jahre deutsches Rechtsleben, S. 164.

491 Auch die gesetzliche Stellvertretung sei aber mit dem Grundsatz der Privatautonomie vereinbar, denn in diesen Fällen sei der Vertretene schon nicht in der Lage, in Selbstbestimmung zu handeln.

492 *Flume*, Das Rechtsgeschäft, S. 834.

493 *Flume*, Das Rechtsgeschäft, S. 754.

494 *Flume*, Das Rechtsgeschäft, S. 835.

495 *Flume*, Das Rechtsgeschäft, S. 835.

contrahendo begreifen.[496] Auch hier gehe es schließlich darum, das entgegengebrachte Vertrauen des Geschäftspartners über Treu und Glauben zu schützen. Das Verschulden des Geschäftsherrn liegt dabei in der oben beschriebenen „Nichterfüllung pflichtgemäßer Sorgfalt". Zu ersetzen ist dann der Vertrauensschaden, d.h. das negative Interesse.[497]

c) Stellungnahme

Den Vertretern dieser Auffassung muss zunächst zugestanden werden, dass ihre Argumentation bzgl. der Theorie der Stellvertretung und ihrer Vereinbarkeit mit der Rechtsgeschäftslehre und der Privatautonomie in sich folgerichtig ist. Allerdings gehen jene Vertreter eben von einem sehr engen Verständnis von Rechtsgeschäftslehre und Privatautonomie aus, an dem durchaus gezweifelt werden kann. Zweifelhaft ist darüber hinaus auch die Behauptung, man gelange nach dieser Auffassung „mit Selbstverständlichkeit"[498] zur Anwendung der *culpa in contrahendo*.[499]

aa) Zum Spannungsverhältnis von Privatautonomie und Anscheinsvollmacht

Es ist eine der Schwächen des deutschen Stellvertretungsrechts, dass die Überprüfung des tatsächlichen Bestands der Vertretungsmacht des Vertreters dem Geschäftspartner oft geradezu unmöglich ist.[500] Nach § 167 Abs. 1 kann die Erteilung von Vertretungsmacht ja eben auch nur gegenüber dem Vertreter erfolgen. Der Geschäftspartner muss sich schon aus der Grundanlage des Vertretungsrechts vielfach auf Grund der äußeren Umstände auf die Bevollmächtigung des Vertreters verlassen.[501] Das Bedürfnis, den Geschäftspartner durch

---

496 „Es fällt nicht schwer, die Tatbestände der Anscheinsvollmacht in dieser Lehre der culpa in contrahendo wiederzuerkennen", siehe *Gottsmann*, Die Anscheinsvollmacht, S. 66.

497 Erwähnenswert auch die historische Betrachtungsweise von *Bader*, Duldungs- und Anscheinsvollmacht, S. 180 ff.: Seiner Ansicht nach konnte sich die Haftung aus *culpa in contrahendo* als Rechtsfolge in den Fällen der Anscheinsvollmacht nicht durchsetzen, weil sich in der Rechtsprechung des RG (zu dem Zeitpunkt als sich die Haftung aus *culpa in contrahendo* durchgesetzt hatte) die Grundsätze über der Anscheinsvollmacht bereits etabliert hatten. Weil es also die Anscheinsvollmacht bereits gab, brauchte man die culpa in contrahendo nicht mehr als „Lückenbüßer-Institut" im Rahmen vorvertraglicher Vertrauenssituationen.

498 *Flume*, Das Rechtsgeschäft, S. 835.

499 Ähnlich auch *Peters*, AcP 179 (1979), 234.

500 *Peters*, AcP 179 (1979), 215 f.

501 *Fikentscher*, AcP 154 (1955), 2.

die Herausbildung von Rechtsscheinvollmachten, seien es die §§ 170 ff., oder die Grundsätze über Duldungs- und Anscheinsvollmacht, zu schützen, ist also durchaus nachvollziehbar und sinnvoll.

Andererseits müssen diese Vertrauenstatbestände zwangsläufig mit dem Willen des Vertretenen in Konflikt geraten. „Privatautonomie nennt man das Prinzip der Selbstgestaltung der Rechtsverhältnisse durch den einzelnen nach seinem Willen".[502] Nach diesem Grundsatz entstehen Rechtsbeziehungen deshalb, weil sie gewollt sind.[503] Er ist Ausfluss der oben bereits angesprochenen Willenstheorie, wonach Rechtsfolgen nur durch den Willen des einzelnen gerechtfertigt werden.[504] Durch Willenserklärung und Rechtsgeschäft erfolgte eine „Institutionalisierung der Privatautonomie" für das Rechtsleben.[505]

Auf die überragende Bedeutung des Prinzips der Privatautonomie braucht hier nicht erst besonders hingewiesen werden. Prinzipien erfüllen aber nicht immer die in sie gesetzten Erwartungen, sie sind vor allem keine unantastbaren Dogmen.[506] Die unsere Rechtsordnung prägenden Prinzipien stehen vielmehr in einer komplexen Systematik zueinander, sie harmonisieren nicht zwangsläufig.[507] Privatautonomie steht so auch nie alleine da, sondern verwirklicht sich in Erklärungen gegenüber anderen. Neben der Privatautonomie des Erklärenden existiert auch die Privatautonomie der anderen am Rechtsverkehr Beteiligten.[508] Die reine Herrschaft des Willens muss zwangsläufig mit dem Bedürfnis nach Vertrauensschutz kollidieren. Es wird auf beiden Seiten zu Einschränkungen kommen müssen.[509] In gewissen Fällen muss daher aus Rücksicht auf das Vertrauen eines anderen auch eine andere „Haftungsmöglichkeit" in Betracht kommen, als eine rein rechtsgeschäftlich begründete.

Das gebietet schon ein anderes Prinzip, nämlich das von Treu und Glauben gem. § 242 BGB, aus dem sich der Vertrauensschutz dem Grunde nach herleiten lässt.[510] Selbst wenn man aber eine solche Vertrauenshaftung dem Grunde nach

---

502 *Flume,* Das Rechtsgeschäft, S. 1.

503 *Larenz/Wolf,* Allgemeiner Teil des bürgerlichen Rechts, § 2 Rn. 15.

504 *Baum,* Die Wissenszurechnung, S. 169.

505 *Schubert,* Anscheinsvollmacht und Privatautonomie, S. 91.

506 *Lüderitz,* JuS 1976, 770.

507 *Esser,* Grundsatz und Norm, S. 227; vgl. *Wenzel,* Anscheinsvollmacht, S. 74.

508 *Pawlowski,* JZ 1996, 128; *Riesenhuber,* in *Riesenhuber* (Hrsg.), Selbstverantwortung, S. 1 ff.; *Conrad,* Vollmacht als Willenserklärung, S. 8.

509 *Larenz/Wolf,* Allgemeiner Teil des bürgerlichen Rechts, § 28 Rn. 10.

510 *Wieacker,* Zur rechtstheoretischen Präzisierung des § 242, S. 28; vgl. aber dazu auch S. 93 f.

akzeptiert, hat sich obiger Konflikt noch nicht erledigt. Sowohl im Allgemeinen für den Vertrauensschutz, als auch für die Anscheinsvollmacht als eine seiner Ausprägungen, stellt sich nämlich weiter die Frage, inwieweit ihre Rechtsfolgen die gleichen sein können, wie diejenigen, die durch bewussten Abschluss eines Rechtsgeschäfts herbeigeführt werden sollen.

Canaris hat dies mit der Frage nach der Gleichstellung von Haftung „ex lege" und der Haftung „ex voluntate" umschrieben.[511] Diese Fragestellung stellt sich freilich für das System des Vertrauensschutzes grundlegend. Sie kann ebenso mit dem Begriff der „Zweispurigkeit der Vertrauenshaftung"[512] umschrieben werden: Soll der auf einen Rechtsschein Vertrauende so gestellt werden, als würde die von ihm angenommene Lage der Realität entsprechen, oder wird er so gestellt, als wäre ihm die wahre Lage bekannt gewesen, weshalb er wiederum gar nicht erst vertraut hätte?[513] Die erste Alternative beschreibt Fälle, in denen dem Vertrauenden grundsätzlich ein Anspruch auf Erfüllung bzw. das positive Interesse zukommt; die zweite Möglichkeit hat jene Fälle im Blick, in denen dem Vertrauenden nur ein Anspruch auf Ersatz seines Vertrauensschadens (sein negatives Interesse) zugestanden wird.[514]

Die „Gretchenfrage"[515], die mit der Herstellung der dogmatischen Geltungsgrundlage der Anscheinsvollmacht untrennbar verbunden ist, ist folglich, ob man neben der rechtgeschäftlich privatautonomen Bindung und der deliktischen Haftung noch ein System von Vertrauensschutz anerkennt, welches zu einer Rechtsscheinhaftung führen kann, die einer rechtgeschäftlichen Bindung gleichkommt.[516] Man wird diese Frage bejahen müssen.

Wer dem Menschen in seiner Selbstbestimmtheit freien Vertragsschluss zugesteht, muss auch zugestehen, dass andere sich auf das äußerliche Handeln verlassen und hieraus einen Anspruch herleiten.[517] Die Möglichkeit, aus Vertrauensgesichtspunkten ganz generell auf Erfüllung zu haften, obwohl eine rechtsgeschäftliche Bindung im eigentlichen Sinne nicht vorliegt, übersehen die Vertreter dieser Auffassung bzw. wollen diese nicht gelten lassen. Besonders

---

511 *Canaris,* Vertrauenshaftung, S. 428 ff.

512 *Canaris,* Vertrauenshaftung, S. 5.

513 *Canaris,* in: *Canaris/Heldrich* (Hrsg.), 50 Jahre Bundesgerichtshof, S. 132.

514 Wie nah diese Alternativen beieinander liegen, kann man an § 179 Abs. 1 und Abs. 2 sehen.

515 *Bachmann,* Private Ordnung, S. 243.

516 *Picker*, AcP 183 (1983), 369, spricht von einer „Haftung zwischen Vertrag und Delikt".

517 Vgl. auch *Conrad*, Vollmacht als Willenserklärung, S. 8 ff.

deutlich wird dies an der Aussage, dass die Anscheinsvollmacht nicht zu einer Erfüllungshaftung des Vertretenen führen dürfe, denn „fahrlässiges Verhalten sei noch keine Willenserklärung"[518]. Unabhängig von der Frage, ob man fahrlässig Willenserklärungen abgeben kann, lässt sich doch festhalten, dass die gesamte Argumentation von dem Bemühen getragen ist, eine Erfüllungshaftung nur durch rechtgeschäftliche Bindung zuzulassen. Der Schutz des Vertrauens auf eine scheinbare Rechtslage und die Privatautonomie sind aber kein genereller Widerspruch.[519] „Verantwortung zu tragen und verantwortlich gemacht zu werden, ist Vorrecht und Bürde der Person."[520] Die Anerkennung der Freiheit der Person führt auch dazu, dass die Person für ihre Handlungen einzustehen hat und verantwortlich ist. Dieser Gedanke der Verantwortlichkeit ist die Kehrseite der Medaille der Privatautonomie. Selbstbestimmtheit und Verantwortlichkeit stehen so nebeneinander.

bb) Die Voraussetzungen der culpa in contrahendo bei der Anscheinsvollmacht

Daneben stellt sich auch die Frage, ob die Voraussetzungen der *culpa in contrahendo* in den Fällen der Anscheinsvollmacht überhaupt gegeben sind.[521]

Zunächst bedarf es dazu einem vorvertraglichen Vertrauensverhältnis zwischen dem Vertretenen und dem Vertragspartner (§§ 280, 241 Abs. 2, 311 Abs. 2).[522] Dabei ergibt sich aus dem Grundgedanken der *culpa in contrahendo*, dass der geschäftliche Kontakt bewusst, also zumindest mit Handlungswillen, herbeigeführt worden ist.[523] Nun liegen die Dinge in den Situationen der Anscheinsvollmacht aber schon von ihrer Grundkonstellation her so, dass der Vertretene überhaupt nicht vom Auftreten seines vermeintlichen Vertreters gegenüber einem Geschäftspartner weiß. Der Geschäftsherr selbst führt also keine bewussten Vertragsverhandlungen oder ähnliche geschäftliche Kontakte mit dem Vertragspartner, weshalb in seinem Verhalten nicht die Begründung eines vorvertraglichen Schuldverhältnisses gesucht werden kann. Die durch ihn fahrlässig veranlasste Schaffung eines Vertrauenstatbestandes ist eine Frage, die für die Gesichtspunkte der Vertrauenshaftung (i.S. d. Rechtsscheinhaftung) relevant wird. Die vorvertragliche Vertrauenshaftung aus den Gesichtspunkten der *culpa in contrahendo* darf jedenfalls nicht mit der eigentlichen

518 *Hoffmann*, JuS 1970, 451.
519 *Lüderitz*, JuS 1976, 770.
520 *Larenz/Wolf*, Allgemeiner Teil des bürgerlichen Rechts, § 2 Rn. 25.
521 Vgl. dazu die ausführliche Kritik von *Peters*, AcP 179 (1979), 235 ff.
522 BGHZ 66, 51, 54; *Köhler*, BGB Allgemeiner Teil, § 8 Rn. 5; *Bork*, BGB AT, Rn. 686.
523 *Peters*, AcP 179 (1979), 235.

Vertrauenshaftung (auf einen Rechtsschein) vermischt werden[524], wie dies zum Teil fälschlicherweise getan wird.[525] Zwar nimmt der Vertragspartner in beiden Fällen Vertrauen für sich in Anspruch, jedoch geht es um zwei unterschiedliche Zielsetzungen:[526] Bei der Haftung aus *culpa in contrahendo* geht es um eine Art „Eingriffs- oder Verletzungsschutz" gegenüber der Rechtsgüter des Vertragspartners, die dieser durch ein Verhalten des Vertragspartners erleidet. Dagegen zielt der Vertrauensschutz aus Gesichtspunkten des Rechtsscheins auf den Ersatz des Schadens des Vertrauenden ab, den dieser dadurch erleidet, dass er selbst bestimmte Handlungen (Dispositionen) vorgenommen hat.[527] Vergleicht man etwa den berühmten „Linoleumrollen-Fall"[528] (als Beispiel für die Haftung aus *culpa in contrahendo*) mit der Fallgestaltung des Vertrauens auf eine bestehende Vollmacht und dadurch veranlassten Vertragsschluss, wird dieser entscheidende Unterschied deutlich. Damit kann nach oben Gesagtem zunächst festgehalten werden, dass es nicht der Geschäftsherr sein kann, der in den Fällen der Anscheinsvollmacht die Vertrauensbeziehung im Sinne der *culpa in contrahendo* herbeiführt. Vielmehr hat der vermeintliche Vertreter des Geschäftsherrn „bewusst" eine Vertrauensbeziehung zum Geschäftspartner geschaffen. Problematisch ist dabei aber, wie dieses Verhalten dem Geschäftsherrn zugerechnet werden soll. Selbst wenn man dafür eine analoge Anwendung der §§ 164 ff. in Betracht ziehen würde[529], führt dies doch zu nicht zum gewünschten Ziel. Der vermeintliche Vertreter müsste dann auch zur Anbahnung einer vorvertraglichen Beziehung irgendwie bevollmächtigt sein. An einer bewussten Bevollmächtigung fehlt es bei der Anscheinsvollmacht aber gerade, weshalb dieser Weg in einem Zirkelschluss endet. *Peters*[530] weist daher richtigerweise darauf hin, dass die Vertreter jener Auffassung „an dieser Stelle doch zur Anerkennung einer „fahrlässigen Bevollmächtigung" genötigt [werden], die sie gerade vermeiden wollte[n]".

---

524 *Canaris,* Vertrauenshaftung, S. 540 spricht deshalb von der *culpa in contrahendo* als „Anvertrauenshaftung". In gewissem Maße hat schließlich der Vertragspartner dem Schädiger eine Einwirkungsmöglichkeit auf seine Rechtsgüter anvertraut.

525 *Ballerstedt,* AcP 151 (1951), 507; *Wenzel,* Anscheinsvollmacht, S. 123.

526 Vgl. dazu und zum folgendem: *Canaris,* Vertrauenshaftung, S. 540.

527 Beispielsweise ein Vertragsschluss mit einem Vertreter, auf dessen Vollmacht der Geschäftspartner vertraut.

528 RGZ 78, 239.

529 Eine unmittelbare Anwendung scheidet deshalb aus, weil die Eingehung einer vorvertraglichen Beziehung nicht als Rechtsgeschäft gewertet werden kann.

530 *Peters,* AcP 179 (1979), 236.

Eine andere Möglichkeit bestünde darin, die Zurechnung des „Vertreterhandelns" über § 278 zu erreichen. Der Gesetzeswortlaut, wonach sich der Geschäftsherr dem Vertreter hätte „bedienen" müssen, lässt hieran bereits Zweifel aufkommen. Erfüllungsgehilfe nach § 278 ist nach allgemeiner Ansicht derjenige, der mit Wissen und Wollen des Schuldners zur Erfüllung einer Verbindlichkeit tätig wird.[531] Auch wenn man „Wissen und Wollen" hinsichtlich des Auftretens eines Dritten nicht auf alle Einzelheiten seines Wirkens bezieht, sondern auf ein „generelles Wissen" um dessen Tätigwerden, fehlt es daran in den Fällen der Anscheinsvollmacht.[532] Vom Auftreten und Handeln eines vermeintlichen Vertreters hat der Geschäftsherr in diesen Fällen gerade keine Kenntnis. Eine letzte Alternative, das Vertreterhandeln dem Geschäftsherrn zuzurechnen, bestünde in einer rein objektiven Betrachtungsweise. Man könnte etwa auf die nach außen deutlich gewordene Stellung des Vertreters „im Lager", d.h. also in der Organisationsgewalt des Geschäftsherrn, abstellen.[533] Dabei wären das Wissen und der Wille des Geschäftsherrn bzgl. des Auftretens des Vertreters dann unbeachtlich. Allerdings setzen alle Ansprüche auf Schadensersatz, die an ein Verschulden eines Dritten anknüpfen, mindestens voraus, dass der Dritte vom Geschäftsherrn „bewusst eingesetzt" wurde.[534] Auch diese letzte Variante kann damit nicht zu einer schlüssigen Dogmatik hinsichtlich der Zurechnung des vom Vertreter geschaffenen Vertrauenstatbestandes gelangen. Schon die tatbestandlichen Voraussetzungen der *culpa in contrahendo* liegen dementsprechend bei der Anscheinsvollmacht nicht vor.

Aber auch auf der Rechtsfolgenseite ergeben sich Probleme: Spricht man dem Geschäftspartner einen Anspruch aus *culpa in contrahendo* zu, bleibt es zunächst beim vollmachtlosen Handeln des Vertreters. Der Geschäftsherr hätte gegen den Vertreter somit auch den Anspruch aus § 179 Abs. 1. Man gelangt damit automatisch zu dem Folgeproblem, wie sich der Anspruch aus *culpa in contrahendo* gegen den Vertretenen und der Anspruch aus § 179 Abs. 1 zueinander verhalten:[535] Hatte der Vertreter keine Kenntnis von seiner mangelnden

531 BGHZ 98, 330, 334; Palandt/*Grüneberg*, § 278 Rn. 7; Erman/*Westermann*, § 278 Rn. 14 ff.

532 *Gotthardt*, Der Vertrauensschutz bei der Anscheinsvollmacht, S. 128; *Peters*, AcP 179 (1979), 237; vgl. auch *Flume*, Das Rechtsgeschäft, S. 809, wonach eine Zurechnung nach § 278 nur dann in Betracht kommt, wenn der Vertreter zu den „Leuten" des Geschäftsherrn gehört.

533 *Ballerstedt*, AcP 151 (1951), 517 ff.; vgl. *Peters*, AcP 179 (1979), 237.

534 *Peters*, AcP 179 (1979), 237.

535 *Crezelius*, ZIP 1984, 793.

Vertretungsmacht, haftet er nach § 179 Abs. 2 auch nur auf das negative Interesse. In diesen Fällen wäre zu klären, ob zwischen Vertreter und Vertretenem ein echtes Gesamtschuldverhältnis entsteht.[536] Haftet der Vertreter nach § 179 Abs. 1 auf das Erfüllungsinteresse, stellt sich die Frage, ob der Anspruch gegen den vermeintlich Vertretenen aus *culpa in contrahendo* dann eine Art Ausfallhaftung sein soll.[537] Schon mit diesem kurzen Blick auf die Rechtsfolgenseite wird deutlich, dass diese kein sachgemäßes Ergebnis für die Situationen einer Anscheinsvollmacht darstellen.[538]

3) *Die Anscheinsvollmacht als analoge Anwendung der §§ 171 Abs. 1 BGB, 172 Abs. 1 BGB und § 56 HGB*

Die Rechtswissenschaft war seit Beginn der Rechtsprechung des RG zur damals noch sog. „stillschweigenden Bevollmächtigung" darum bemüht, diese (und später dann auch die Anscheinsvollmacht) möglichst aus den gesetzlichen Vorschriften herzuleiten. Besonders deutlich wird dieses Bemühen an den Ausführungen jener Vertreter in der Literatur, die über die analoge Heranziehung verschiedener Normen eine dogmatische Einordnung der Anscheinsvollmacht versuchen.

Unter dieser Denkrichtung kann man gleich mehrere Ansätze zusammenfassen. Zum einen wird versucht, die Anscheinsvollmacht jeweils über einen Einzelanalogie zu § 171 Abs. 1[539], § 172 Abs. 1[540] oder § 56 HGB[541] herzuleiten.[542] Zum anderen werden die gleichen Vorschriften zusammen mit § 56 HGB (teilweise auch § 370 HGB) als Gesamtanalogie herangezogen.[543] Auch in den meisten Kommentaren findet man heute den Hinweis, die Anscheinsvollmacht

536 Ausführlich siehe: *Frotz*, Verkehrsschutz im Vertretungsrecht. S. 119 ff.

537 *Crezelius*, ZIP 1984, 793.

538 Kritisch auch *Wenzel*, Anscheinsvollmacht, S. 124 ff.

539 *Rümelin*, AcP 93 (1902), 301; ähnlich *Düringer/Hachenburg/Hoeninger*, vor § 48 Anm. 47.

540 *Wellspacher*, Das Vertrauen auf äußere Tatbestände, S. 100.

541 *Macris*, Die stillschweigende Vollmachtserteilung, S. 189; *Börner*, Untervollmacht und Rechtsscheinsvollmacht, S. 140 ff.; *Fabricius*, JuS 1966, 56.

542 Vgl. *Schubert*, Anscheinsvollmacht und Privatautonomie, S. 108 m.w.N.

543 *Enneccerus/Nipperdey*, Allgemeiner Teil des bürgerlichen Rechts 2. Hb. § 184, S. 1133; *Lehmann/Hübner*, Allgemeiner Teil des Bürgerlichen Gesetzbuches, S. 320; *Krause*, Schweigen im Rechtsverkehr, S. 155.

lasse sich aus einer Gesamtbetrachtung der §§ 171 Abs. 1, 172 Abs. 1 und § 56 HGB herleiten.[544]

Auf die Voraussetzungen eines Analogieschlusses wurde bereits an anderer Stelle eingegangen.[545] Die Anscheinsvollmacht müsste den o.g. Normen also ähnlich sein (d.h. gleichen), und zwar zunächst von ihrem Rechtsgedanken bzw. der dahinter stehenden Rechtsidee her, aber auch in ihren Voraussetzungen.

a) Vergleichbarkeit von Anscheinsvollmacht und §§ 171 Abs. 1, 172 Abs. 1

Zunächst stellt sich die Frage, inwieweit der hinter den §§ 171 Abs. 1, 172 Abs. 1 stehende Rechtsgedanke mit dem hinter der Anscheinsvollmacht stehenden Rechtsgedanken vergleichbar ist.

aa) Die §§ 171 Abs. 1, 172 Abs. 1 als Rechtsscheintatbestände?

Wie bereits ausgeführt, lässt sich das Rechtsinstitut der Anscheinsvollmacht nicht mit den Mitteln der Rechtsgeschäftslehre erklären oder herleiten.[546] Es handelt sich, wie später noch deutlich gemacht werden wird, bei der Anscheinsvollmacht um einen Rechtsscheintatbestand.[547] Einer analogen Anwendung der §§ 171 Abs. 1, 172 Abs. 1 würde es daher bereits entgegenstehen, wenn diese Normen nicht als Rechtsscheintatbestände zu qualifizieren wären.[548] Nach zutreffender Ansicht handelt es sich aber bei den §§ 171, 172 um Rechtsscheintatbestände.[549] Sie zielen von ihrer ratio legis her auf den Vertrauensschutz des Dritten ab und sind gesetzlich normierter Fall des Rechtsscheinprinzips im Stellvertretungsrecht. Für das Vollmachtsrecht bedeutet das Rechtsscheinprinzip, dass „derjenige, der den Anschein für das Bestehen einer Vollmacht gesetzt hat, sich an diesem Anschein festhalten lassen muss, wenn ein Dritter (berechtigterweise) darauf vertraut".[550] Insoweit stimmt also der hinter den §§ 171, 172

---

544 Palandt/*Ellenberger*, § 172 Rn. 6; MüKo/*Schramm*, § 167 Rn. 46 u. 56; Erman/*Maier-Reimer*, § 167 Rn. 9; Soergel/*Leptien*, § 167 Rn. 17.

545 Siehe S. 50.

546 Siehe S. 75 ff.

547 Siehe S. 96 ff.

548 *Wenzel*, Anscheinsvollmacht, S. 90, der die Frage nach der „strukturellen Verwandtschaft" stellt.

549 *Bork*, BGB AT, Rn. 1522; *Larenz/Wolf*, Allgemeiner Teil des bürgerlichen Rechts, § 48 Rn. 5; *Canaris*, Vertrauenshaftung, S. 32 f.; MüKo/*Schramm*, § 173 Rn. 1; Palandt/*Ellenberger*, § 173 Rn. 1.

550 MüKo/*Schramm*, § 167 Rn. 46.

stehende Rechtsgedanke mit dem der Anscheinsvollmacht überein, weshalb eine analoge Anwendung zumindest in Betracht kommt.

bb) Vergleich der Tatbestandsstruktur der §§ 171,172 mit der Anscheinsvollmacht

Für einen Analogieschluss müssten aber auch die Tatbestandsmerkmale bzw. die Tatbestandsstruktur der §§ 171, 172 mit denen der Anscheinsvollmacht im Wesentlichen vergleichbar sein.

aaa) § 171 und die Anscheinsvollmacht

Von § 171 wird die Situation erfasst, dass der Vertretene eine bereits erteilte Vollmacht nach außen hin kundgibt. Das Gesetz nennt als Möglichkeit der Kundgabe entweder die direkte Mitteilung an den Dritten (eben nicht die Außenvollmacht gem. § 170) oder die sonstige öffentliche Bekanntmachung einer Bevollmächtigung. So lange nach außen hin „kundgegeben“ wurde, es existiere eine Bevollmächtigung, kann sich der Vertretene nicht auf das Fehlen der Vertretungsmacht berufen. Ist diese Fallgestaltung mit der Anscheinsvollmacht vergleichbar? Entscheidender Punkt an dieser Stelle ist, dass von § 171 an einen bewussten „Kundgabeakt“ des Vertreters angeknüpft wird, während dem Vertretenen bei der Anscheinsvollmacht gerade nicht bewusst ist, dass ein Dritter als sein Vertreter handelt. Der vorsätzlichen Kundgabehandlung in § 171 steht bei der Anscheinsvollmacht das fahrlässige Unterlassen des Vertretenen gegenüber.[551] Mit dem Begriff des Vorsatzes wird der Unterschied noch deutlicher: Die Kundgabe nach § 171 erfolgt nämlich mit dem Wissen und dem Willen des Vertretenen. Bei der Anscheinsvollmacht hat der Vertretene aber weder Wissen noch Willen hinsichtlich des Auftretens seines vermeintlichen Vertreters.

Welche Auswirkungen haben nun die herausgearbeiteten Unterschiede zwischen § 171 und der Anscheinsvollmacht? Ein Analogieschluss würde hier zu einer Gleichstellung von willentlicher Kundgabe und fahrlässigem Unterlassen führen. Mit Recht hebt daher *Wellspacher* hervor, die „stillschweigende Kundgabe“ sei „doch wieder ein etwas gewaltsamer Gedankengang“.[552]

551 Vgl. *Peters*, AcP 179 (1979), 232; aus den gleichen Gründen kritisch auch *Schubert*, Anscheinsvollmacht und Privatautonomie, S. 109 f.; *Wenzel*, Anscheinsvollmacht, S. 96 f.

552 *Wellspacher*, Das Vertrauen auf äußere Tatbestände, S. 100.

bbb) § 172 und die Anscheinsvollmacht

Damit ist die Frage aufgeworfen, ob sich für § 172 ein anderes Bild ergibt. Diese Vorschrift stellt die Situationen dem § 171 gleich, in denen ein Vertreter beim Geschäftsabschluss einem Dritten eine vom Vertretenen ausgehändigte Vollmachtsurkunde vorlegt. Die oben zu § 171 erhobenen Einwände lassen sich auch auf § 172 übertragen. Insbesondere heißt es in § 172 Abs. 1 die Vollmachtsurkunde werde „ausgehändigt". Dieser Wortlaut spricht dafür, dass auch bei § 172 der Rechtsschein einer Bevollmächtigung auf ein willentliches und wissentliches Handeln des Vertretenen zurückzuführen ist.

Etwas anderes ergibt sich dagegen nur, wenn man die (durch Fahrlässigkeit) abhandengekommene Vollmachtsurkunde der willentlich und wissentlich „ausgehändigten" gleichstellt. Dann wäre von § 172 auch die fahrlässige Schaffung des Rechtsscheins einer Bevollmächtigung erfasst, eine Situation, die der Anscheinsvollmacht sehr nahe kommt. Den Weg dieser Gleichstellung gehen nicht wenige Autoren in der Literatur.[553] Der äußere Anschein einer Bevollmächtigung sei durch die Vorlage einer Vollmachtsurkunde so stark, dass der Geschäftspartner auch dann schützenswert sei, wenn die Vollmachtsurkunde dem vermeintlichen Vertreter nicht willentlich ausgehändigt worden sei. Argumentiert wird für eine entsprechende Anwendung also vor allem mit Blick auf den Sinn und Zweck des § 172.[554] Der Geschäftspartner, dem eine abhandengekommene und daher nicht willentlich ausgehändigte Vollmachtsurkunde vorgelegt werde, könne nicht erkennen, wie die Urkunde in die Hände des Vertreters gelangt sei.

---

553 *Stöber*, JR 2012, 227; *Isay*, Die Geschäftsführung nach dem Bürgerlichen Gesetzbuche, S. 239; *Hupka*, Die Vollmacht, S. 174; *Wellspacher*, Das Vertrauen auf äußere Tatbestände, S. 100 f.; *von Seeler*, Archiv für bürgerliches Recht 1906, S. 40 f.; *Enneccerus/Nipperdey*, Allgemeiner Teil des bürgerlichen Rechts 2. Hb., § 188 I 1 c (S. 1148).

554 Vgl. *Wellspacher*, Das Vertrauen auf äußere Tatbestände. S. 100 f.; anders nun aber *Stöber*, JR 2012, 227 f., der meint, aus der Entstehungsgeschichte der Norm herleiten zu können, auch die fahrlässige Erzeugung eines Rechtsscheins i.S.d. § 172 sei möglich. Darüber hinaus führt er als Argument ins Feld, die h.M. akzeptiere auch bei der Anscheinsvollmacht die fahrlässige Erzeugung eines Rechtsscheins, weshalb gleiches auch für § 172 gelten müsse. In Wahrheit handelt es sich dabei aber doch um die Frage, welches Zurechnungskriterium nach dem allgemeinen Rechtsscheinprinzip notwendig ist. Die Tatsache, dass § 172 mit der willentlichen Schaffung eines Rechtsscheins strengere Voraussetzungen schafft, als das allgemeine Rechtsscheinprinzip ist der besonderen Situation der Vollmachtsurkunde als Anknüpfungspunkt des Rechtsscheins geschuldet und kein Widerspruch, vgl. dazu S. 120.

Zunächst gilt es an dieser Stelle festzuhalten, dass selbst wenn man die fahrlässige „Aushändigung“ einer Vollmachtsurkunde in entsprechender, d.h. analoger Anwendung des § 172 gegen seinen Wortlaut mit erfassen würde, auch noch ein weiterer Analogieschluss von der Vollmachtsurkunde auf die Situation der Anscheinsvollmacht notwendig wäre. In Wahrheit müsste man daher § 172 doppelt analog anwenden, um die Situationen der Anscheinsvollmacht zu erfassen.

Richtigerweise wird man aber – wie der BGH[555] und die ganz h.M.[556] – der Gleichstellung von willentlicher Aushändigung und fahrlässigem Abhandenkommen eine Absage erteilen müssen. § 171 und § 172 müssen als spezielle Ausnahmeregelung im Zusammenhang gesehen werden. Beide erfassen nur willentliches Handeln des Vertreters.

b) Zwischenergebnis

Es liegt in der Natur der Sache, dass bei einem Analogieschluss verschiedene tatbestandsmäßig unterschiedliche Fälle verglichen werden. Gäbe es zwischen den beiden Fällen keine Unterschiede, so wären sie gleich. Die verglichenen Tatbestände „dürfen also einander weder gleich noch absolut ungleich sein; sie müssen aber gerade in den für die rechtliche Bewertung maßgebenden Hinsichten übereinstimmen“.[557] Maßgeblich ist damit die hinter der Regel stehende Wertung. Nach den oben beschriebenen Erörterungen wird sich hier festhalten lassen, dass die Unterschiede in der Tatbestandsstruktur zwischen §§ 171, 172 und der Anscheinsvollmacht zu groß sind, um von einer solchen Vergleichbarkeit bzw. Ähnlichkeit zu sprechen.

c) Vergleichbarkeit von Anscheinsvollmacht und § 56 HGB

Damit bleibt noch die Vorschrift des § 56 HGB als Anknüpfungspunkt für einen möglichen Analogieschluss auf den Tatbestand der Anscheinsvollmacht. Auch für diese Norm besteht wiederum die Schwierigkeit, dass ihre dogmatische Einordnung nicht als geklärt angesehen werden kann.[558] In der Tat haben

555 BGHZ 65,13 f.

556 MüKo/*Schramm*, § 172 Rn. 5; Palandt/*Ellenberger*, § 172 Rn. 2; *Bork*, BGB AT, Rn. 1527; *Larenz/Wolf*, Allgemeiner Teil des bürgerlichen Rechts, § 48 Rn. 11; *Flume*, Das Rechtsgeschäft, S. 827; *Canaris*, Vertrauenshaftung, S. 38; *Peters*, AcP 179 (1979), 232; *Neuner*, JuS 2007, 410; *Musielak*, JuS 2004, 1083; *Verse/Gaschler*, Jura 2009, 215; *Singer*, Selbstbestimmung und Verkehrsschutz, S. 171.

557 *Larenz*, Methodenlehre, S. 381.

558 Ein umfassender Überblick findet sich bei Staub/*Joost*, § 56 Rn. 4, wo 13 (!) Ansätze zusammengetragen sind.

die Anscheinsvollmacht und § 56 HGB einen ähnlichen Grundansatz: Wer einen Laden betritt, soll davon ausgehen können, dass derjenige, der ihm dort als Verkäufer entgegentritt, auch tatsächlich bevollmächtigt ist.[559] Erkennbar wird hier das typische Bestreben des Handelsverkehrs nach Leichtigkeit und Sicherheit.[560] Egal ob man den Anwendungsbereich von § 56 HGB nur auf Kaufleute anwenden will, oder auch auf Kleingewerbetreibende ausdehnt[561], bleibt die wesentliche Tatbestandsvoraussetzung die Anstellung der für den Kaufmann handelnden Person. Als angestellt gilt aber nur, wer mit dem Wissen und dem Willen des Inhabers an der Verkaufstätigkeit mitwirkt.[562] Während es bei der Anscheinsvollmacht um den durch den Geschäftsherrn fahrlässig verursachten Anschein der Bevollmächtigung geht, liegt dem Anschein der Bevollmächtigung eines in einem Laden angestellten Vertreters der bewusste Akt der Anstellung zugrunde. Der Wortlaut „angestellt" und die Entstehungsgeschichte der Norm[563] sprechen eindeutig dagegen, auch die gerade skizzierten Fälle unter § 56 HGB zu fassen. Eine „fahrlässige Anstellung" ist ohnehin nur schwer vorstellbar. Auch zwischen § 56 HGB und dem Tatbestand der Anscheinsvollmacht bestehen daher wesentliche Unterschiede. Ein Analogieschluss ist deshalb gleichermaßen aus § 56 HGB nicht möglich.[564]

d) Gesamtanalogie aus §§ 171 Abs. 1, 172 BGB Abs. 1 sowie § 56 HGB

Bereits zu Beginn dieses Abschnittes wurde darauf hingewiesen, dass sich in der modernen Kommentarliteratur zunehmend der Hinweis findet, die Anscheinsvollmacht ergebe sich aus einer Gesamtbetrachtung der §§ 170 ff. BGB sowie § 56 HGB (teilweise auch noch § 370 HGB).[565] Im Gegensatz zu den oben beschriebenen Versuchen, die einzelne Regel eines Tatbestandes auf einen ungeschriebenen Fall zu übertragen („Gesetzes"- bzw. „Einzelanalogie") soll hier also

559 *Krause*, Schweigen im Rechtsverkehr, S. 148 ff.

560 *Schmidt*, Handelsrecht, § 16 Rn. 123; MüKo/*Krebs*, § 56 HGB Rn. 1.

561 Siehe zu diesem Streit: MüKo/*Krebs*, § 56 HGB Rn. 8 f.

562 RGZ 108, 48, 49 f.; BGH NJW 1975, 2191; Baumbach/*Hopt*, § 56 Rn. 2; MüKo/*Krebs*, § 56 HGB Rn. 16; *Fabricius*, JuS 1966, 1, 55; a.A. *von Seeler*, Archiv für bürgerliches Recht 1906, 48.

563 *Frotz*, Verkehrsschutz im Vertretungsrecht, S. 348 ff.

564 So auch *Wenzel*, Anscheinsvollmacht, S. 99 f.; *Schubert*, Anscheinsvollmacht und Privatautonomie, S. 114 ff.; *Peters*, AcP 179 (1979), 233 f.; a.A. *Börner*, Untervollmacht und Rechtsscheinsvollmacht, S. 140 ff.

565 Palandt/*Ellenberger*, § 172 Rn. 6; MüKo/*Schramm*, § 167 Rn. 46 u. 56; Erman/*Maier-Reimer*, § 167 Rn. 9; Soergel/*Leptien*, § 167 Rn. 17; so auch *Dickersbach*, Rechtsfragen bei der Bevollmächtigung zur Abgabe einer Unterwerfungserklärung, S. 58.

mehreren verschiedenen Tatbeständen, die zu einer gemeinsamen Rechtsfolge führen, ein allgemeiner Rechtsgrundsatz entnommen werden („Gesamt"- bzw. „Rechtsanalogie").[566]Der wesentliche Unterschied besteht hier aber in der Art und Weise, wie jeweils der Anschein der Bevollmächtigung vom Geschäftsherrn geschaffen wird. Nur wenn den §§ 171, 172 sowie § 56 HGB das Prinzip entnommen werden könnte, dass „aus fahrlässigem Ermöglichen der Entstehung des Rechtsscheins und ferner aus dem Dulden der Ausnutzung eines Rechtsscheins, der ohne Zutun des Betroffenen entstanden ist, die gleiche Haftung entstehen [kann], wie aus positiver Veranlassung eines Rechtsscheins"[567], wäre eine saubere Prinzipiengleichheit zur Anscheinsvollmacht gegeben. Das ist hier gerade nicht der Fall. Es fehlt gerade das Element, das die Besonderheit der Anscheinsvollmacht ausmacht.[568] Auch im Rahmen einer Gesamtanalogie zu den §§ 170 ff. BGB sowie § 56 HGB kann die Anscheinsvollmacht somit nicht hergeleitet werden.[569]

e) Stellungnahme und Ergebnis

Als Ergebnis dieses Kapitels kann zunächst festgehalten werden, dass ein Analogieschluss zwischen der Anscheinsvollmacht und den jeweiligen Tatbeständen aus § 171 Abs. 1, § 172 Abs. 1 und § 56 HGB nicht gezogen werden kann.[570] Schon im Hinblick auf eine Einzelanalogie hat die Untersuchung gezeigt, dass die genannten Normen sich hinsichtlich ihrer Tatbestandsvoraussetzungen alle wesentlich von der Anscheinsvollmacht unterscheiden. Voraussetzung ist dort stets die willentliche Schaffung des Rechtsscheins einer Vollmacht durch den GeschäftsherRn. Aus diesem Grund ergibt sich auch für die Heranziehung einer Gesamtanalogie nichts anderes. Der durchaus erwünschte Weg, die Anscheinsvollmacht über einen Analogieschluss mit dem Gesetz zu verknüpfen, führt nicht zum Ziel.

4) Alternative Erklärungsansätze

Neben den „großen" Erklärungssträngen für die Anscheinsvollmacht gibt es auch einige Ansätze, die sich keiner speziellen Richtung zuordnen lassen.

---

566 *Larenz,* Methodenlehre, S. 383 f.
567 *Stoll,* AcP 135 (1932), 107.
568 *Canaris,* Vertrauenshaftung, S. 49.
569 So auch *Schubert,* Anscheinsvollmacht und Privatautonomie, S. 118.
570 So auch Staudinger/*Schilken*, § 167 Rn. 31;

a) Treu und Glauben nach § 242 als Geltungsgrundlage

Zunächst findet sich an mancher Stelle in der Literatur[571] und vermehrt in der Rechtsprechung der Hinweis[572], die Anscheinsvollmacht finde als Teil der Vertrauenshaftung ihre Grundlegung in § 242. Nun lässt sich für den BGH als Erklärung festhalten, dass dieser mit der Berufung auf Treu und Glauben die Linie des RG konsequent weiterführt.[573] Der Grund dürfte darin liegen, dass sich in der Literatur terminologisch und dogmatisch zu diesem Zeitpunkt noch zu wenig ausgearbeitete Ansätze herausgebildet hatten. Allerdings hatte gerade in der ersten Hälfte des 20. Jahrhunderts eine vertiefte Auseinandersetzung etwa mit der Rechtsscheintheorie stattgefunden.[574] Deshalb verwundert es auch, wenn in der Literatur pauschal auf § 242 verwiesen wird. Soweit damit gemeint ist, dass die Anscheinsvollmacht ihre Grundlage im Vertrauensschutz hat, lässt sich hiergegen wenig sagen. Aus Treu und Glauben ergibt sich aber nicht das Rechtsinstitut Anscheinsvollmacht als solches. Vielmehr kann § 242 „nur" als eine der Grundlagen von Vertrauensschutz und Rechtsscheinhaftung angesehen werden. *Canaris* ist daher zuzustimmen, wenn er feststellt, aus Treu und Glauben lasse sich „allenfalls ableiten, dass überhaupt Vertrauensschutz zu gewähren ist, i.d.R. aber nicht, welche Art des Schutzes angemessen ist".[575] Zu einer Herleitung der Haftung in den Fällen der Anscheinsvollmacht bedarf es folglich mehr als eines schlichten Rekurses auf § 242.[576] Dazu abschließend: Das bloße Abstellen auf § 242 für die Anscheinsvollmacht zeugt – um es mit *Wieling* zu sagen – „nicht gerade von wissenschaftlichem Einfallsreichtum"[577].

b) Die Anscheinsvollmacht als Gewohnheitsrecht

Die Anscheinsvollmacht wird heute in der Rechtsprechung relativ bedenkenlos in erheblichem Umfang angewandt. Sie gehört schon seit längerem zum natürlichen Bestandteil der Lehre und der Ausbildungsliteratur zum allgemeinen Teil

---

571 *Fikentscher*, AcP 154 (1955), 5 f.; *Westermann*, JuS 1963, 6; *Werner*, Fälle mit Lösungen für Anfänger im BGB, S. 52 f.; ähnlich Staudinger/*Schilken*, § 167 Rn. 32.

572 Vgl. etwa BGHZ 40, 197, 203; BGHZ 5, 111, 116; BGH NJW 1962, 1003; BGH NJW 1956, 460; BGH NJW 1951, 309; BGH LM § 167 Nr. 4.

573 RGZ 162, 129, 150; RG JW 1927, 1089; RG JW 1918, 504, 505; schon ROHG 10, 141, 143.

574 Siehe dazu S. 96 ff.

575 *Canaris*, Vertrauenshaftung, S. 49.

576 *Börner*, Untervollmacht und Rechtsscheinsvollmacht, S. 139 f.

577 *Wieling*, JA 1991, 224.

des BGB.[578] So ist es wohl zu erklären, dass sich vereinzelt die Ansicht wiederfindet, die Anscheinsvollmacht habe inzwischen gewohnheitsrechtliche Geltung.[579]

aa) Die Voraussetzungen des Gewohnheitsrechts

Nach heute allgemeiner Ansicht gehören zu den Voraussetzungen des Gewohnheitsrechts die längere und gleichmäßige Übung (longa consuetudo) und die allgemein verbreite Überzeugung der Beteiligten, dass diese Übung nicht beliebig und unverbindlich, sondern als rechtlich verbindlich geboten ist (opinio necessitatis).[580]

bb) Übertragung auf die Anscheinsvollmacht

Was die Voraussetzung der längeren Übung angeht, ist bereits bei der Erörterung der Rechtsprechung deutlich geworden, dass die Anscheinsvollmacht dort schon in Zeiten des RG Einzug gehalten hatte.[581] Spätestens aber nachdem der BGH diese „anerkannten Rechtsgrundsätze“[582] seit der Mitte des 20. Jahrhunderts aufgenommen hat, ist die Anscheinsvollmacht im Rechtsleben verwurzelt. Nun besteht zwar ein Unterschied zwischen dem bloßen Richterrecht und dem Gewohnheitsrecht[583]. Allerdings ist die Anscheinsvollmacht (mit der Rechtsfolge Erfüllungshaftung) seit dieser Zeit Gegenstand der Ausbildung von Generationen von Juristen und daher im Rechtsbewusstsein und in der Rechtstatsächlichkeit verankert. Jedenfalls das Erfordernis der länger dauernden Übung (longa consuetudo) dürfte folglich vorliegen.

Zweifelhaft ist aber das Vorliegen der opinio necessitatis, also der gemeinsamen Überzeugung der Rechtsgemeinschaft von der Richtigkeit und Geltung der

---

578 Vgl. nur *Brox/Walker*, Allgemeiner Teil des BGB, Rn. 562 ff.

579 Palandt/*Ellenberger*, § 172 Rn. 7; RGRK/*Steffen*, § 167 Rn. 12; *Leipold*, BGB Einführung und allgemeiner Teil, § 24 Rn. 36; aus früherer Zeit schon *Heymann*, in: *Schreiber* (Hrsg.), Die Reichsgerichtspraxis im deutschen Rechtsleben, S. 327; *Stoll*, AcP 135 (1932), 108.

580 BVerfGE 28,21, 28; BGHZ 37, 219, 222; *Larenz/Wolf*, Allgemeiner Teil des bürgerlichen Rechts, § 3 Rn. 23; *Larenz*, Methodenlehre, S. 341; *Röhl*, Allgemeine Rechtslehre, S. 554; *Bachmann*, Private Ordnung, S. 332.

581 Vgl. RGZ 65, 292, 295; RGZ 105, 183, 185; RGZ 117, 164, 165; RGZ 138, 265, 269; RGZ 170, 281, 284; a.A. *Flume*, Das Rechtsgeschäft, S. 833, zur Kritik an *Flumes* Haltung siehe oben S. 81 ff.

582 BGH LM § 167 Nr. 4.

583 M.E. wird Richterrecht dann zu Gewohnheitsrecht, wenn es in der Rechtsgemeinschaft auf Akzeptanz stößt. Zur Diskussion um das Richterrecht vgl. *Picker*, JZ 1988, 1 ff.

Anscheinsvollmacht. Zum einen hat die Anscheinsvollmacht von ihrer Entstehung an bis heute sehr viel Widerspruch erfahren.[584] Zum anderen wollen selbst die Befürworter der Anscheinsvollmacht teilweise ihren Anwendungsbereich einschränken[585], oder formulieren unterschiedliche Tatbestandsvoraussetzungen.[586]. Daran wird doch deutlich, dass eine gemeinsame Rechtsüberzeugung noch nicht gefunden sein kann.[587]

Abschließend ist damit festzuhalten: Obwohl die Anscheinsvollmacht bereits über einen erheblichen Zeitraum Anwendung findet, kann sie keine gewohnheitsrechtliche Geltung für sich in Anspruch nehmen.[588]

5) Die Anscheinsvollmacht als Teil des Rechtsscheinprinzips

Unsere Rechtsordnung besteht zunächst einmal aus der Summe ihrer Normen.[589] Diese Normen stehen aber nicht im luftleeren Raum, sondern sind auf Prinzipien zurückzuführen; ihnen liegt eine Dogmatik zugrunde. Diese dahinter stehenden Prinzipien haben dabei aber nicht nur für ein Rechtsgebiet Bedeutung. Sie bilden die „Tiefenstrukturen des Rechts“.[590] Die Gesamtheit dieser Prinzipien mit den in ihnen „wirksamen Rechtsgedanken“ lässt sich

---

584 AnwK-BGB/*Ackermann*, § 167 Rn. 74 ff.; *Bienert*, Anscheinsvollmacht und Duldungsvollmacht, S. 42 ff. u. 105; *Jauernig*, § 167 Rn. 9; MüKo/*Krebs*, vor § 48 HGB Rn. 52 ff.; *Brehm*, Allgemeiner Teil d. BGB, Rn. 467 f.; *Flume*, Das Rechtsgeschäft, S. 832 ff.; *Flume*, in: von *Caemmerer/Friesenhain/Lange* (Hrsg.), Hundert Jahre deutsches Rechtsleben, S. 181 ff.; *Frotz*, Verkehrsschutz im Vertretungsrecht, S. 299 ff.; *Kindl*, Rechtsscheintatbestände und ihre rückwirkende Beseitigung, S. 108; *Litterer*, Vertragsfolgen ohne Vertrag, S. 142 ff.; *Medicus/Petersen*, Bürgerliches Recht, Rn. 101; *Medicus*, Allgemeiner Teil, Rn. 971; *Lobinger*, Rechtsgeschäftliche Verpflichtung und autonome Bindung, S. 270 ff.; *Gottsmann*, Die Anscheinsvollmacht, S. 66 ff.; *Grimme*, JuS 1989, L 49-52, 51; *Diederichsen*, Fälle und Lösungen nach höchstrichterlichen Entscheidungen, S. 103 ff.; v. *Tuhr*, Der allgemeine Teil des deutschen bürgerlichen Rechts, § 85 V (S. 394 ff.); *Hoffmann*, JuS 1970, 451; *Petersen*, Jura 2003, 313.

585 Gemeint ist die Begrenzung auf das Handelsrecht.

586 Im Überblick: MüKo/*Schramm*, § 167 Rn. 57 ff.

587 *Peters*, AcP 179 (1979), 231.

588 *Bader*, Duldungs- und Anscheinsvollmacht, S. 182; *Schubert*, Anscheinsvollmacht und Privatautonomie, S. 164; *Werner*, Fälle mit Lösungen für Anfänger im BGB, S. 33; *Wenzel*, Anscheinsvollmacht, S. 106;

589 Vgl. zum Ganzen *Wenzel*, Anscheinsvollmacht, S. 73 f.

590 *Röhl*, Allgemeine Rechtslehre, S. 283 f.

daher als Rechtssystem bezeichnen.[591] Es ist die Aufgabe der Rechtsprechung, Entscheidungen innerhalb dieses Rechtssystems zu treffen und nötigenfalls auch über den Wortlaut des Gesetzes hinaus eine Fortschreibung derartiger Prinzipien zu betreiben, wo es die Lösung des Falles erfordert. Dies ist auch schon mehrfach geschehen. Beispielhaft[592] stehen für eine solche Fortbildung die Lehre vom Rechtsmissbrauch, die Verwirkung, die Rechtsgrundsätze zum Wegfall der Geschäftsgrundlage, die Treuepflicht der Gesellschafter, die Fürsorgepflicht im Arbeitsverhältnis und die Lehre von der *culpa in contrahendo* als ein Ausfluss des Prinzips von Treu und Glauben.[593] Diese Rechtsinstitute sind durch die ihnen zugrunde liegenden Prinzipien legitimiert und durch richterliche Auslese, Anwendung und Neubildung entstanden.[594] Es handelt sich hierbei allerdings nicht um die Ausfüllung einer „planwidrigen Unvollständigkeit", etwa durch einen Analogieschluss. In den aufgeführten Fällen wurden Rechtsinstitute geschaffen, die im „ursprünglichen Plan" des Gesetzes nicht vorgesehen waren.[595] Selbst wenn es für diese Rechtsfortbildungen einige Verankerungen im Gesetz geben sollte, steht doch nicht mehr die sog. *ratio legis* im Mittelpunkt, sondern ein „darüber hinausgreifender Rechtsgedanke". Es handelt sich damit genau genommen um eine Rechtsfortbildung „extra legem" (außerhalb der normierten Regelung), aber „intra ius", d.h. innerhalb der Gesamtrechtsordnung.[596]

Schon seit den ersten Tagen des BGB haben sich in der Literatur verschiedene Rechtsscheintheorien herausgebildet. Terminologisch soll für diese Arbeit – im Anschluss an *Canaris*[597] – unter Rechtsscheinhaftung eine Haftung verstanden werden, in welcher der Rechtsschein für das Vorliegen eines Tatbestandes mit den Situationen gleichgestellt wird, in denen dieses Tatbestandsmerkmal tatsächlich vorliegt.[598]

Nach Gesagtem stellt sich nun die Frage, ob das Rechtsscheinprinzip ein dem bürgerlichen Recht zugrunde liegendes Prinzip ist, welches mit der Anscheinsvollmacht im Stellvertretungsrecht eine spezielle Ausformung genommen hat.

591 *Esser,* Grundsatz und Norm, S. 226 f.; *Röhl,* Allgemeine Rechtslehre, S. 442.

592 Beispiele aus *Larenz,* Methodenlehre, S. 422.

593 Einige dieser Rechtsinstitute sind inzwischen im BGB kodifiziert.

594 *Esser,* Grundsatz und Norm, S. 227.

595 *Larenz,* Methodenlehre, S. 413.

596 Vgl. *Larenz,* Methodenlehre, S. 414.

597 *Canaris,* Vertrauenshaftung, S. 9.

598 Die Rechtsscheinhaftung ist somit ein Unterfall der Vertrauenshaftung.

Anhand der Darstellung der verschiedenen Rechtsscheintheorien soll dieser Frage nachgegangen werden.[599]

a) Die frühe Rechtsscheintheorie

Eine erste[600] grundlegende Auseinandersetzung mit dem Rechtsscheinprinzip stammt von *Moritz Wellspacher*[601] aus der Jahr 1906.[602] Er gilt als der Begründer der Rechtscheinlehre.[603] Der Titel seiner diesbezüglichen Habilitationsschrift „Das Vertrauen auf äußere Tatbestände im Bürgerlichen Rechte" weist bereits die Richtung.[604] *Wellspacher* differenziert dabei zwischen „künstlichen" und „natürlichen" äußeren Tatbeständen.[605] So seien etwa der Besitz und alle Arten von Urkunden natürliche äußere Tatbestände, wohingegen das Grundbuch sowie alle Arten von Registern zu den künstlichen äußeren Tatbeständen gehören. Diese Tatbestände sind für ihn Grundtypen eines allgemeinen Prinzips des Vertrauensschutzes, welches er in der Rechtsordnung und Rechtstradition verankert sieht.[606] Er fasst dieses Rechtsscheinprinzip abstrahierend zusammen: „Wer im Vertrauen auf einen äußeren Tatbestand rechtsgeschäftlich handelt, der zufolge Gesetzes oder Verkehrsauffassung die Erscheinungsform eines bestimmten

599 Eine ausführliche rechtshistorische Darstellung findet sich bei *Selter,* Entstehung des Rechtsscheinsprinzips, S. 17 ff.

600 Hingewiesen sei aber auch auf *Isay,* Die Geschäftsführung nach dem Bürgerlichen Gesetzbuche, bes. S. 230 ff.: Im Hinblick auf Rechtsscheinvollmachten spricht *Isay* davon, es gebe äußere Normen, auf die ein Dritter vertrauen dürfe, weil deren Vorliegen für eine ordnungsgemäße Bevollmächtigung spreche. Diesbezüglich seien im BGB Einzelfälle normiert, aus denen jenes allgemeine Prinzip „abstrahiert" werden könne (S. 234). Darüber hinaus untersucht er, ob das Vertrauen des Dritte auch zu schützen ist, wenn das „äußere Moment" nicht durch ein Tun, sondern ein Unterlassen begründet werde. Damit sind ist die Situation der Anscheinsvollmacht angesprochen. *Isay* kommt hierbei zu keinem klaren Ergebnis (S. 232 f.).

601 Zu Leben und Werk vgl. *Demelius,* AcP 153 (1954), 1 ff.

602 *Wellspacher,* Das Vertrauen auf äußere Tatbestände.

603 *Flume,* Das Rechtsgeschäft. S. 825; *Frotz,* Verkehrsschutz im Vertretungsrecht. S. 14 f.

604 Bemerkenswert ist dabei auch Wellspachers rechtshistorische Methode: Rechtsregeln wie „Hand wahre Hand" oder „Suche deinen Glauben, wo Du ihn gelassen hast" dienten ihn zum Nachweis der rechtsgeschichtlichen Verankerung des Rechtscheinprinzips, vgl. *Schmoeckel,* in: *Falk/Monhaupt* (Hrsg.), Das Bürgerliche Gesetzbuch und seine Richter, 2000, S. 77 S. 104.

605 *Wellspacher,* Wellspacher 1906 – Das Vertrauen auf äußere Tatbestände. S. 21.

606 *Schmoeckel,* in: *Falk/Monhaupt* (Hrsg.), Das Bürgerliche Gesetzbuch und seine Richter, 2000, S. 77 S. 104; *Wellspacher,* Wellspacher 1906 – Das Vertrauen auf äußere Tatbestände. S. 21 ff.; *Selter,* Entstehung des Rechtsscheinsprinzips. S. 121.

Rechtes, Rechtsverhältnisses oder eines anderen rechtlich relevanten Momentes bildet, ist in seinem Vertrauen geschützt, wenn jener Tatbestand mit dem Zutun desjenigen zustande gekommen ist, dem der Vertrauensschutz zum Nachteil gereicht."[607] *Wellspacher* sieht dieses Prinzip zwar als dem Zivilrecht zugrunde liegend an, sieht es aber für das BGB nur teilweise umgesetzt. Das Rechtscheinprinzip sei insbesondere mit den § 118 ff. nicht vereinbar.[608] Durch die Kodifikation dieses in der Entstehung begriffenen Rechtsgedankens sei dieser bis zu einem gewissen Grad „petrifiziert", also versteinert.[609] Für eine Weiterentwicklung sei das Gesetz nun zu „festgefügt" und „engmaschig". Auf das Stellvertretungsrecht bezogen wird ebenfalls deutlich, dass er den Vertrauensschutz rechtspolitisch für notwendig hält, ihn aber gesetzlich nur unzureichend verankert sieht.[610] Weil die vermeintliche Bevollmächtigung nach der Anlage des Gesetzes als Willenserklärung nach den §§ 119 ff. zu behandeln sei, werde der auf sie Vertrauende nach § 122 auf das negative Interesse verwiesen („eine Art Schmerzensgeld für die enttäuschte Partei").[611]

Den von ihm rechtspolitisch gewünschten Verkehrsschutz erreicht er auf anderem Weg. Er schlägt vor, für die Fälle der Rechtsscheinvollmachten § 172 analog heranzuziehen.[612] Dabei müsse der Wortlaut des § 173 analog angewendet werden, so dass dieser nicht nur für die Fälle des „Erlöschens der Vollmacht", sondern auch dann anwendbar ist, wenn schon gar keine Vollmacht ursprünglich entstanden ist.[613] In diesem gedanklichen „Kunstgriff" liegt für das Vertretungsrecht das größte Verdienst *Wellspachers*. Er überträgt dadurch den Vertrauensschutz aus dem Gebiet des Fortbestands der Vollmacht auf das der Entstehung der Vollmacht.[614] Kam er selbst noch zu keiner Erklärung der Anscheinsvollmacht aus dem Rechtscheinprinzip heraus, hat er mit diesem Ansatz doch eine wesentliche Entwicklung angestoßen. Von den vielen Arbeiten, die *Wellspachers*

---

607 *Wellspacher,* Wellspacher 1906 – Das Vertrauen auf äußere Tatbestände. S. 115.

608 *Canaris,* Vertrauenshaftung. S. 11.

609 *Wellspacher,* Das Vertrauen auf äußere Tatbestände, S. 117.

610 *Wellspacher,* Das Vertrauen auf äußere Tatbestände, S. 90 f., *Wellspacher* geht beispielsweise auch bei den §§ 170 ff. nicht von Rechtsscheintatbeständen aus.

611 *Wellspacher,* Das Vertrauen auf äußere Tatbestände, S. 92; *Canaris* wirft *Wellspacher* diesbezüglich vor, er habe die sachgerechte Differenzierung des BGB zwischen Erfüllungs- und Schadensersatzhaftung nicht erkannt, vgl. *Canaris,* Vertrauenshaftung, S. 11.

612 *Wellspacher,* Das Vertrauen auf äußere Tatbestände, S. 100.

613 *Wellspacher,* Das Vertrauen auf äußere Tatbestände, S. 82. *Wenzel,* Anscheinsvollmacht, S. 76 Fn. 2.

614 *Demelius,* AcP 153 (1954), 6.

Untersuchung würdigten, soll hier nur kurz auf die Besprechung *Regelsbergers* eingegangen werden.[615] Weil die Anscheinsvollmacht Untersuchungsgegenstand dieser Arbeit ist, lohnt die Erwähnung *Regelsbergers* besonders. In seiner Besprechung wählt er nämlich die Vollmacht und die Vollmachtsurkunde aus den Beispielen *Wellspachers* für eine nähere Betrachtung aus, weil sie ihm als besonders geeignet erscheinen, das Vertrauen auf äußere Tatbestände zu verdeutlichen.[616] Anders als *Wellspacher* will er ein allgemeines Rechtsscheinprinzip in den Vorschriften der §§ 170 ff. erkannt haben: Im Bereich des Stellvertretungsrechts werde das Vertrauen in die Existenz der Vollmacht allgemein geschützt, wenn die entsprechende äußere Erscheinung unter Mitwirkung des Geschäftsherrn entstanden sei.[617]

Aus dem gleichen Jahr stammt der Aufsatz „Vollmacht und Scheinvollmacht" von *Werner von Seeler*.[618] Die Scheinvollmacht[619] als spezielle Ausprägung des Rechtsscheinprinzips bildet dabei den Hauptuntersuchungsgegenstand seiner Arbeit. Er stellt heraus, dass bestimmte äußere Tatbestände das Vertrauen eines Dritten erzeugen könnten und dieser daher schutzbedürftig sei. Demnach sei also in manchen Fällen der auf eine Vollmacht Vertrauende schützenswert und gehöre so gestellt, wie wenn eine Vollmacht tatsächlich vorgelegen habe.[620] In einem nächsten Schritt macht er deutlich, dass er diese Art von Scheinvollmachten nicht als rechtsgeschäftlich erteilte Vollmacht ansehen will: „Die Scheinvollmacht ist also nicht Vollmacht, sie ist auch überhaupt nicht Vertretungsmacht im Sinne des Gesetzes".[621] Grundlage dieses speziellen Vertrauensschutzes seien die Rechtsscheintatbestände[622] der §§ 170 – 173.[623] Dabei war er sich darüber bewusst, dass die Materialien zum BGB teilweise eine andere Sprache sprechen.[624]

---

615 *Regelsberger*, KrVJSchr 47 (1907), 284 ff.

616 *Regelsberger*, KrVJSchr 47 (1907), 288 f.; *Wenzel*, Anscheinsvollmacht, S. 83.

617 *Regelsberger*, KrVJSchr 47 (1907), 291; Auch er will also aus den §§ 170 ff. nicht nur den Schutz des Vertrauens auf den Fortbestand der Vollmacht, sondern auch auf die Existenz der Vollmacht generell schließen.

618 *von Seeler*, Archiv für bürgerliches Recht 1906, 1 ff.

619 Terminologisch ist zu beachten, dass unter Scheinvollmacht bei *von Seeler* alle heute bekannten Rechtsscheinvollmachten gefasst werden. Eine Unterscheidung hatte noch nicht stattgefunden.

620 *von Seeler*, Archiv für bürgerliches Recht 1906, 2 u. 36 f.

621 *von Seeler*, Archiv für bürgerliches Recht 1906, 4.

622 Zunächst weist er allerdings nach, dass es sich bei den §§ 170 -173 um Rechtsscheintatbestände handelt, vgl. *Selter*, Entstehung des Rechtsscheinsprinzips, S. 107.

623 *von Seeler*, Archiv für bürgerliches Recht 1906, 4.

624 Vgl. *Jakobs/Schubert*, 2. Tb, S. 882.

Eine solche Wortfassung dürfe aber „der Entwicklung einer gefundenen Theorie nicht im Wege stehen", soweit sich diese aus dem Vergleich mit anderen analogen Tatbeständen und Normen ergebe.[625] So wird *von Seelers* Nähe zum Rechtsscheingedanken an vielen Stellen deutlich, etwa wenn er den Besitzer einer fremden Sache mit demjenigen vergleicht, der als Bevollmächtigter eines Dritten erscheint.[626] Der Gutglaubenserwerb wird also von ihm auf eine Ebene mit den Situationen der Scheinvollmacht gestellt. *Von Seeler* sieht im Gesetz verschiedene punktuelle Umsetzungen des Rechtsscheinprinzips. Dadurch alleine werde allerdings das Prinzip nicht zu einer umfassenden Gültigkeit erhoben.[627] Während er also auf der einen Seite das Rechtsscheinprinzip durchaus anerkannte und für die Stellvertretung deren Anwendungsfälle herausarbeitete[628], war für ihn ein induktiver, abstrahierender Schritt auf ein allgemeines Prinzip nicht möglich. Ähnlich wie bei *Wellspacher* scheint hier die gerade erst erfolgte Kodifikation eine entscheidend beeinflussende Rolle zu spielen. Eine Anwendung der Scheinvollmacht kommt demzufolge nur „in gewissen, besonders gearteten, vom Gesetz kasuistisch entschiedenen Fällen" in Betracht.[629] Fallkonstellationen, die von uns heute unter die Duldungs- bzw. Anscheinsvollmacht gefasst würden, wären in *von Seelers* Konzeption von der Scheinvollmacht nicht erfasst gewesen.[630] Sein Verdienst liegt aber wohl darin, den Gedanken der Scheinvollmacht ausdrücklich in das Stellvertretungsrecht eingeführt zu haben.

Ebenfalls aus der Anfangszeit des BGB stammen die Arbeiten *Herbert Meyers* zum Rechtsscheinprinzip.[631] Er stellt es als „ein beherrschendes Prinzip unseres gesamten Bürgerlichen Rechts" dar.[632] Anders als noch bei *Wellspacher* und *von Seeler* sieht er hinter dem Rechtsscheingedanken ein allgemeines Prinzip: „Überall schützt im Verkehr der Menschen untereinander das Recht die typische Form als die regelmäßige, erkennbare, kundbare, äußere Erscheinung der Rechte und geht nur ausnahmsweise und mit Widerstreben auf den von der

625 *von Seeler*, Archiv für bürgerliches Recht 1906, 3

626 *von Seeler*, Archiv für bürgerliches Recht 1906, 5.

627 *von Seeler*, Archiv für bürgerliches Recht 1906, 37; Darin liegt auch der Grund für *von Seelers* gründliche Vorgehensweise bei der Begründung der Scheinvollmacht.

628 Gemeint sind dabei vor allem die §§ 170-173.

629 *von Seeler*, Archiv für bürgerliches Recht 1906, 3.

630 *Selter*, Entstehung des Rechtsscheinsprinzips, S. 113; *Wenzel*, Anscheinsvollmacht, S. 77.

631 *Meyer*, Das Publizitätsprinzip; vgl. auch *Meyer*, in: *Fischer/Leonhard/Meyer* (Hrsg.), Festgabe der Breslauer Juristenfakultät für Siegfried Brie, S. 71 ff.

632 *Meyer*, Das Publizitätsprinzip, S. 96;

Norm abweichenden versteckten inneren Kern der Erscheinungen ein".[633] Nur in einer Fußnote erwähnt er *Wellspachers* ein allgemeines Prinzip ablehnende Position.[634] *Meyer* versucht über eine rechtshistorische Vorgehensweise[635] das Publizitätsprinzip und das Veranlassungsprinzip als die Grundlagen des Rechtsscheinprinzips nachzuweisen. Das Rechtsscheinprinzip als Ganzes sieht er in einem Zusammenwirken von Rechtsschein und Rechtsvermutung[636], wobei allerdings nicht deutlich wird, was die Grenzen des Anwendungsbereichs dieser beiden Institute sein sollen.[637] Das Publizitätsprinzip entspricht nach *Meyer* dem Rechtsempfinden[638] sowie dem Verkehrsbedürfnis, materielle Rechte anhand einer äußeren Erkennbarkeit ausmachen zu können. Die Zurechnung des Rechtsscheins erfolgt bei ihm durch das Veranlassungsprinzip[639]. Der große Vorteil daran sei die Schadensverteilung ohne Rücksicht auf Schuld und Schuldlosigkeit.[640] Unter Veranlassung fällt daher sowohl schuldloses Handeln, als auch die Situation, wenn jemand die Beseitigung eines gegen ihn sprechenden Rechtsscheins unterlässt, obwohl es ihm möglich gewesen wäre.[641] Damit fasst *Meyer* seine Rechtsscheintheorie sehr weit und eröffnet sogleich eine Entwicklung die „von einer zunehmenden Überdehnung des Rechtsscheingedanken bis hin zu seiner völligen Konturenlosigkeit geprägt ist".[642] *Frotz* hat diese Phase, die sich bis zum Ende der Weimarer Republik hingezogen hat, als „Sturm- und Drang-Zeit

---

633 *Meyer,* Das Publizitätsprinzip, S. 96.

634 *Meyer,* Das Publizitätsprinzip, S. 96 Fn. 8.

635 Vgl. dazu: *Selter,* Entstehung des Rechtsscheinsprinzips, S. 180; *Schmoeckel*, in: *Falk/Monhaupt* (Hrsg.), Das Bürgerliche Gesetzbuch und seine Richter, S. 103.

636 *Meyer*, in: *Fischer/Leonhard/Meyer* (Hrsg.), Festgabe der Breslauer Juristenfakultät für Siegfried Brie, S. 82 ff.

637 Zur Kritik daran vgl. *Selter,* Entstehung des Rechtsscheinsprinzips, S. 169.

638 „Im Leben muss es wirken, was Recht heißen will", vgl. *Meyer,* Das Publizitätsprinzip, S. 2.

639 Siehe dazu S. 115.

640 *Meyer,* Das Publizitätsprinzip, S. 89; Hierin wird heute gerade der größte Nachteil des Veranlassungsprinzips gesehen.

641 *Meyer*, in: *Fischer/Leonhard/Meyer* (Hrsg.), Festgabe der Breslauer Juristenfakultät für Siegfried Brie, S. 76; Es besteht also eine Handlungspflicht in jeder Situation (!) einen Rechtsschein zu beseitigen, auch wenn man selbst diesen gar nicht schuldhaft geschaffen hat. Diese Situation kommt dem Grunde nach der Anscheinsvollmacht sehr nahe, auch wenn dafür eine schuldhafte bzw. vorwerfbare Verursachung des Anscheins der Bevollmächtigung nötig wäre.

642 *Selter,* Entstehung des Rechtsscheinsprinzips, S. 186; kritisch auch *Canaris,* Vertrauenshaftung, S. 11 m.w.N.

der Rechtsscheinlehre“[643] bezeichnet.[644] Der Hauptgrund für die Kritik an *Meyers* wiederum liegt in seinen unzureichenden Bemühungen, sein Konzept aus dem Gesetz herzuleiten. Er geht sogar so weit, dem Gesetzgeber die Kompetenz zur Regelung dieser Problemstellung insgesamt abzusprechen.[645] In der Tat ist sein Rechtsscheinbegriff im Vergleich zu den Ausführungen *Wellspachers* und *von Seelers* eher konturenlos.

b) Modernere Rechtsscheinlehren

Neue Bewegung in die Diskussion um die Rechtsscheintheorie brachte Anfang der 1930er Jahre ein Aufsatz von *Paul Oertmann*.[646] „Über den Rechtsschein ist in den letzten Jahrzehnten von Berufenen und minder Berufenen unendlich viel geredet worden, ohne daß doch über Begriff, Bedeutung und Bezeichnung auch nur annähernd Einklang der Ansichten hätte erzielt werden können“, so beginnt seine Abhandlung.[647] Dieser Beginn macht sogleich *Oertmanns* Haltung zu den bisherigen Ansichten deutlich und offenbart seine Absicht, eine neue, grundsätzliche, allgemeine Rechtsscheinlehre zu formulieren.[648] Nach einer grundsätzlichen Kritik an vielen der bisherigen Entwürfe einer Rechtsscheintheorie macht er deutlich, welchen Weg er einschlagen möchte. Nur ein „enger Rechtsscheinbegriff“ lasse sich aus dem Gesetz ableiten: „Das Rechtsscheinproblem in diesem Sinne hat es ausschließlich mit der Frage zu tun, ob und wie weit Rechtswirkungen […] durch Akte des geschäftlichen Verkehrs auch dann eintreten können, wenn in der Person des Geschäftsgegners nicht alle Voraussetzungen erfüllt sind, […], vielmehr nur der bloße Schein des Vorhandenseins dieser in Wahrheit fehlenden Voraussetzungen vorgelegen hatte“.[649] Damit ist zunächst klar, dass *Oertmann* grundsätzlich von der Verankerung des Rechtsscheinprinzips im Gesetz ausgeht.

---

643 *Frotz,* Verkehrsschutz im Vertretungsrecht, S. 15.

644 Vgl. zu diesem Prozess insgesamt *Selter,* Entstehung des Rechtsscheinsprinzips, S. 196 -227; *Frotz,* Verkehrsschutz im Vertretungsrecht, S. 9 ff. m.w.N.

645 *Meyer*, in: *Fischer/Leonhard/Meyer* (Hrsg.), Festgabe der Breslauer Juristenfakultät für Siegfried Brie, S. 74.

646 *Oertmann*, ZHR 95 (1930), 443 ff.

647 *Oertmann*, ZHR 95 (1930), 443.

648 *Frotz,* Verkehrsschutz im Vertretungsrecht, S. 15, weist darauf hin, dass im Anschluss an Oertmann niemand mehr den „engen Rechtsscheinbegriff“ in Frage stellte; siehe auch *Selter,* Entstehung des Rechtsscheinsprinzips, S. 236 f.; Ein weiterer Vertreter dieser Lehre ist *Krause,* Schweigen im Rechtsverkehr, bes. S. 144 ff.

649 *Oertmann*, ZHR 95 (1930), 457 f.

Zentraler Gedanke seines Konzepts ist die von ihm eingeführte Unterscheidung zwischen „Tatbestandsmangel“ und dem „Mangel einer Wirksamkeitsvoraussetzung“.[650] Nur der Mangel an einer Wirksamkeitsvoraussetzung sei von der Wirkung des Rechtsscheins gedeckt. Eine begriffliche Erläuterung der von ihm eingeführten Begriffe liefert er anhand von Beispielen: Tatbestandsmängel seien etwa die mangelnde Geschäftsfähigkeit, oder die fehlende sachenrechtliche Einigung. Sie würden durch den guten Glauben des Gegenübers nicht geheilt. Dagegen sei zum Beispiel das Eigentum des Veräußerers im Rahmen eines Gutglaubenserwerbs oder das Vorhandensein der Vertretungsmacht bei Vertretergeschäften eine Wirksamkeitsvoraussetzung. Zu einer abstrakten Definition dieser Begriffe gelangt *Oertmann* nicht.[651] So kann man diese Begriffsbildung wohl damit zusammenfassen, dass er die Voraussetzung eines Tatbestandes, deren Fehlen durch einen Rechtsschein überwunden werden kann, als sog. Wirksamkeitsvoraussetzung begreift. Dabei ist für ihn wesentlich – und dabei unterscheidet er sich ausdrücklich von vielen Rechtsscheintheoretikern vor ihm – dass der Rechtsschein von demjenigen geschaffen sein muss, dem er auch entgegengehalten wird.[652] Für die Scheinvollmacht etwa weist er darauf hin, dass ihre Anwendung nur in Frage komme, wenn der Vertretene den „Schein vorhandener Vertretungsmacht“ selbst hervorgerufen habe.[653] Darüber hinaus komme die Wirkung des Rechtsscheins selbstverständlich auch nur dem Gutgläubigen Geschäftsgegner zu Gute.[654]

Alles in allem formuliert *Oertmann* damit einen engeren Rechtsscheinbegriff, der sich wieder an der Konzeption von *Wellspacher* orientierte. Ein weiteres Verdienst besteht darin, dass es ihm schlüssig gelungen ist, anhand von Anwendungsbeispielen die Verbundenheit des Bürgerlichen Rechts mit dem Rechtsscheinprinzip deutlich zu machen.[655] Die größte Schwäche seiner Lehre liegt hingegen in der von ihm getroffenen Unterscheidung zwischen Tatbestandsmängeln und „bloßen“ mangelnden Wirksamkeitsvoraussetzungen, die über den Rechtsschein „heilbar“ sein sollen. Diesbezüglich bleibt er schon eine genaue Unterscheidung auf abstrakter Ebene schuldig. Aber auch inhaltlich ist diese Konzeption nicht haltbar.[656] Denn einerseits gibt es durchaus Situationen,

650 *Oertmann*, ZHR 95 (1930), 461.
651 Insofern kritisch: *Selter*, Entstehung des Rechtsscheinsprinzips, S. 231.
652 Vgl. dazu seine drei Konzepte des Rechtsscheins, *Oertmann*, ZHR 95 (1930), 462 ff.
653 *Oertmann*, ZHR 95 (1930), 464.
654 *Oertmann*, ZHR 95 (1930), 473.
655 Zu den einzelnen Anwendungsbereichen vgl. *Oertmann*, ZHR 95 (1930), 478.
656 Siehe zu dieser Kritik *Canaris*, Vertrauenshaftung, S. 12.

in denen der gute Glaube an ein Tatbestandselement schützenswert ist. So wird beispielsweise der gute Glaube an ein Vertragsangebot bzw. auch die Annahme (nach *Oertmann* ein Tatbestandselement) in bestimmten Fällen geschützt.[657] Andererseits gibt es auch einige Wirksamkeitsvoraussetzungen, hinsichtlich derer der gute Glaube nicht in jedem Fall geschützt wird. Beispielsweise wird der gute Glaube an die Verfügungsmacht eines Veräußerers in bestimmten Fällen nicht geschützt, obwohl der Betroffene den Rechtsschein der Verfügungsmacht irgendwie veranlasst hat.[658] Einen allgemeinen Schutz des guten Glaubens für diese Fälle gibt es nicht.[659]

Ein weiterer Ansatz aus dieser Zeit stammt von *Rudolf Müller-Erzbach*, der sich in einem Aufsatz mit verschiedenen Situationen auseinandergesetzt hat, in denen die Kundgabe einer rechtlich relevanten Tatsache in einem fremden Interessenbereich ein für den Dritten schützenswertes Interesse begründet.[660] Im Mittelpunkt seiner Arbeit stehen das Bekunden des Beitritts zu einer Gesellschaft[661], das Zeichnen von Wechseln (und anderen Umlaufpapieren)[662] sowie die verschiedenen Akte der Vollmachtskundgabe nach §§ 170 ff.[663]. Der Rechtsscheingedanke sei an verschiedenen Stellen im Gesetz nur andeutungsweise zu finden, weshalb eine Strukturierung dieser Einzelerscheinungen zu einem geschlossenen Ganzen notwendig sei.[664] Den gemeinsamen Gedanken dieser Erscheinungen sieht er darin, dass diese Kundgebungen in den Bereich fremder, überragender Interessen gerichtet sind:[665] Die „Stärke" des dadurch hervorgerufenen Gläubigerinteresses führe zu einer erhöhten Bestandsfestigkeit des Kundgabeakts. Das Interesse wird bei ihm zum einzig entscheidenden Ursprung des Vertrauensschutzes; so formuliert er auch die These von der „rechtsbildenden Kraft des Interesses"[666]. Diese Formulierung zeigt *Müller-Erzbachs* Verhaftung im sog. „kausalen Rechtsdenken".[667] Das Gläubigerinteresse wird bei ihm kausal

657 Vgl. etwa im Handelsrecht § 362 HGB oder beim Schweigen auf ein kaufmännisches Bestätigungsschreiben.

658 Vgl. § 932 Abs. 2 BGB.

659 Das suggeriert aber *Oertmann*, ZHR 95 (1930), 462.

660 *Müller-Erzbach*, JherJb 83 (1933), 257 ff.

661 *Müller-Erzbach*, JherJb 83 (1933), 268 ff.

662 *Müller-Erzbach*, JherJb 83 (1933), 331 ff.

663 *Müller-Erzbach*, JherJb 83 (1933), 350 ff. Es wird deutlich, dass er darunter auch die Duldungs- und Anscheinsvollmacht versteht, vgl. 352.

664 *Müller-Erzbach*, JherJb 83 (1933), 354.

665 *Müller-Erzbach*, JherJb 83 (1933), 259.

666 *Müller-Erzbach*, JherJb 83 (1933), 353.

667 Dazu: *Knauthe,* Kausales Rechtsdenken.

für den Vertrauensschutz. Nun lässt sich an dieser Begründung alleine wenig deuteln; fast alle Rechtsscheintheorien verweisen auf das Gläubigerinteresse. Das kausale Rechtsdenken ist aber aus anderen Gründen zu Recht kritisiert worden.[668] Entscheidend ist dabei, dass bei *Müller-Erzbach* das Gläubigerinteresse alleine zwingend kausal zum Vertrauensschutz führt. Es ist gleichsam wie ein Dominostein, der eine Kettenreaktion auslöst, an deren Ende unbedingt die Rechtsscheinhaftung steht. Die Schwäche dieser Lehre besteht also darin, dass Wertungsgesichtspunkte („der Gesichtspunkt der Gerechtigkeit“[669]) keine Rolle mehr spielen. Das ist es, was er mit der *„rechtsbildenden Kraft“* des Interesses meint. Was fehlt, ist eine Bewertung der miteinander konkurrierenden Interessen. Positiv festzuhalten ist aber, dass *Müller-Erzbach* einige Fallgruppen herausarbeitet, in denen der Rechtsscheingedanke im BGB zu finden ist. Für die Situationen der Anscheinsvollmacht ist ihm dies in seinem Abschnitt über die Scheinvollmachten durchaus gelungen.[670]

Erwähnenswert in diesem Zusammenhang ist auch *Heinrich Stolls* Versuch, allgemeine Grundsätze des Rechtsscheingedankens herauszuarbeiten. Dabei hat er sich in seinem Aufsatz „Haftung aus Bescheinigung“[671] darauf beschränkt, diejenigen Fälle zu untersuchen, in denen der Rechtsschein durch eine Urkunde ausgelöst wird. Ausgangspunkt seiner Theorie ist die Unterscheidung in Legitimationswirkung und Inhaltswirkung einer Urkunde.[672] Unter der Inhaltswirkung versteht er dabei die Fiktion der Richtigkeit und Integrität einer Urkunde. Diesbezüglich lehnt *Stoll* eine allgemeine Haftung ab, wenngleich er in Einzelfällen, etwa bei bewussten Falschangaben, zu einem anderen Ergebnis kommt.[673] Hinsichtlich der Legitimationswirkung einer Urkunde kommt er hingegen zu einer umfänglichen Rechtsscheinhaftung: „Wer einem anderen eine Urkunde ausstellt, in der er ihn ermächtigt, für ihn zu handeln, muß die Handlung des anderen gegen sich gelten lassen“.[674] Daran soll sich auch nichts ändern, wenn die Ausstellung der Urkunde auf einem Willensmangel beruht, oder die Urkunde dem Aussteller

---

668 Vgl. *Larenz,* Methodenlehre, S. 50 ff.; *Fechner,* AcP 151 (1951/52), 360.

669 *Canaris,* Vertrauenshaftung, S. 13.

670 *Müller-Erzbach,* JherJb 83 (1933), 352.

671 *Stoll,* AcP 135 (1932), 89 ff.

672 *Stoll,* AcP 135 (1932), 111 ff.

673 *Stoll,* AcP 135 (1932), 113 ff.; Dabei sieht er die Grundlage einer Haftung bei bewusster Fälschung oder Falschangabe in einer Urkunde nicht im Rechtsschein, sondern im aus dem Common Law bekannten Institut „estoppel“, vgl. S. 116.

674 *Stoll,* AcP 135 (1932), 111.

gestohlen oder anderweitig abhandengekommen ist.[675] Die Besonderheit des auf einer Urkunde beruhenden Rechtsscheins ist auf den ersten Blick einleuchtend. Allerdings muss man sich fragen, ob ihr tatsächlich mehr Vertrauen inne wohnt als einer mündlichen Erklärung. Ob ich einem Dritten gegenüber etwas von Person zu Person erkläre, oder dem Dritten eine Urkunde mit dem gleichen Inhalt schicke, macht doch wenig Unterschied. Vielmehr liegt in der durch die Urkunde verkörperten Erklärung sogar noch die Gefahr von Diebstahl oder Verfälschung.[676] Schon im Gesetz werden das Ausstellen einer Urkunde und die Erklärung an vielen relevanten Stellen gleichgestellt (z.B. §§ 170 ff.). Ebenfalls fragwürdig ist *Stolls* Wertung, wonach auch eine abhandengekommene oder gestohlene Urkunde eine Legitimationswirkung entfalte. Mit dem Gesetz steht das in Widerspruch. Für die Vollmachtsurkunde lässt sich das einfach zeigen: Der Wortlaut von § 172 I („ausgehändigt") spricht doch klar dafür, dass die Urkunde mit dem Willen des Ausstellers in den Verkehr gelangt sein muss.[677] Stoll legt damit insgesamt einen Versuch vor, punktuelle Phänomene des Rechtsscheingedankens aufzuzeigen.

c) Die Vertrauenshaftung kraft schlüssigen Verhaltens

Schließlich hat *Coing* einen weiteren Versuch unternommen, den Gedanken der Haftung aus Rechtsschein in einer allgemeinen Theorie zu fassen. In seiner Kommentierung der §§ 116 ff. im Staudinger Kommentar[678] unterscheidet er zwischen (rechtsgeschäftlicher) Willensäußerung durch schlüssiges Verhalten, sowie der „Vertrauenshaftung kraft schlüssigen Verhaltens", die er wie folgt beschreibt:[679] „Wenn eine Partei ein Verhalten zeigt, welches, redliche und vernünftige Einstellung vorausgesetzt, nur mit einem bestimmten rechtsgeschäftlichen Willen vereinbar ist, so muß [sic] sich die betreffende Partei behandeln lassen, als habe sie einen entsprechenden Willen stillschweigend erklärt".[680] Gleichzeitig stellt er klar, dass dieses so formulierte Prinzip nicht mit der Rechtsgeschäftslehre (und damit aus der Privatautonomie) erklärbar sei, sondern aus dem Vertrauensprinzip abgeleitet werde.[681] Konsequenterweise seien daher

675 *Stoll*, AcP 135 (1932), 107 u. 110 f.

676 *Canaris*, Vertrauenshaftung, S. 14 f.

677 Palandt/*Ellenberger*, § 172 Rn. 2; BGHZ 65, 13. vgl. dazu auch oben S. 90.

678 Staudinger/*Coing*, (11. Auflage 1957) vor §§ 116 ff. Rn. 3e ff.

679 Ähnlich: *Godin*, in: RGR-Kommentar zum HGB, § 346 Anm. 2.

680 Staudinger/*Coing*, vor § 116 Rn. 3e.

681 „Grundlage ist [...], der auf das Prinzip von Treu und Glauben gegründete Schutz des Vertrauens des Dritten, der sich auf das gegebene Verhalten der betreffenden verläßt." Vor § 116 Rn. 3f.

auch die Regeln über die Rechtsgeschäfte nicht anwendbar, allerdings dürfe die Haftung nur denjenigen treffen, der auch geschäftsfähig sei.[682] Die Anfechtung will er ferner nicht zulassen.[683] Anders als noch bei *Meyer*, und wohl angelehnt an die Rechtsprechung des BGH zur Anscheinsvollmacht, stellt *Coing* für die Zurechnung nicht auf das strenge Veranlassungsprinzip ab, sondern darauf, ob „der Handelnde die Wirkung seines Verhaltens auf Dritte bei Anwendung der erforderlichen Sorgfalt hätte erkennen können und müssen".[684] Damit ist das Verschuldensprinzip angesprochen. Die Anscheinsvollmacht sieht er dabei als einen Anwendungsfall der „Vertrauenshaftung durch schlüssiges Verhalten".[685] Im Wesentlichen unterstützt er mit seinen Ausführungen die frühe Rechtsprechung des BGH zur Anscheinsvollmacht und arbeitet die Voraussetzungen genau heraus.[686] Man kann also sagen, dass *Coing* der erste Rechtsscheintheoretiker war, der die Anscheinsvollmacht nach unserem heutigen Verständnis aus dem Vertrauensprinzip heraus herleitete. Bemerkenswert ist jedoch, dass *Coing* sein Haftungsinstitut nicht als „Haftung kraft Rechtsscheins" verstanden haben will, weil die „Schaffung" eines Rechtsscheins nach ihm mehr voraussetzte als das bloße Verhalten.[687] Die Vertrauenshaftung kraft schlüssigen Verhaltens sei aber eine „verwandte Erscheinung". Warum das bloße Verhalten – *Coing* meint wohl das Unterlassen – hingegen nicht zu einer Rechtsscheinhaftung führen könne, leuchtet nicht ein. An dieser Stelle widerspricht sich *Coing* dem Grunde nach sogar selbst[688], wenn er die Anscheinsvollmacht (unter der Bezeichnung „Vollmacht kraft Rechtsscheins") als einen Anwendungsfall der „Vertrauenshaftung kraft schlüssigen Verhaltens" aufführt.[689] Gerade bei der Anscheinsvollmacht wird doch das Verhalten des Vertretenen, an welches angeknüpft wird, häufig in einem Unterlassen liegen. Diese begriffliche Unklarheit schmälert allerdings nicht das dogmatische Verdienst *Coings*.

---

682 Staudinger/*Coing*, vor § 116 Rn. 3f.

683 Staudinger/*Coing*, vor § 116 Rn. 3e.

684 Staudinger/*Coing*, vor § 116 Rn. 3f.

685 Staudinger/*Coing*, vor § 116 Rn. 7; § 167 Rn. 9b. Er begrüßt die von der Rechtsprechung getroffene Unterscheidung zwischen Duldungs- und Anscheinsvollmacht.

686 Insbesondere bei der Rechtsfolge verweist er darauf, dass die Anscheinsvollmacht in ihrer Wirkung der rechtsgeschäftlich erteilten Vertretungsmacht gleich komme, vgl. § 116 Rn. 9.

687 Staudinger/*Coing*, vor § 116 Rn. 3f.

688 So ausdrücklich *Canaris*, Vertrauenshaftung, S. 17.

689 Staudinger/*Coing*, vor § 116 Rn. 7.

Indessen wurde seine Auffassung vor allem von *Canaris* eingehend kritisiert.[690] Zum einen sei eine Begründung *Coings* Lehre anhand einer gesetzlichen Grundlage nicht erkennbar: Mit Hinweisen auf den Vertrauensgedanken sei es nicht getan. Eine tragfähige Begründung müsse mehr leisten als eine Berufung auf § 242. Zwar würde der Grundsatz von Treu und Glauben nicht nur zwischen Vertragspartnern, sondern auch innerhalb des rechtsgeschäftlichen Verkehrs generell gelten, allerdings sei dadurch noch wenig darüber gesagt, wie der daraus ableitbare Vertrauensschutz ausgestaltet sein solle.[691] Auch eine Begründung aus § 157 sei nicht möglich, da diese Vorschrift von „Verträgen" spreche und daher erkennbar von rechtsgeschäftlichem (d.h. zumindest privatautonomem) Handeln ausgehe. Hinsichtlich der Auseinandersetzung mit dieser auf die mangelnde gesetzliche Verankerung gerichteten Kritik sei auf die unten folgende Stellungnahme verwiesen.[692] Darüber hinaus verweist *Canaris* darauf, *Coing* habe sich in seiner Herleitung zu Unrecht auf anerkannte Rechtsgrundsätze des RG berufen, weshalb von Richterrecht keine Rede sein könne.[693] Wie aber bereits oben im Abschnitt über die Anscheinsvollmacht in der Rechtsprechung[694] nachgewiesen werden konnte, liegt *Canaris* damit nicht richtig.

d) Die Anscheinsvollmacht und die Vertrauenshaftung bei Canaris

An mehreren Stellen dieser Arbeit wurde bereits auf die Auffassung von *Canaris* zur Anscheinsvollmacht und die von ihm vorgenommene Einordnung derselben verwiesen. Er hat sich in seiner Habilitationsschrift[695] grundsätzlich mit der „Vertrauenshaftung im deutschen Privatrecht" auseinandergesetzt und dabei die Anscheinsvollmacht als eine Ausprägung dieser Haftung untersucht. Zum besseren Verständnis muss schon hier darauf hingewiesen werden, dass *Canaris* mit dem Begriff der Vertrauenshaftung eine Art Überbegriff gebildet hat. Darunter fallen bei ihm sowohl vertragliche als auch deliktische Haftung aus Vertrauensgesichtspunkten. Wenn er von Rechtsscheinhaftung spricht, meint er eine Erfüllungshaftung aus Vertrauen, d.h. nur die Haftung auf das

690 *Canaris,* Vertrauenshaftung. S. 18 ff.; Kritisch auch *Flume*, AcP 161 (1962), 64 ff.

691 Gerade im Hinblick auf die ebenfalls aus § 242 her leitbare Haftung aus „culpa in contrahendo" d.h. auf das negative Interesse, will Canaris einen Wertungswiderspruch erkannt haben, vgl. *Canaris,* Vertrauenshaftung, S. 19.

692 Siehe S. 113 ff.

693 *Canaris,* Vertrauenshaftung, S. 19 f.

694 Siehe S. 63 ff.

695 *Canaris,* Die Vertrauenshaftung im deutschen Privatrecht, München 1971.

positive Interesse.[696] Diese Terminologie soll hier auch beibehalten werden. Im Rahmen dieser Arbeit sollen nur die Grundzüge „seiner" Vertrauenshaftung erläutert werden, wo es für das Verständnis seiner Auffassung zur Anscheinsvollmacht notwendig erscheint. Zentrum der Untersuchung soll deshalb neben seinen generellen Erwägungen hinsichtlich der Voraussetzungen der Vertrauenshaftung im Allgemeinen[697], seine Ansicht bzgl. der Anscheinsvollmacht im Besonderen sein.

aa) Zur Vertrauenshaftung

Am Ausgangspunkt von *Canaris*' Erwägungen steht eine Auseinandersetzung mit den bisherigen RechtsscheintheoretikeRn. Seine kritische Würdigung dieser ist in diesem Abschnitt der Arbeit bereits deutlich geworden. Man könnte bedingt durch diese (teilweise harte) Kritik durchaus den Eindruck gewinnen, *Canaris* wende sich gar gegen eine Vertrauens – bzw. Rechtsscheinhaftung. Sein Anliegen besteht jedoch in dem Nachweis, dass sich eine *allgemeine* Rechtsscheinhaftung (Vertrauensschutz auf das positive Interesse) nicht mit dem BGB in Einklang bringen lässt.[698] Folgerichtig lehnt er auch eine zu diesem Ergebnis führende „Einheitsformel" ab.[699] Wichtig ist jedoch, klar festzuhalten, dass *Canaris* sich keineswegs gegen das Phänomen des Rechtsscheins generell ausspricht. Auch die Anwendungsfälle des Vertrauensschutzes insgesamt werden durch ihn nicht wesentlich erweitert. *Canaris* macht deutlich, wie sehr die Rechtsgeschäftslehre ergänzungsbedürftig ist, da sie an manchen Stellen Schutzlücken offen lässt. Zur Schließung dieser Lücken habe neben das Prinzip der Selbstbestimmung im Rechtsgeschäft als Korrelat das Prinzip der Selbstverantwortung zu treten.[700] Die Leistung seiner Arbeit besteht dann auch in der Verknüpfung der einzelnen Vertrauenstatbestände mit dem Gesetz. Daraus resultiert auch sein zweites Verdienst, nämlich darauf hingewiesen zu haben, dass es eben nicht nur die Erfüllungshaftung als logische „Folge" der Vertrauenshaftung gibt.[701]

---

696 *Canaris*, in: *Canaris/Heldrich* (Hrsg.), 50 Jahre Bundesgerichtshof, S. 132; *Canaris*, Vertrauenshaftung, S. 9.

697 Vgl. dazu ausführlich *Canaris*, Vertrauenshaftung, S. 491.

698 *Selter*, Entstehung des Rechtsscheinsprinzips, S. 241.

699 *Canaris*, Vertrauenshaftung, S. 28.

700 *Canaris*, Vertrauenshaftung, S. 433; vgl. *Bachmann*, Private Ordnung, S. 245.

701 „Die Zweispurigkeit der Vertrauenshaftung", vgl. *Canaris*, Vertrauenshaftung, S. 5.

bb) Die Anscheinsvollmacht

Sowohl die Tatbestände der §§ 170 – 173 als auch die Duldungs- und Anscheinsvollmacht ordnet *Canaris* der Vertrauenshaftung zu. Darin muss insbesondere eine Absage an alle rechtsgeschäftlichen Erklärungsversuche dieser Rechtsinstitute gesehen werden.[702] Dem Grunde nach stimmt *Canaris* mit den Voraussetzungen einer Anscheinsvollmacht (und damit auch dem Phänomen Anscheinsvollmacht), wie der BGH sie formuliert hat, überein, dass eine solche nämlich vorliege, wenn der Vertretene das Handeln des Vertreters „zwar nicht kannte, es aber bei pflichtgemäßer Sorgfalt hätte kennen und verhindern können und der Geschäftsgegner das Verhalten des Vertreters nach Treu und Glauben dahin auffassen durfte, dass es dem Vertretenen bei verkehrsmäßiger Sorgfalt nicht habe verborgen bleiben können und dass dieser es also dulde".[703] Seine Kritik knüpft an einem anderen Punkt an: Ausgehend von seiner grundsätzlichen Kritik am Verschuldensprinzip[704] im Rahmen der Zurechnung eines Rechtsscheintatbestandes, welches die h.M.[705] als Anknüpfungspunkt für die Anscheinsvollmacht ansieht, wendet er sich gegen einen Erfüllungsanspruch als Rechtsfolge für die Anscheinsvollmacht im bürgerlichen Recht. Diesem sei nämlich eine Zurechnung aufgrund von Verschulden, d.h. von Fahrlässigkeit, fremd.[706] Bloße Fahrlässigkeit dürfe eben deshalb nicht zu einer Erfüllungshaftung des Vertretenen führen. Insoweit stimmt er mit den oben aufgezählten Kritikern der Anscheinsvollmacht überein. Zur Begründung bedient sich *Canaris* im Wesentlichen dreier Argumentationsstränge. Erstens stehe die Irrtumsregelung des BGB als „unüberschreitbare" Schranke im Weg. Nur die wissentliche Schaffung eines Scheintatbestands könne mit den Wertungen der Irrtumsregelungen in Einklang gebracht werden.[707] Neuerdings versucht *Canaris* dies auch mit einer Entscheidung des BGH[708] zu § 172 zu begründen:[709] Der Aussteller einer Vollmachtsurkunde hafte danach nämlich nicht nur alleine deshalb, weil der die Entwendung der Urkunde beispielsweise durch „unsorgfältige Verwahrung" fahrlässig ermöglicht hat. Zweitens existiere nur im Handelsrecht ein Bedürfnis

---

702 Vgl. bes. *Canaris*, in: *Canaris/Heldrich* (Hrsg.), 50 Jahre Bundesgerichtshof, S. 154.

703 BGH LM § 167 Nr. 4.

704 *Canaris*, Vertrauenshaftung, S. 476 ff.

705 M.w.N. *Bork*, BGB AT. Rn. 1564.

706 *Canaris*, Vertrauenshaftung. S. 49 ff.; *Canaris*, in: *Canaris/Heldrich* (Hrsg.), 50 Jahre Bundesgerichtshof, S. 156 ff.

707 *Canaris*, Vertrauenshaftung, S. 51.

708 BGHZ 65, 13, 14 f.

709 *Canaris*, in: *Canaris/Heldrich* (Hrsg.), 50 Jahre Bundesgerichtshof, S. 157.

nach Verkehrsschutz des Dritten, aufgrund der „mit der arbeitsteiligen Organisation eines kaufmännischen Unternehmens verbundenen spezifischen Gefahren".[710] Für das Bürgerliche Recht sieht er dieses Bedürfnis schlicht nicht. Alleine im Handelsrecht gebe es typisierte Erklärungsformen, bei deren Vorliegen eine Bindung eintrete. Als Nachweis dienen ihm hier §§ 54 Abs. 3, 55, 56, 91 HGB sowie die gewohnheitsrechtlich anerkannten Regeln über das Schweigen auf ein kaufmännisches Bestätigungsschreiben.[711] Entscheidend sei dort überall das Anknüpfen an ein spezifisches Organisationsrisiko eines Unternehmens. Drittens wendet sich *Canaris* gegen die Argumentation der h.L., wonach die Anscheinsvollmacht ihre Rechtfertigung in § 242 finde und daher ein Institut des allgemeinen Bürgerlichen Rechts sei.[712] Aus § 242 ergebe sich, dass es überhaupt Vertrauensschutz gebe, nicht aber, dass dieser als Erfüllungshaftung ausgestaltet sein müsse. Die Anscheinsvollmacht soll demnach in ihrer Anwendung auf das Handelsrecht beschränkt sein.[713] Für das Bürgerliche Recht komme aber eine Haftung auf das negative Interesse aus *culpa in contrahendo* bzw. der analogen Anwendung von § 122 in Betracht.[714]

cc) Bewertung[715]

Wie dargelegt, zielt *Canaris*' Kritik nicht grundsätzlich gegen die Anscheinsvollmacht als solche, sondern gegen ihre Anwendung auf das Bürgerliche Recht. Für das Handelsrecht will er sie als allgemeingültig anerkennen. Diese Begrenzung ist allerdings nicht überzeugend. Ohne Zweifel hat die Anscheinsvollmacht (auch in der Rechtsprechung) ihren Ursprung im Handelsrecht. Schon ein Blick in die einschlägige Kommentarliteratur zeigt aber die „Fülle der Fälle", in welcher die Anscheinsvollmacht heute zur Geltung kommt.[716] Warum soll nur im Handelsrecht ein Bedürfnis für einen Drittschutz bestehen? Um wirklichen Verkehrsschutz im Stellvertretungsrecht verwirklichen zu wollen, ist die Abgrenzung jedenfalls unzweckmäßig.[717] *Canaris* ist zwar durchaus zuzugestehen, dass

710 *Canaris,* Vertrauenshaftung, S. 51.

711 *Canaris*, in: *Canaris/Heldrich* (Hrsg.), 50 Jahre Bundesgerichtshof, S. 158.

712 *Canaris,* Vertrauenshaftung, S. 49.

713 Siehe *Canaris,* Vertrauenshaftung, S. 191 ff.

714 *Canaris*, in: *Canaris/Heldrich* (Hrsg.), 50 Jahre Bundesgerichtshof, S. 157; so auch *Medicus/Petersen,* Bürgerliches Recht, Rn. 100 ff.; *Flume,* Das Rechtsgeschäft, S. 834 f.; *Gottsmann*, Die Anscheinsvollmacht, S. 66 ff.; siehe oben.

715 Hier sollen nur Canaris' Argumente bzgl. der Anscheinsvollmacht bewertet werden.

716 Vgl. HKK/*Schmoeckel*, §§ 164 – 181 Rn. 23; Palandt/*Ellenberger*, § 172 Rn. 11.

717 *Peters*, AcP 179 (1979), 221.

die von ihm genannten typisierten Erklärungsformen[718] aus dem Handelsrecht stammen. Wieso bestimmte einzelne Wertungen daraus nicht auf das Bürgerliche Recht übertragen werden können, ist nicht nachvollziehbar.

Im Kern richtet sich seine Kritik ja dagegen, eine Zurechnung mit dem Ergebnis der Erfüllungshaftung deshalb vorzunehmen, weil der Vertretene das Auftreten des vermeintlichen Vertreters bei „pflichtgemäßer Sorgfalt hätte kennen und verhindern können"[719]. Warum eine Grenze für diese Anknüpfung nun gerade zwischen Handelsrecht und bürgerlichem Recht verlaufen soll, wird nicht ausreichend deutlich. Der Maßstab, welche „pflichtgemäße Sorgfalt" der Vertretene denn beachten muss, wird doch für das Handelsrecht ein anderer sein können als für das Bürgerliche Recht. Eine jeweilige Anpassung dieses Maßstabs ist nicht ausgeschlossen.

Des Weiteren muss auf einen Widerspruch in *Canaris*' Argumentation hingewiesen werden. Wenn er neuerdings im Hinblick auf o.g. Entscheidung des BGH zu § 172 postuliert, nur die von einem Willen getragene Handlung[720] könne die Zurechnung eines Rechtsscheins bewirken, begibt er sich argumentativ ein Stück weit auf die Seite der Anhänger des sog. Veranlassungsprinzips[721]. Gerade dieses ist aber von ihm als für die Zurechnung ungeeignet dargestellt worden.[722]

Darüber hinaus bringt *Canaris* vor, § 242 könne nicht als Rechtfertigung für eine Erfüllungshaftung dienen, sondern nur den Vertrauensschutz generell begründen. Das ist nur auf den ersten Blick richtig. Zwar ist es zutreffend, dass der Vertrauensschutz (bzw. das Rechtsscheinprinizp) auf dem Grundsatz von Treu und Glauben nach § 242 BGB beruht[723], allerdings verliert *Canaris* damit auch die Zielsetzung des Vertrauensschutzes durch die Anscheinsvollmacht aus dem Blick. Im Stellvertretungsrecht geht es immer um Drittschutz. Der Geschäftspartner soll davor bewahrt werden, sich mit seinem Erfüllungsanspruch an den vermeintlichen Vertreter wenden zu müssen. Weil er bei Vertragsschluss nicht mit dem wahren Vertragspartner verhandelt, soll er besonders geschützt sein.

Diesem Gedanken entspricht die gesetzliche Wertung aus §§ 170 – 173. In diesen Fällen wird der Vertragspartner immer so gestellt, als hätte eine Vollmacht

718 z.B. §§ 54 Abs. 3, 55, 56, 91 HGB.

719 BGH LM § 167 Nr. 4.

720 Bei § 172 also die willentliche Aushändigung einer Vollmachtsurkunde.

721 Siehe dazu HKK/*Schermaier*, §§ 116-124 Rn. 19 m.w.N.; siehe auch S. 115.

722 Veranlassung meine nicht mehr als Verursachung. Ein solches Verständnis von Zurechenbarkeit erfasse auch die Fälle des Unterlassens nicht, vgl. *Canaris,* Vertrauenshaftung, S. 473 ff.

723 Vgl. etwa Staudinger/*Schilken*, § 167 Rn. 32.

vorgelegen, ihm kommt dort stets ein Erfüllungsanspruch zu. Gleiches ergibt sich auch aus § 179 Abs. 1: Soweit der Vertreter ohne Vertretungsmacht vom Mangel seiner Vertretungsmacht wusste, haftet er dem vertrauenden Geschäftspartner auf Erfüllung. Auch diese Norm hat damit den Schutz des Geschäftspartners vor Augen. Erkennt man mit *Canaris* also die grundsätzliche Verankerung des Vertrauensschutzes im BGB an[724], muss man in einem zweiten Schritt auch berücksichtigen, welche gesetzlichen Wertungen bereits vorhanden sind. Für die normierten Rechtsscheintatbestände §§ 170 – 173 entspricht die Rechtsfolge einem Erfüllungsanspruch. Die in diesen Normen getroffene Rechtsfolge beantwortet damit die Frage, was bei einem schützenswerten Vertrauen des Geschäftspartners auf einen Rechtsschein im Stellvertretungsrecht zu gelten hat. Ihm soll ein Erfüllungsanspruch zukommen. Diese Interessensbewertung ist auf die Anscheinsvollmacht zu übertragen.

e) Stellungnahme

Zu Anfang dieses Kapitels wurde die Frage aufgeworfen, ob das Rechtsscheinprinzip im bürgerlichen Recht existiere und die Anscheinsvollmacht eine Ausprägung dieses Prinzips sei. Was lässt sich nun nach der Darstellung der verschiedenen Literaturauffassungen dazu als Ergebnis festhalten? Zunächst einmal die Tatsache, dass sich die Tendenz, die sich auch schon bei der Darstellung der Rechtsprechung zur Anscheinsvollmacht feststellen ließ, hier fortsetzt. Schon seit Beginn des BGB fand in der Literatur eine rege Auseinandersetzung über das Rechtsscheinprinzip statt. Den Boden für die Entstehung der Rechtsscheintheorien bildete die schon vor Entstehung des BGB herausgearbeitete Erklärungstheorie, welche ebenfalls auf den Verkehrsschutz abzielte.[725] An den früheren Untersuchungen zum Rechtsscheinprinzip lassen sich zwei Grundhaltungen erkennen[726]: Einerseits die Gruppe um *Wellspacher* und *von Seeler*, die in den nicht normierten Rechtsscheintatbeständen zwar einen gemeinsamen Rechtsgedanken sehen, dessen generelle Geltung im Stellvertretungsrecht oder gar in der Zivilrechtsordnung aber bestreiten. Andererseits jene Vertreter, die den Rechtsscheingedanken bis hin zu einer „Überdehnung“ geführt haben und vielleicht auch so zu seinem Ruf dogmatischer Unsauberkeit beigetragen haben.

---

724 Canaris geht nämlich durchaus von der Verankerung der Vertrauenshaftung im BGB aus, vgl. nur *Canaris*, in: *Canaris/Heldrich* (Hrsg.), 50 Jahre Bundesgerichtshof, S. 136 ff.; ebenso *Hübner*, in: *Dietz/Hübner* (Hrsg.), Festschrift für Hans Carl Nipperdey, S. 397 ff.

725 *Selter*, Entstehung des Rechtsscheinsprinzips, S. 251 f.

726 Vgl. *Wenzel*, Anscheinsvollmacht, S. 85.

Spätestens seit den Ausführungen *Coings* muss diese Phase aber als beendet angesehen werden. Schließlich hat *Canaris* zu dieser Diskussion entscheidend beigetragen, indem er für alle Vertrauenstatbestände ihre Verankerung im Gesetz untersucht hat und die allgemein gültigen Voraussetzungen der Vertrauenshaftung formuliert hat. Demgegenüber hat es in der Literatur von Anfang an Widerstand gegen das Rechtsscheinprinzip im BGB als solches sowie die Anscheinsvollmacht als seine Ausprägung aufgrund ihrer Unvereinbarkeit mit der Privatautonomie gegeben.[727] Warum diesem Widerstand nicht gefolgt werden kann, sollte deutlich geworden sein.

In einer Kommentierung zu § 242 heißt es ganz schlicht: „Die Haftung nach Rechtsscheingrundsätzen ist ein spezieller Anwendungsfall des venire contra factum proprium."[728] Führt man sich den Umfang der in diesem Abschnitt geschilderten Diskussion vor Augen, erscheint diese Kommentierung gerade zu nonchalant. Dennoch trifft sie den Kern des Rechtsscheingedankens genau. Wer durch sein Verschulden den Anschein einer Rechtslage schafft, muss sich so behandeln lassen, als würde diese Tatsache tatsächlich vorliegen. An verschiedenen Tatbeständen des Gesetzes wird deutlich, dass dieser Grundsatz des Vertrauensschutzes im Rechtsverkehr eben auch dem BGB zugrunde liegt.[729] Als Beispiele seien etwa die Vorschriften über den gutgläubigen Erwerb einer beweglichen Sache (§§ 932 ff.), die Vorschriften über das Grundbuch (§ 892), die Schutzvorschriften bei der Abtretung (z.B. § 409), der Schadensersatzanspruch des Anfechtungsgegners aus § 122, oder schließlich die Vorschriften über die Rechtsscheinvollmachten nach §§ 170 – 173 sowie der Schutz des Geschäftspartners aus § 179 Abs. 1 genannt. Alle diese Regelungen verwirklichen auf unterschiedliche Weise den Vertrauensschutz im Rechtsverkehr. Wo der Vertrauende sogar so gestellt wird, als entspreche seine schützenswerte Vorstellung der Realität, spricht man heute von Rechtsschein. Es kann also zunächst festgehalten werden, dass der Vertrauensschutz und mit ihm das Rechtsscheinprinzip dem BGB zugrunde liegen. Dass es sich dabei um ein allgemeines Prinzip handelt,

---

727 *Flume*, Das Rechtsgeschäft, S. 4 f., 116, 132 f.; *Picker*, JZ 1987, 1045; *Picker*, AcP 183 (1983), 394 f. u. 418; *Lobinger*, Rechtsgeschäftliche Verpflichtung und autonome Bindung, S. 94 ff.

728 BeckOK/*Sutschet*, § 242 Rn. 122; kritisch dazu *Bachmann*, Private Ordnung, S. 249.

729 Siehe auch *Hübner*, Allgemeiner Teil des Bürgerlichen Gesetzbuches, Rn. 586; zum Vertrauensschutz im BGB siehe auch *Wieling*, JA 1991, 225; *Dickersbach*, Rechtsfragen bei der Bevollmächtigung zur Abgabe einer Unterwerfungserklärung, S. 38.

wird auch daran deutlich, dass sich grundlegende Voraussetzungen der Rechtsscheinhaftung formulieren lassen.[730]

f) Die allgemeinen Voraussetzungen der Rechtsscheinhaftung[731]

aa) Objektiver Rechtsscheintatbestand

Grundlage der Rechtsscheinhaftung bildet ein Sachverhalt, aus dem ein Dritter auf eine bestimmte Rechtslage schließen kann bzw. muss. Bei dieser Lage müssen objektive Tatsachen die Basis für das Vertrauen des Dritten bilden. Solche Tatsachen sind etwa der Besitz einer beweglichen Sache (§§ 932 ff.), die Vorlage einer Vollmachtsurkunde (§ 172), oder eine Eintragung im Grundbuch (§ 892). Dabei rechtfertigen verschiedene Rechtsscheintatbestände auch ein unterschiedlich starkes Maß an Vertrauen.[732] Das Grundbuch etwa wird ein größeres Maß an Vertrauen rechtfertigen als eine private Schuldurkunde. Ausgeglichen werden können diese Unterschiede durch verschiedene Anforderungen an die Gutgläubigkeit des Dritten.

bb) Zurechenbarkeit

Ein solcher Rechtsschein ist nur von Bedeutung, wenn er demjenigen, demgegenüber („zu dessen Lasten"[733]) er wirken soll, auch zurechenbar ist. Nur so lassen sich die Rechtsnachteile, welche der Vertrauensschutz oftmals für den Betroffenen mit sich bringt, rechtfertigen. Der Betroffene muss auch der Erzeuger des Rechtsscheins sein. Dahinter steckt die Frage nach der Verantwortlichkeit. Welcher Anknüpfungspunkt für die Erzeugung eines Rechtsscheintatbestandes

---

730 *Canaris,* Vertrauenshaftung, S. 490 ff.; „allgemeine Grundsätze der Rechtsscheinhaftung", *Fehrenbacher,* Registerpublizität und Haftung im Zivilrecht, S. 180 f.; *Eichler,* Rechtslehre vom Vertrauen, S. 36 f.; „Rechtsscheingrundsätze" *Hanloser,* Stellvertretung und Botenschaft, S. 95; *Zimmer,* § 15 Abs. 2 HGB und allgemeine Rechtsscheinhaftung, S. 1 ff.; „Vertrauensprinzip", *Schubert,* Anscheinsvollmacht und Privatautonomie, S. 39; a.A. *Bienert,* Anscheinsvollmacht und Duldungsvollmacht, S. 97; kritisch auch *Pecher,* in: *Häuser/Hammen/Hennrichs u. a.* (Hrsg.), Festschrift für Walther Hadding zum 70. Geburtstag, S. 224.

731 Diese sollen hier nur in der gebotenen Kürze dargestellt werden. Vgl. dazu ausführlich *Canaris,* Vertrauenshaftung, S. 490 ff.; siehe auch: v. *Craushaar,* Der Einfluss des Vertrauens auf die Privatrechtsbildung, S. 20 ff.

732 *Hübner,* Allgemeiner Teil des Bürgerlichen Gesetzbuches, Rn. 587; *Rieder,* Rechtsscheinhaftung im elektronischen Geschäftsverkehr, S. 91.

733 *Bork,* BGB AT, Rn. 1541.

„im Sinne eines Verschulden gegen sich selbst“[734] im Einzelnen gelten soll, ist umstritten.[735]

aaa) Veranlassungstheorie

Nach der früher wohl herrschenden Meinung[736] liegt der Anknüpfungspunkt für die Zurechnung eines Rechtsscheins alleine in dessen Veranlassung. „Veranlassung“ ist in diesem Zusammenhang aber nur ein Ausdruck für „Verursachung“.[737] Bei der Zurechnung eines Rechtsscheins muss es aber doch um mehr gehen, als um die bloße Kausalhaftung des Erzeugers eines Rechtsscheins.[738] Ansonsten gelangt man zur Gleichbehandlung von fahrlässigem und vorsätzlichem Handeln.[739] Stellt man nur auf die Verursachung ab, ist eine Erfassung in den Fällen des „Unterlassens“ ebenfalls nicht möglich.[740] Das Veranlassungsprinzip taugt somit nicht als Zurechnungsgrund für die Rechtsscheinhaftung.[741]

bbb) Verschuldensprinzip

Demgegenüber vertritt die heute herrschende Meinung in Literatur und Rechtsprechung das sog. Verschuldensprinzip.[742] Die Zurechnung liegt demnach darin begründet, dass der Betroffene schuldhaft, d.h. vorsätzlich oder fahrlässig, die Schaffung des Rechtsscheins verursacht hat. Auch ein Unterlassen wird

---

734 *Hübner,* Allgemeiner Teil des Bürgerlichen Gesetzbuches, Rn. 588.

735 Ausführlich dazu: *Canaris,* Vertrauenshaftung, S. 473 ff.

736 Vgl. mit weiteren Nachweisen *Canaris,* Vertrauenshaftung, S. 473 Fn. 1; siehe auch HKK/*Schermaier*, §§ 116-124 Rn. 19.

737 *Spiegelhalder,* Rechtsscheinhaftung im Stellvertretungsrecht, S. 142.

738 Dies erkennt auch *Bork,* BGB AT, Rn. 1542. Wenn er aber auf die „willentliche Veranlassung“ abstellt, vermischt er Veranlassungs- und Verschuldenstheorie.

739 *Canaris,* Vertrauenshaftung, S. 474.

740 Nur ein pflichtwidriges, d.h. vorwerfbares Unterlassen kann zum Anknüpfungspunkt werden.

741 Erwähnenswert in diesem Zusammenhang auch die Ausführungen von *Hager,* Verkehrsschutz durch redlichen Erwerb, S. 386: Er argumentiert anhand von § 935 Abs. 1 BGB (nach h.M. Ausdruck des Veranlassungsprinzips, vgl. MüKo/*Oechsler*, § 932 Rn. 7), dass sich an der Definition von „Abhandengekommen“ eine Abwendung der Literatur vom reinen Veranlassungsprinzip erkennen lasse. Schließlich werde dort auf den Besitzverlust ohne bzw. gegen den „Willen“ abgestellt (siehe Palandt/*Bassenge*, § 935 Rn. 3).

742 BGH NJW 1956, 1673 f.; BGH NJW 1981, 1727, 1728; BGHZ 5, 111, 116 (Anscheinsvollmacht); Palandt/*Ellenberger*, § 172 Rn. 13; BeckOK/*Valenthin*, § 167 Rn. 16; MüKo/*Schramm*, § 167 Rn. 59; Erman/*Maier-Reimer*, § 167 Rn. 19; Soergel/*Leptien*, § 167 Rn. 22; Staudinger/*Schilken*, § 167 Rn. 40 f.

so erfassbar, wenn man die Frage stellt, ob der Betroffene das Entstehen des Rechtsscheins unter Missachtung seiner pflichtgemäßen Sorgfalt nicht verhindert hat. Das Verschuldensprinzip ist wiederum von *Canaris* als unzureichend für die allgemeine Zurechnung eines Rechtsscheins verworfen worden.[743] Wenn man auf das Verschulden abstelle, müsse man notwendigerweise auch an den Einzelfall anknüpfen. Eine Einzelfallprüfung komme aber den „Bedürfnissen des Verkehrsschutzes“[744], denen ja gerade durch den Rechtsschein Rechnung getragen werden soll, nicht entgegen. Darüber hinaus sei den gesetzlichen Wertungen (etwa §§ 122, 170 ff., 794) keine Nähe zum Verschuldensprinzip zu entnehmen.[745] Schließlich wird von den Gegnern der Verschuldenstheorie auch oben bereits geschilderte Argumentation vorgebracht, wonach dem Bürgerlichen Recht eine Zurechnung „aus einer fahrlässigen Pflichtverletzung“ fremd sein soll.[746]

ccc) Risikoprinzip

Als Alternative zur Veranlassungstheorie und zum Verschuldensprinzip wird teilweise[747] das sog. Risikoprinzip als Zurechnungsgrund für den Rechtsschein angesehen. Danach hat der Erklärende für alle Mängel und Gefahren einzustehen, die seiner „Sphäre“ anhaften.[748] Alleine die Abgabe einer Erklärung soll allerdings nicht zur Schaffung einer Gefahr in diesem Sinne genügen. Entscheidend ist vielmehr ein (erhöhtes) Risiko, welches der eine Teil abstrakt eher beherrschen kann als der andere.[749] Die bessere Beherrschbarkeit eines Risikos folgt für die Anhänger dieses Prinzips aus einer besonderen Stellung,

743 *Canaris,* Vertrauenshaftung, S. 476 ff.: „ de lege lata systemwidrig“; kritisch auch: OLG München NJW 2006, 1811, 1813; PWW/*Frensch*, § 167 Rn. 43; *Rieder,* Rechtsscheinhaftung im elektronischen Geschäftsverkehr, S. 96 f.

744 *Rieder,* Rechtsscheinhaftung im elektronischen Geschäftsverkehr, S. 97.

745 § 122 ist jedenfalls verschuldensunabhängig. Allerdings gewährt § 122 auch nur einen Schadensersatzanspruch auf das negative Interesse. Zur Kritik an diesem Argument vgl. unten.

746 *Canaris,* Vertrauenshaftung, S. 51 f.

747 *Canaris,* Vertrauenshaftung, S. 479 ff.; v. *Craushaar*, AcP 174 (1974), 20; *Kuhn,* Rechtshandlungen mittels EDV, S. 228; *Rieder,* Rechtsscheinhaftung im elektronischen Geschäftsverkehr, S. 97; *Spiegelhalder,* Rechtsscheinhaftung im Stellvertretungsrecht, S. 153 f.; *Marburger*, AcP 173 (1973), 155; ähnlich *Hübner,* Allgemeiner Teil des Bürgerlichen Gesetzbuches, Rn. 590.

748 Vgl. *Rieder,* Rechtsscheinhaftung im elektronischen Geschäftsverkehr, S. 97; *Canaris,* Vertrauenshaftung, S. 479 ff.

749 *Canaris,* Vertrauenshaftung, S. 482.

etwa die eines Kaufmanns. So soll die Zurechnung bei der Anscheinsvollmacht beispielsweise an den Organisationsrisiken eines Handelsbetriebs anknüpfen. Der Sache nach gelangt man so zu einer Art Gefährdungshaftung für den Rechtsschein.

ddd) Stellungnahme

Im Rahmen obiger Ausführungen zum Veranlassungsprinzip dürfte bereits ausreichend deutlich geworden sein, dass dieses als allgemeines Zurechnungskriterium nicht taugt. Hinter „Zurechnung" muss mehr stecken als die Ausforschung der Verursachung. Damit bleibt die Frage offen, welche der beiden Alternativen als Zurechnungskriterium geeignet ist. Bemerkenswerterweise wird die grundsätzliche Tauglichkeit des Verschuldens als Anknüpfungspunkt selbst von den Anhängern des Risikoprinzips eingeräumt.[750] Eine Idee könnte auch darin bestehen, abhängig vom jeweiligen Rechtsscheintatbestand unterschiedliche Maßstäbe an die Zurechenbarkeit anzulegen.[751] Andererseits soll es aber doch gerade darum gehen, *allgemein* gültige Voraussetzungen für eine Rechtsscheinhaftung zu formulieren. Eine Entscheidung muss daher getroffen werden: Wenn das Verschuldensprinzip von Seiten der Anhänger des Risikoprinzips mit der Begründung abgelehnt wird, eine Einzelfallbetrachtung des Verschuldens stünde dem Verkehrsschutz und der Rechtssicherheit zuwider, kann man jene Argumentation auch genau andersherum führen. Sicherlich erfordert die Betrachtung des jeweiligen Verschuldensmaßstabs eine Einzelfallbetrachtung. Allerdings wird man einen gerechten Ausgleich zwischen den Interessen des Betroffenen und dem Verkehrsschutz nur finden können, wenn man diese am Einzelfall orientierte Untersuchung vollzieht. Insoweit muss der Verkehrsschutz auch Grenzen kennen.

Darüber hinaus tritt dieses Problem nichtsdestoweniger auch beim Risikoprinzip auf. Wenn man nicht tatsächlich davon ausgeht, dass die Risikolage (etwa bei jedem Kaufmann) stets gleich ist, muss man doch auch hier im Einzelfall betrachten, welches Risiko exakt der Betroffene auf sich genommen hat. Alles andere würde tatsächlich zu einer Art pauschalen „Gefährdungshaftung" für Erklärungen führen, was gleichermaßen nicht im Sinne der Betroffenen sein kann. Dieses Argument kann also nicht überzeugen.

---

750 *Canaris,* Vertrauenshaftung, S. 476.

751 Diesen Weg will offenbar *Hübner,* Allgemeiner Teil des Bürgerlichen Gesetzbuches. Rn. 589 ff. gehen, wenn er einerseits für die Anscheinsvollmacht fahrlässiges Verhalten genügen lässt, für andere Fälle aber auf das Risikoprinzip abstellen will.

Das zweite Argument zielt auf die mangelnde gesetzliche Verankerung des Verschuldensprinzips. Nun muss zunächst bereits hier der Hinweis erfolgen, dass auch das Risikoprinzip – jedenfalls im bürgerlichen Recht[752] – auf eine solche Verankerung nicht zurückgreifen kann. Der Hinweis auf § 122 als Argument gegen das Verschuldensprinzip geht an dieser Stelle ebenfalls fehl.[753] Auch wenn es sich dabei um einen Anwendungsfall des Vertrauensprinzips handelt, hat dieser aber „nur" den Ersatz des negativen Interesses zur Folge. Im Anschluss an *Canaris* soll von Rechtsscheinhaftung jedoch nur dann die Rede sein, wenn die Haftung das positive Interesse umfasst.[754] § 122 ist daher kein Anwendungsfall der Rechtsscheinhaftung, von deren Voraussetzungen vorliegend aber die Rede sein soll. Die Verankerung des Verschuldensprinzips auf dem Boden der Rechtsordnung kann auch mit Blick auf eine vergleichbare Fallgestaltung verdeutlicht werden: Fehlt bei einer Willenserklärung das sog. „Erklärungsbewusstsein", nimmt die heute ganz h.M. dessen ungeachtet unter gewissen Umständen eine Willenserklärung an.[755] Hätte der Erklärende bei der Einhaltung „pflichtgemäßer Sorgfalt" erkennen können bzw. müssen, dass sein Verhalten als Willenserklärung aufgefasst werden könnte, spricht man vom „potentiellen Erklärungsbewusstsein". Über diesen Weg kommt man zur Annahme einer Willenserklärung. Auch hier wird damit – letztendlich überzeugend – auf die „Fahrlässigkeit", d.h. das Verschulden des Erklärenden, abgestellt. Mit dem Verschuldensprinzip liegt also folglich ein Zurechnungskriterium vor, welches einen sachgerechten Ausgleich zwischen Interessen des Betroffenen und dem Verkehrsschutz ermöglicht.[756] Mit der h.M. ist damit der Anknüpfungspunkt für die Zurechnung eines Rechtsscheins das Verschuldensprinzip.

---

752 Etwas anderes ergibt sich freilich im Handelsrecht (z.B. kaufmännisches Bestätigungsschreiben sowie §§ 56, 362 HGB).

753 So aber *Spiegelhalder,* Rechtsscheinhaftung im Stellvertretungsrecht, S. 143, der auch § 179 Abs. 2 anführt.

754 Vgl. *Canaris,* in: *Canaris/Heldrich* (Hrsg.), 50 Jahre Bundesgerichtshof, S. 132 f.

755 BGHZ 109, 171, 177; BGHZ 91, 324, 327 ff.; BGH NJW 2007, 368; *Larenz/Wolf,* Allgemeiner Teil des bürgerlichen Rechts, § 24 Rn. 6; *Köhler,* BGB Allgemeiner Teil, § 7 Rn. 5; *Medicus,* Allgemeiner Teil, Rn. 607; *Brox/Walker,* Allgemeiner Teil des BGB, Rn. 137; Palandt/*Ellenberger*, vor § 116 Rn. 17; Erman/*Arnold*, vor § 116 Rn. 15.

756 Zur Diskussion um die mangelnde Verknüpfung einer fahrlässigen Pflichtverletzung und dem Ersatz des Erfüllungsinteresses im Bürgerlichen Recht (siehe auch *Canaris,* Vertrauenshaftung. S. 51 f.), vgl. oben S. 108 ff.

cc) Gutgläubigkeit auf Seiten des Dritten

Gegenüber dem Rechtsschein muss immer ein schützenswertes Vertrauen stehen. Wenn der mutmaßlich „Vertrauende" aber von der Falschheit des Rechtsscheins weiß, die wahre Lage also entweder kennt oder kennen musste, ist er hinsichtlich dieser auch nicht schützenswert („bösgläubig"). Abhängig von der Stärke des Rechtsscheins gelten hinsichtlich der Gutgläubigkeit unterschiedliche Maßstäbe.[757] Das Problem liegt dabei in der Frage, wie weit die Nachforschungspflichten des Vertrauenden reichen. Für die Fälle des Registerschutzes (§§ 68 S. 1, 1412 Abs. 1, 892, 2366) schadet nur die positive Kenntnis der wahren Rechtslage.[758] In den anderen Fällen schadet dem Vertrauenden entweder fahrlässige (vgl. etwa § 173) oder grob fahrlässige Unkenntnis (§ 932 Abs. 2).

dd) Kausalität

Ein wirkliches Vertrauen auf einen Rechtsschein ist überdies nur dann gegeben, wenn der Dritte auch von der Existenz des Rechtsscheins weiß. „Vertrauen" kann man – allein begrifflich – nur auf einen Tatbestand, der einem auch bekannt ist.[759] Zunächst ist daher grundsätzlich erforderlich, dass der Vertrauende Kenntnis von der Rechtsscheinlage hatte.[760] Darüber hinaus muss dieser Rechtsscheintatbestand sowohl kausal für das in ihm geweckte Vertrauen, als auch kausal für das (rechtgeschäftliche) Handeln des Vertrauenden sein. Insofern bedarf es also einer doppelten Kausalität.[761]

ee) Rechtsfolge

Soweit alle Voraussetzungen der Rechtsscheinhaftung gegeben sind, muss sich derjenige, dem der Rechtsschein zurechenbar ist, so behandeln lassen, als entspräche der Rechtsschein der Realität. Auf die Fragestellungen, ob der Geschäftspartner auf den Vertrauensschutz durch die Rechtsscheinhaftung auch

---

757 *Bork,* BGB AT, Rn. 1543.

758 *Hübner,* Allgemeiner Teil des Bürgerlichen Gesetzbuches, Rn. 594 ff.; *Canaris,* Vertrauenshaftung, S. 505.

759 BGHZ 17, 13, 19.

760 Von diesem Grundsatz sind die Anwendungsfälle des Registerschutzes ausgenommen. Auch wer den Inhalt des Grundbuchs nicht kennt, darf sich darauf berufen, *Canaris,* Vertrauenshaftung. S. 507; *Fehrenbacher,* Registerpublizität und Haftung im Zivilrecht, S. 264 f.; vgl. zum Ganzen: *Spiegelhalder,* Rechtsscheinhaftung im Stellvertretungsrecht, S. 166.

761 *Bork,* BGB AT, Rn. 1544.

freiwillig verzichten kann[762], und ob eine Anfechtung des Rechtsscheins möglich sein soll[763], soll an dieser Stelle nicht weiter eingegangen werden.[764]

IV. Zusammenfassung und eigene Bewertung

Bei den in der Literatur vorgeschlagenen Wegen zur Geltungsgrundlage der Anscheinsvollmacht bietet sich ein buntes Bild. Dabei bilden die unterschiedlichen Anknüpfungspunkte der dogmatischen Herleitung auch gleichzeitig das Muster ab, welches die jeweiligen Vertreter auf die von ihnen vertretene Rechtsfolge übertragen.

1) Die Geltungsgrundlage der Anscheinsvollmacht aus dem Rechtsscheinprinzip

Nach der hier zugrundeliegenden Auffassung ist der h.M.[765], welche die Anscheinsvollmacht gemäß der Rechtsprechung des BGH unterstützt, zuzustimmen. In der gebotenen Klarheit ist aber der Zusatz notwendig[766], worin der dogmatische Anknüpfungspunkt zu suchen ist: Die Anscheinsvollmacht hat ihre Geltungsgrundlage im Rechtsscheinprinzip, dessen besondere Ausgestaltung sie im Stellvertretungsrecht darstellt.

---

762 Zur Diskussion siehe *Bork*, BGB AT, Rn. 1547 Fn. 186 m.w.N.; Für die Verzichtbarkeit: *Chiusi*, AcP 202 (2002), 509 ff.; *Lieb*, in: *Baumgärtel/Klingmüller/Becker u. a.* (Hrsg.), Festschrift für Heinz Hübner, S. 590; *Pawlowski*, JZ 1996, 131; *Altmeppen*, Disponibilität des Rechtsscheins, S. 125 ff.

763 Vgl. zu dieser sehr umstrittenen Frage insgesamt: *Kindl*, Rechtsscheintatbestände und ihre rückwirkende Beseitigung; zur Anfechtung der Anscheinsvollmacht: Palandt/*Ellenberger*, § 172 Rn. 16 ff; Staudinger/*Schilken*, § 167 Rn. 45; MüKo/*Schramm*, § 167 Rn. 53 m.w.N.

764 Die Wiedergabe der Diskussion würde den Rahmen dieser Arbeit sprengen.

765 BeckOK/*Valenthin*, § 167 Rn. 17; RGRK/*Steffen*, § 167 Rn. 12; Erman/*Maier-Reimer*, § 167 Rn. 9 ff.; HKK/*Schmoeckel*, §§ 164 – 181 Rn. 23; MüKo/*Schramm*, §167 Rn. 54 ff.; Palandt/*Ellenberger*, § 172 Rn. 11; PWW/*Frensch*, § 167 Rn. 37 ff.; Soergel/Leptien, § 167 Rn. 15 ff.; *Bork*, BGB AT, Rn. 1560 ff.; *Brox/Walker*, Allgemeiner Teil des BGB, Rn. 566; *Köhler*, BGB Allgemeiner Teil, § 11 Rn. 35; *Larenz/Wolf*, Allgemeiner Teil des bürgerlichen Rechts, § 48 Rn. 25 ff.; *Mock*, JuS 2008, 395. *Pfeifer*, JuS 2004, 697; *Drexl/Mentzel*, Jura 2002, 377.

766 Eine genaue dogmatische Begründung liefert der BGH nämlich nicht. Auch in der die Anscheinsvollmacht bejahenden Literatur finden sich diesbezüglich (wie aufgezeigt) viele Varianten.

2) *Die Anscheinsvollmacht als Institut auch des Bürgerlichen Rechts*

Nur ein Lösungsansatz, der die Anscheinsvollmacht auch für das Bürgerliche Recht fruchtbar machen kann, ist letztlich überzeugend.[767] Erkennt man das Rechtsscheinprinzip als dem BGB zugrunde liegendes Strukturprinzip an, ist der erste Schritt zur Anwendung der Anscheinsvollmacht im bürgerlichen Recht getan. Die Beschränkung des Anwendungsbereichs auf das Handelsrecht mag noch für diejenigen Stimmen in der Literatur schlüssig sein, die eine Vertrauenshaftung bzw. eine Rechtsscheinhaftung wegen ihrer Unvereinbarkeit mit der Privatautonomie generell ablehnen.

Dass auch manche Anhänger[768] der Vertrauenshaftung die Anscheinsvollmacht nur für das Handelsrecht anerkennen wollen, liegt an zwei Gründen:

Erstens knüpfen jene Vertreter die Zurechnung eines Rechtsscheins an das sog. Risikoprinzip. Demnach könne die „Erfüllung pflichtgemäßer Sorgfalt" nur im Risiko eines Kaufmanns liegen, denn nur dieser verfüge über die Organisationsgewalt seines Unternehmens. Der Verkehr sei dann vor den Gefahren einer arbeitsteiligen Organisation zu schützen. Das „Risiko" eines Rechtsscheins geht einher mit der Schaffung eines Organisationsrisikos. Wie aufgezeigt, geht diese Argumentation fehl, weil dem Risikoprinzip keine automatische Begrenzung auf das Handelsrecht inne wohnt.[769] Zwar wird ein Großteil der praktischen Bedeutung der Anscheinsvollmacht schon von ihren Grundvoraussetzungen her im Handelsrecht angesiedelt sein.[770] Warum aber ein Nichtkaufmann nicht in der Lage sein soll, ein gewisses beherrschbares Risiko zu schaffen, für das er auch einstehen muss, leuchtet nicht ein. Selbst wenn man also dem Risikoprinzip zur Anknüpfung der Schaffung eines Rechtsscheins folgt, ergibt sich keineswegs automatisch eine Trennlinie zum Bürgerlichen Recht.

Zweitens übersehen jene Anhänger des Rechtsscheinprinzips, die eine Erfüllungshaftung im bürgerlichen Recht ablehnen, dass das Gesetz bereits eine Rechtsfolge für gewisse Situationen bereithält, in denen ein Dritter auf den Bestand einer Vollmacht vertraut. Dieser Aspekt wird – soweit ersichtlich – noch von keiner Arbeit zur Anscheinsvollmacht ausreichend gewürdigt. Sowohl aus

767 *Peters*, AcP 179 (1979), 238.

768 Vgl. *Canaris*, Vertrauenshaftung, S. 50 ff.

769 Zur davon unabhängigen Frage, wie sinnvoll eine solche Trennlinie generell ist vgl. *Raisch*, Geschichtliche Voraussetzungen des Handelsrechts.

770 Die Situationen, dass ein Dritter für einen Privatmann etwa mehrfach als Vertreter auftritt und der Nichtkaufmann dies hätte bemerken müssen, kommen schlicht seltener vor. Sie können aber vorkommen.

den §§ 170 – 173, ihrerseits gesetzliche Tatbestände einer Rechtsscheinvollmacht, als auch aus § 179 Abs. 1 ergibt sich das gesetzliche Bestreben des Schutzes des auf eine Bevollmächtigung vertrauenden Vertragspartners. Der gesetzlich normierte Vertrauensschutz für das Stellvertretungsrecht sieht also einen Erfüllungsanspruch für den gutgläubigen Vertragspartner vor. Diese Tatsache kann nicht unberücksichtigt bleiben. Das gleiche muss auch für die ungeschriebenen Fälle des Vertrauensschutzes im Vollmachtsrecht gelten. Die Anknüpfung der §§ 170 ff. an die (bewusste) wissentliche Schaffung eines Rechtsscheins (die ja der Grund dafür ist, weshalb ein Analogieschluss nicht möglich ist), im Gegensatz zur (nur) verschuldeten Schaffung eines Rechtsscheins bei der Anscheinsvollmacht ist dabei kein Widerspruch. Die §§ 170 ff. als besondere gesetzliche Form des Rechtsscheinprinzips können ohne weiteres strengere Voraussetzungen haben als das allgemeine Prinzip, dessen Ausformung die Anscheinsvollmacht ist.

C. Die Anwendbarkeit der Anscheinsvollmacht für das Handeln unter fremdem Namen im Internet

Unter Berücksichtigung der in den vorherigen Abschnitten gewonnen Erkenntnisse soll der Blick nun erneut auf die Frage gelenkt werden, ob die beiden Institute Handeln unter fremdem Namen und Anscheinsvollmacht für die Konstellationen des Accountmissbrauchs zusammen Anwendung finden können.

I. Grundkonstellationen

Zunächst sollte jedoch vor Augen geführt werden, welche Fallgestaltungen von einer kombinierten Anwendung des Handelns unter fremdem Namen und der Rechtsscheinvollmachten generell betroffen sind: Von der Grundidee her wären damit jene Fälle erfasst, in denen der wahre Namensträger durch sein (fahrlässiges) Verhalten einem Dritten das Auftreten unter einem fremdem (seinem) Namen ermöglicht hat, oder zumindest dagegen nicht eingeschritten ist. Es lassen sich drei Konstellationen unterscheiden:[771]

Beim ersten denkbaren Fall handelt es sich um keine direkte Anwendung eines Tatbestandes einer gesetzlichen Rechtsscheinvollmacht. Allerdings ist weitestgehend anerkannt, dass § 172 auch auf die willentliche Übergabe von

771 Vgl. *Hanau*, Handeln unter fremder Nummer, S. 23 ff.

Blanketturkunden anwendbar ist.[772] Gemeint sind die Fallgestaltungen, in denen der Aussteller einer Urkunde (z.B. eines Schecks) diese zwar unterschreibt, aber bestimmte Teile der Erklärung (z.B. die Höhe des Schecks) bewusst unvollständig lässt. In diesen Fällen ist fraglich, ob das abredewidrige Ausfüllen des Blanketts dem Aussteller und Unterzeichner der Urkunde nach Vorlage zugerechnet werden kann und dieser also dafür haftet. Unterschieden wird in diesem Zusammenhang zwischen der offenen und der verdeckten Blankettausfüllung.[773] Während bei der offenen Blankettausfüllung die Urkunde in Anwesenheit des Geschäftspartners vervollständigt wird, geschieht dies bei der verdeckten Blankettausfüllung schon vor der Vorlage beim Geschäftspartner. Bei der offenen Blankettausfüllung wird dem Geschäftspartner also vor Augen geführt, dass der Aussteller der Urkunde einen Dritten, nämlich denjenigen, der die Urkunde vorlegt, zur Ausfüllung (entsprechend §§ 164 ff.) ermächtigt hat. Demgegenüber wird bei der verdeckten Blankettausfüllung unter Umständen nicht einmal mehr deutlich, dass es sich um eine Dreipersonenkonstellation handelt. Der Überbringer eines Schecks kann so etwa einen höheren als den vereinbarten Betrag einsetzen und gleichzeitig bei Übergabe des Schecks den Eindruck erwecken, er sei selbst der Aussteller des Schecks. Hier würde eine willentlich in den Verkehr gebrachte Urkunde gem. § 172 mit einem Handeln unter fremden Namen zusammentreffen. Eine evtl. Haftung des Ausstellers der Urkunde scheint in diesen Fällen durchaus angebracht.[774]

Als nicht gesetzlich normierte Rechtsscheinvollmacht haben Rechtsprechung und Lehre das Institut der Duldungsvollmacht entwickelt.[775] Kann aber diese Situation auf das Handeln unter fremdem Namen übertragen werden? Ansatzpunkt müsste wiederum ein Rückschluss des Vertragspartners auf das Verhalten von Namensträger und Handelndem sein. Eine Duldungsvollmacht wird für das Handeln unter fremdem Namen dann angenommen, wenn ein Dritter (wiederholt) unter dem Namen des Geschäftsherrn mit dem Vertragspartner Geschäfte abgeschlossen hat und dieser unter Berücksichtigung der Verkehrssitte redlicherweise annehmen durfte, dass der Handelnde der Namensträger selbst ist, und gleichzeitig der Namensträger vom Verhalten des Dritten weiß und nicht

---

772 BGHZ 113, 48, 53; 40, 65, 68; 40, 297, 305; BGH NJW 1996, 1467, 1469; Palandt/*Ellenberger*, § 172 Rn. 5; *Hanau*, Handeln unter fremder Nummer, S. 32.

773 Unterscheidung im Anschluss an *Canaris*, Vertrauenshaftung, S. 54.

774 So auch die ganz h.M. vgl. nur *Canaris*, Vertrauenshaftung, S. 65; MüKo/*Schramm*, § 172 Rn. 17; *Binder*, AcP 207 (2007), 195 f.; *Rieder*, Rechtsscheinhaftung im elektronischen Geschäftsverkehr. S. 148 ff.

775 Siehe oben S. 61.

dagegen einschreitet.[776] Im Gegensatz zu einer Stellvertretungssituation mit Duldungsvollmacht vertraut der Vertragspartner bei einer Duldungsvollmacht beim Handeln unter fremdem Namen nicht auf die Vertretungsmacht des Handelnden, sondern auf die Übereinstimmung der Identität von Handelndem und Namensträger.[777] *Hanau* schlägt vor, für die Duldungsvollmacht unter fremdem Namen das Wort „Duldungsvollmacht" durch „Duldungsermächtigung" zu ersetzen, weil der Handelnde durch die Duldung des Namensträgers ermächtigt werde, unter dessen Namen aufzutreten.[778] Die gesamte Konstruktion der Duldungsvollmacht beim Handeln unter fremdem Namen ist m.E. sehr kritisch zu sehen.[779] Schon die Sachlage entspricht nicht derjenigen, wie sie bei einer Duldungsvollmacht im Stellvertretungsrecht vorliegt. Hier verursachen Vertreter und vermeintlich Vertretener in Kombination zusammen den Anschein einer Bevollmächtigung. Demgegenüber ist dem Vertragspartner beim Handeln unter fremdem Namen das Vorliegen einer Dreipersonenkonstellation gar nicht bewusst. Nach Außen handelt nur der Dritte, der sich als eine andere Person ausgibt. Für den Vertragspartner kann das Verhalten des Namensträgers gar nicht relevant sein, weil er überhaupt nicht weiß, dass der Handelnde nicht der Namensträger ist. Deshalb kann es auch nicht darauf ankommen, ob das Verhalten des Handelnden z.B. von gewisser Dauer ist. Darüber hinaus ist die Bezeichnung „Duldungsermächtigung", wie sie von *Hanau* vorgeschlagen wird verräterisch. Sie deutet auf ein rechtsgeschäftliches und daher falsches Verständnis der Duldungsvollmacht hin.

Damit rückt die letzte und hier im Mittelpunkt stehende Situation in den Blickpunkt: Eine Anscheinsvollmacht im herkömmlichen Sinne liegt vor, wenn der Vertretene das Handeln des Vertreters „zwar nicht kannte, es aber bei pflichtgemäßer Sorgfalt hätte kennen und verhindern können und der Geschäftsgegner das Verhalten des Vertreters nach Treu und Glauben dahin auffassen durfte, dass es dem Vertretenen bei verkehrsmäßiger Sorgfalt nicht habe verborgen bleiben können und dieser es also dulde".[780] Übertragen auf das Handeln unter fremdem Namen würde die Anscheinsvollmacht also jene Konstellation erfassen, in

776 BGHZ 189, 346, 351; OLG Hamm NJW 2007, 611, 612; OLG Köln NJW 2006, 1676; *Hanau,* Handeln unter fremder Nummer, S. 39; ähnlich *Canaris,* Vertrauenshaftung, S. 68 f.

777 BGHZ 189, 346, 352.

778 *Hanau,* Handeln unter fremder Nummer, S. 39.

779 Gegen diese Anwendung sprechen in etwa die gleichen Argumente wie gegen die Anwendung der Anscheinsvollmacht, vgl. S. 126 ff.

780 BGH LM § 167 Nr. 4; BGHZ 5, 111, 116.

denen ein Dritter wiederholt Rechtsgeschäfte mit einem Vertragspartner unter einem fremdem Namen getätigt hat, der Vertragspartner redlicherweise darauf vertrauen durfte, bei dem handelnden Dritten handele es sich um den Namensträger, und dieser das Verhalten des Dritten hätte kennen müssen und verhindern können.[781] Grund für die Haftung des Namensträgers wäre so der an ihn gerichtete Vorwurf durch die Rechtsordnung, er habe einem Dritten fahrlässig ermöglicht, unter fremdem Namen aufzutreten oder sei dagegen jedenfalls nicht eingeschritten, obwohl er davon hätte wissen müssen.

II. Die Untauglichkeit des Rechtsinstituts Anscheinsvollmacht zur rechtsgeschäftlichen Einordnung des Accountmissbrauchs

Das oben beschriebene Urteil hat – wohl wegen seiner grundlegenden Bedeutung – in der Literatur schnell ein breites Echo erfahren.[782] Der Tenor der Beurteilungen fällt durchaus unterschiedlich aus. Alle Autoren sind sich jedenfalls einig, dass der BGH mit seiner Annahme, es handele sich bei einem rechtsgeschäftlichen Missbrauch eines Benutzerkontos um ein Handeln unter fremdem Namen, richtig liegt.[783] Insoweit ist sowohl dem BGH als auch der Literatur beizupflichten. Nach dem hier zugrunde liegenden Begriff des Handelns unter fremdem Namen ist ein solches gegeben, wenn der Handelnde beim Vertragspartner eine Identitätstäuschung verursacht.[784] Gerade im elektronischen Geschäftsverkehr wird es dem Vertragspartner jedoch unbedingt darauf ankommen, „mit dem tatsächlichen Kontoinhaber zu kontrahieren“.[785] Nur an dessen Identität und Anschrift kann der Vertragspartner gelangen.[786] Dieses gilt umso mehr, als es sich bei eBay um eine Verkaufsplattform handelt, die mit von den Nutzern abgegebenen persönlichen Verkäuferbewertungen zusätzliches Vertrauen in die jeweilig bewerteten Nutzer zu schaffen versucht. Der genauen Bestimmung des Vertragspartners kommt also entscheidende Bedeutung zu. Handelt wie hier ein Dritter unter einem Nutzerkonto, liegt ein Handeln unter fremdem Namen vor, weil der Vertragspartner sich über die Identität des tatsächlich Handelnden getäuscht hat.

781 *Hanau*, Handeln unter fremder Nummer, S. 50 f.

782 *Faust*, JuS 2011, 1027 ff.; *Hauck*, JuS 2011, 967 ff.; *Linardatos*, Jura 2012, 53 ff.; *Borges*, NJW 2011, 2400; *Schinkels*, LMK 320461 2011, 320461; *Stadler*, JA 2011, 627 ff.; *Herresthal*, JZ 2011, 1171 ff.; *Oechsler*, MMR 2011, 631 ff.; *Stöber*, JR 2012, 225 ff.; *Klein*, MMR 2011, 450, 450; *Mankowski*, CR 2011, 458 ff.

783 BGHZ 189, 346, 350.

784 Siehe dazu S. 35.

785 *Stadler*, JA 2011, 628 ff.

786 Siehe dazu S. 10 ff.

Die entscheidende Frage ist aber doch, welche Rechtsfolgen das Handeln unter fremdem Namen nach sich zieht. Weil die Beklagte ihre Nutzerdaten (Passwort) nicht willentlich an ihren Ehemann weitergegeben hatte, kam der BGH zur Verneinung einer Duldungsvollmacht und prüfte sogleich die Voraussetzungen einer Anscheinsvollmacht. Er setzt also stillschweigend voraus, dass neben den §§ 164 ff., die auf das Handeln unter fremdem Namen nach h.M.[787] analoge Anwendung finden, auch die Rechtsscheintatbestände Duldungs- und Anscheinsvollmacht angewandt werden. Eine dogmatische Begründung findet sich nicht, wobei hierin vielleicht der Grund für die Fehleinschätzungen liegt, die anschließend erfolgen.

Die genauen Voraussetzungen der Anscheinsvollmacht sollen deshalb noch einmal kurz in Erinnerung gerufen sein: Zunächst ist ein Vertrauenstatbestand erforderlich, hervorgerufen durch das Auftreten des Dritten als Vertreter bei gleichzeitigem Nichteingreifen des Vertretenen. Zur Entstehung des Vertrauenstatbestandes gehört weiterhin, dass das Verhalten des Vertreters, das den Rechtsschein einer Bevollmächtigung erzeugt, von einer gewissen „Häufigkeit oder Dauer ist".[788] Der entstandene Anschein einer Vollmacht ist dem Vertretenen dann deshalb zurechenbar, weil er ihn verschuldet hat. Selbstverständlich ist das Vertrauen nur schützenswert, wenn der Geschäftspartner die fehlende Bevollmächtigung nicht kennt, also gutgläubig ist.

Von ihrer ursprünglichen Konstruktion her erfasst die Anscheinsvollmacht somit Fälle, in denen ein Geschäftspartner auf das Bestehen einer Bevollmächtigung für einen vermeintlichen Vertreter vertrauen kann und darf, weil der vermeintlich Vertretene das Verhalten des Vertreters hätte kennen müssen und verhindern können. Dem Geschäftspartner erscheint der vermeintliche Vertreter wie ein tatsächlicher Vertreter. Nach Außen entsteht für den Geschäftspartner ein Bild, das eindeutig auf eine Bevollmächtigung des Vertreters hindeutet.

Vor diesem Hintergrund ist mehr als zweifelhaft, ob eine Heranziehung der Anscheinsvollmacht für das Handeln unter fremdem Namen im Internet wirklich sachgerecht ist. Für das Handeln unter fremdem Namen ist es doch geradezu wesenstypisch, dass der Geschäftspartner nicht von einer Stellvertretungslage ausgeht.[789] Für ihn erkennbar liegt eine Zweipersonenkonstellation vor.

---

787 Vgl. statt aller nur *Geusen*, Das Handeln unter fremdem Namen im Zivilrecht, S. 68; Staudinger/*Schilken*, vor § 164 Rn. 90; MüKo/*Schramm*, § 164 Rn. 37 ff.; Palandt/*Ellenberger*, § 164 Rn. 10; *Köhler*, BGB Allgemeiner Teil, § 11 Rn. 23.

788 BGH NJW 1956, 1673, 1674; BGHZ 1998, 1854, 1855; BGH LM § 164 Nr. 54; Palandt/*Ellenberger*, § 172 Rn. 12.

789 *Linardatos*, Jura 2012, 54.

Anders aber die Ausgangslage bei der Anscheinsvollmacht: Im Stellvertretungsrecht sorgt das Offenkundigkeitsprinzip[790] für die Offenlegung und Erkennbarkeit einer Dreipersonenkonstellation.[791] An diese Dreierkonstellation knüpft auch die Anscheinsvollmacht an, denn nach ihr ist das Vertrauen auf den Bestand einer Vollmacht zu schützen, wenn der Geschäftspartner annehmen musste, der Vertretene „kenne und billige das Verhalten des Vertreters".[792] Hinzu kommt, dass der Vertreter bei der Anscheinsvollmacht den Rechtsschein nicht unabhängig vom Verhalten des Vertretenen erzeugen kann.[793]

Der Unterschied zum Handeln unter fremdem Namen liegt geradezu auf der Hand. Hier unterliegt der Geschäftspartner einer Identitätstäuschung. Gleichzeitig vertraut er auf die Richtigkeit der Identität, unter der der Handelnde auftritt. Der Anknüpfungspunkt für sein Vertrauen auf die Identität müsste also in allen Anhaltspunkten zu suchen sein, die für ihre Echtheit sprechen. Auf den elektronischen Rechtsverkehr im Internet übertragen heißt das, dass der Vertretene sein Vertrauen an bestimmten Legitimationsmerkmalen festmacht. Das gängigste Authentifizierungsmittel des Internets ist das passwortgeschützte Nutzerkonto (Account). Beim Handeln unter fremdem Namen im Internet vertraut der Geschäftspartner also darauf, dass nur der wahre Inhaber (Namensträger) unter seinem Account rechtsgeschäftliche Handlungen vornimmt, oder der tatsächlich Handelnde wenigstens (durch Überlassung von Passwort usw.) dazu bevollmächtigt ist. Demgegenüber stützt sich bei der Anscheinsvollmacht beim Handeln unter fremdem Namen das Vertrauen des Geschäftspartners darauf, dass der Namensträger das Auftreten seines Vertreters hätte kennen müssen.[794]

Es ist etwas anderes, ob sich Vertrauen darauf gründet, dass mein Gegenüber tatsächlich derjenige ist, der er vorgibt zu sein, oder ob darauf vertraut wird, dass er von einem Dritten bevollmächtigt sein muss. Die Frage, ob das Vertrauen auf die Identität schützenswert ist, lässt sich nicht anhand der gleichen Kategorien und Kriterien beurteilen, wie die Frage, ob das Vertrauen auf den Bestand einer Vollmacht schützenswert ist. Zwischen diesen beiden Instituten bestehen „strukturelle Unterschiede"[795].

---

790 Siehe dazu *Einsele*, JZ 1990, 1005.

791 *Herresthal*, JZ 2011, 1172; siehe auch schon *Herresthal*, K&R 2008, 706; *Rieder*, Rechtsscheinhaftung im elektronischen Geschäftsverkehr, S. 196; *Sonnentag*, WM 2012, 1615.

792 BGHZ 189, 346, 352; vgl. auch *Herresthal*, JZ 2011, 1172.

793 *Linardatos*, Jura 2012, 54.

794 *Hanau*, Handeln unter fremder Nummer, S. 51 f.

795 *Linardatos*, Jura 2012, 54; *Kuhn*, Rechtshandlungen mittels EDV, 215 f.

Auch an einer weiteren Stelle wird die mangelnde Tauglichkeit der Anscheinsvollmacht zur Erfassung dieser Konstellationen deutlich. Zur Entstehung des Rechtsscheins einer Bevollmächtigung nach der Anscheinsvollmacht muss das Verhalten, aus dem der Geschäftspartner auf das Bestehen einer Vollmacht schließt, nach h.M. von einer gewissen „Häufigkeit oder Dauer“ sein.[796] Der Scheinvertreter muss gegenüber dem Geschäftspartner bzw. Rechtsverkehr bereits in der Vergangenheit wie ein Vertreter aufgetreten sein, ohne dass der Vertretene dieses Verhalten unterbunden hat. Aus diesem Grund hatte der BGH in unserem Fall die Anwendung der Anscheinsvollmacht abgelehnt, denn der Ehemann hatte in der Vergangenheit den Account seiner Frau nicht missbräuchlich genutzt.[797] Das der BGH an diesem Erfordernis für das Handeln unter fremdem Namen festhält, liegt mit *Fausts* Worten „gänzlich neben der Sache“.[798]

Für das Stellvertretungsrecht mag es seine Berechtigung haben, denn je öfter der vollmachtlose Dritte als Vertreter auftritt, ohne dass der Vertretene eingreift, desto mehr spricht tatsächlich für eine Bevollmächtigung. Hier kann der Geschäftspartner aber auch erkennen, dass ein Vertreter aufgetreten ist. Die Dinge beim Handeln unter fremdem Namen im Internet liegen hingegen völlig anders. Für den Geschäftspartner ist doch gerade nicht ersichtlich, ob der Dritte auch schon in der Vergangenheit unter dem Account gehandelt hat. An sein – nicht deutlich werdendes – mehrfaches Auftreten in der Vergangenheit kann also das Entstehen eines Rechtsscheins nicht geknüpft werden.[799] Hielte man daran fest, begründete man eine „Rechtsscheinhaftung ohne Rechtsschein“.[800] Das Vertrauen des Geschäftspartners gründet einzig und alleine darauf, dass nur der tatsächliche Inhaber eines Accounts der Handelnde sein kann, weil nur ihm seine Zugangsdaten bekannt sind (bzw. sein dürfen).[801] Im Grunde hat das auch der BGH erkannt, indem er einen Verzicht auf dieses Erfordernis deshalb

796 BGH NJW 1956, 1673, 1674; BGHZ 1998, 1854, 1855; BGH LM § 164 Nr. 54; Palandt/*Ellenberger*, § 172 Rn. 12.

797 BGHZ 189, 346, 353.

798 *Faust*, JuS 2011, 1028; vgl. auch *Müller-Brockhausen*, Haftung für Zugangsdaten, S. 198.

799 *Oechsler*, MMR 2011, 623; a.A. ist *Klein*, MMR 2011, 451, der an diesem Erfordernis festhalten will und deshalb eine Haftung des Kontoinhabers nur für möglich hält, wenn es bereits in der Vergangenheit zu missbräuchlichem Verhalten gekommen ist; einen Verzicht hält auch *Rieder*, Rechtsscheinhaftung im elektronischen Geschäftsverkehr, S. 196 f. für unmöglich.

800 *Sonnentag*, WM 2012, 1615.

801 *Schinkels*, LMK 320461 2011; *Faust*, JuS 2011, 1028.

in Betracht zieht, weil das Handeln unter einem Nutzerkonto im Internetverkehr aufgrund der „Identifikationsfunktion“ der Nutzerdaten „allein der Beklagten“, also der Kontoinhabern zugeordnet wird.[802] Die Idee, das Häufigkeitsmerkmal durch den Sicherheitsgrad jeweiliger Legitimationssysteme zu ersetzen, ist dabei nicht neu.[803] Letztlich verneint der BGH diesen Verzicht aber mit Blick auf die mangelnde Sicherheit von Passwörtern.[804] Sowohl auf die Frage der Substitution des Häufigkeitsmerkmals, als auch auf die Sicherheit von Passwörtern wird noch zurückzukommen sein.[805]

Die fehlende Eignung als „Tatbestandselement einer Rechtsscheinhaftung“[806] für die Konstellationen des Handelns unter fremdem Namen hatte ursprünglich auch der BGH schon erkannt. In seiner Entscheidung zu R-Gesprächen[807], wo der Sache nach auch ein Handeln unter fremdem Namen gegeben war, hatte er sich bereits zu der Aussage eingelassen, „dass die herkömmlichen Kriterien für die Anscheinsvollmacht beim Abschluss von Verträgen über Verbindungsdienstleistungen durch die Wahl von Nummern am Telefongerät nicht passen“.[808] Das war auch der Grund, warum er bzgl. der Grundsätze der Anscheinsvollmacht in diesem Fall Modifikationen vorgenommen hatte. In der vorliegenden Entscheidung bleibt diese Entwicklung leider völlig unerwähnt und vor allem unberücksichtigt.

Es lässt sich folglich festhalten, dass das Rechtsinstitut Anscheinsvollmacht nicht geeignet ist, das Vertrauen des Geschäftspartners in den Fällen des Handelns unter fremdem Namen im Internet einzuordnen und zu schützen.[809] Anknüpfungspunkt für das Vertrauen des Dritten ist hier sein berechtigter Glaube daran, dass nur der Accountinhaber unter seinem Account Rechtsgeschäfte vornimmt, weil allein ihm der Zugang zum Account möglich ist. Die

---

802 BGHZ 189, 346, 353.

803 *Borsum/Hoffmeister*, NJW 1985, 1206; *Linardatos*, Jura 2012, 54; schon in seiner Entscheidung zu R-Gesprächen war der BGH der Sache nach diesen Weg gegangen, vgl. BGHZ 166, 369, 376; *Klees*, CR 2006, 460.

804 BGHZ 189, 346, 354.

805 Siehe S. 133.

806 *Herresthal*, JZ 2011, 1173.

807 BGHZ 166, 369, 376; vgl. auch Fn. 803.

808 BGHZ 166, 369, 374.

809 So auch *Linardatos*, Jura 2012, 54; *Herresthal*, K&R 2008, 706; *Herresthal*, JZ 2011, 1172; *Kuhn*, Rechtshandlungen mittels EDV, 215 f.; *Rieder*, Rechtsscheinhaftung im elektronischen Geschäftsverkehr, S. 196 f.; *Schinkels*, LMK 320461 2011; *Stöber*, JR 2012, 228.

Anscheinsvollmacht kann dieses Vertrauen des Rechtsverkehrs nicht adäquat erfassen.[810]

III. Die Anwendbarkeit der Anscheinsvollmacht für das Handeln unter fremdem Namen generell

Nach dem Ergebnis des vorherigen Abschnitts drängt sich die Frage geradezu auf, ob die Anscheinsvollmacht nicht mit dem Handeln unter fremdem Namen insgesamt unvereinbar ist. Die Gegebenheiten des Vertragsschlusses im Internet bringen zwar Eigenheiten mit sich, auf das Handeln unter fremdem Namen im tradierten Sinne lässt sich aber das dazu bereits ausgeführte sinngemäß übertragen: In diesen Fällen schließt ein Dritter mit dem Geschäftspartner einen Vertrag und gibt sich dabei als Herr X aus. Nach dem Empfängerhorizont des Geschäftspartners muss auch die Person Herr X wesentlich sein, denn ansonsten wäre schon keine Identitätstäuschung gegeben. Eine solche ist aber Voraussetzung für das hier vertretene Verständnis des Begriffs „Handeln unter fremdem Namen".[811]

Wendet man nun die Anscheinsvollmacht an, ergibt sich folgendes Bild: Herr X selbst würde dem Geschäftspartner dann auf Erfüllung haften, wenn er hätte wissen müssen und verhindern können, dass der Dritte unter seinem Namen auftritt. Die Frage ist somit, ob Herr X dem Dritten die Identitätstäuschung durch sein Verschulden ermöglicht hat. Schon an dieser Fallgestaltung wird deutlich, dass diese Fälle gegenüber dem Handeln unter fremdem Namen im Internet deutlich weniger Praxisrelevanz haben.[812] In den meisten Konstellationen wird der Geschäftspartner mangels Interesses an der genauen Identität des Handelnden (Bsp. Bargeschäft des täglichen Lebens) keiner Identitätstäuschung unterliegen. Ob die Anscheinsvollmacht auch hier den geeigneten Anknüpfungspunkt bildet, ist fraglich. Wieso soll Herr X für das Auftreten des Dritten verantwortlich gemacht werden? Wie genau hat er dem Dritten die Identitätstäuschung ermöglicht? Hat er damit rechnen müssen, dass dieser seine Ausweisdokumente o.ä. an sich nimmt? Etwa weil er bereits in der Vergangenheit als Herr X aufgetreten ist? Und warum soll der Geschäftspartner überhaupt schutzwürdig sein?

---

810 *Herresthal*, JZ 2011, 1172.

811 Siehe dazu oben S. 35.

812 Es lassen sich auch keine Beispiele aus der Rechtsprechung finden, in denen ein Vertragsschluss durch Handeln unter fremdem Namen ohne die Zuhilfenahme von technischen Mitteln (z.B. Btx, R-Gespräche, Internet) gegeben war. Die Bedeutung der Rechtsfigur des Handelns unter fremdem Namen für Rechtsgeschäfte im elektronischen Geschäftsverkehr wird auch bei *Oechsler*, AcP 208 (2008), 566 f. deutlich.

Sein schützenswertes Vertrauen muss doch in Anhaltspunkten und Tatsachen zu suchen sein, die auf die Echtheit der Identität hindeuten. Dabei können diese Anhaltspunkte nicht darin liegen, dass der Dritte bereits in der Vergangenheit als Herr X aufgetreten ist und Herr X nicht dagegen eingeschritten ist. Denn wie bei den Fällen im Internet wird für den Geschäftspartner nicht deutlich, dass es überhaupt eine dritte Person gibt. Er gründet sein Vertrauen nicht auf eine aus seiner Sicht anscheinend bestehende Bevollmächtigung, sondern wenn überhaupt auf Merkmale, die die Identität seines Gegenübers untermaueRn. Auch zur Erfassung dieser Konstellation ist die Anscheinsvollmacht damit ungeeignet.

Die Anwendung der Duldungsvollmacht weitet den Blick auf die ganze Dimension der Untauglichkeit der Rechtsscheinvollmachten für das Handeln unter fremdem Namen. In diesem Fall wüsste Herr X, dass ein Dritter unter seinem Namen auftritt (bzw. in der Vergangenheit aufgetreten ist) und würde dagegen nicht eingreifen, d.h. das Verhalten des Dritten dulden. Der Geschäftspartner wiederum müsste Kenntnis vom Auftreten des Dritten als Herr X haben und auch von der Duldung durch Herrn X wissen. Wenn der Geschäftspartner von der Duldung weiß, unterliegt er allerdings auch keiner Identitätstäuschung mehr. Ein Handeln unter fremdem Namen liegt dementsprechend dann auch nicht mehr vor.

Nach der zutreffenden h.M. sind in den Fällen des Handelns unter fremdem Namen die Vertretungsregeln entsprechend heranzuziehen.[813] Als Ergebnis der hier durchgeführten Untersuchung steht nunmehr fest, dass diese h.M. um den Zusatz zu erweitern ist, dass zwar die Stellvertretungsregeln auf das Handeln unter fremdem Namen analog anzuwenden sind, davon die Rechtsscheinvollmachten aber auszunehmen sind.

D. Weitere Kritikpunkte

I. Die mangelnde Sicherheit von Passwörtern als Argument des BGH

Der vom BGH angedachte Verzicht auf das Erfordernis der „Häufigkeit und Dauer“ des Auftretens eines Dritten unter einem Account war laut dem Urteil aufgrund der mangelnden Sicherheit von Passwörtern ausgeschieden. Zwar

813 *Flume,* Das Rechtsgeschäft, S. 777 ff.; *Letzgus*, AcP 126 (1926), 53 f.; *Medicus/Petersen,* Bürgerliches Recht, Rn. 82; *Mansfeld*, LZ 1914, 805 f.; *Geusen*, Das Handeln unter fremdem Namen im Zivilrecht, S. 68; Staudinger/*Schilken*, vor § 164 Rn. 90; MüKo/*Schramm*, § 164 Rn. 37 ff.; Palandt/*Ellenberger*, § 164 Rn. 10; *Köhler,* BGB Allgemeiner Teil, § 11 Rn. 23.

komme Zugangsdaten eine „Identifikationswirkung" zu, allerdings könne „angesichts des im Jahr 2008 gegebenen und auch derzeit vorhandenen Sicherheitsstandards im Internet […] nicht zuverlässig geschlossen werden, dass unter einem registrierten Mitgliedsnamen ausschließlich dessen tatsächlicher Inhaber auftritt".[814]

In der Tat ist die Ausspähung von Passwörtern im Internet ein vermehrt auftretendes Problem. Doch auch in der realen Welt werden Passwörter, PIN-Nummern und andere Identifikationsmerkmale gestohlen.[815] Neu sind hingegen die betrügerischen Techniken und Methoden, besonders das sog. „Phishing" und das „Pharming", deren sich die Betrüger bedienen.[816] Angesichts dieser Möglichkeiten haben verschiedene Instanzgerichte in der Vergangenheit auch die Schutzwürdigkeit desjenigen verneint, der darauf vertraut, dass nur der tatsächliche Inhaber unter seinem Account Handlungen vornimmt.[817]

Zweifel an dieser Linie der Rechtsprechung sind durchaus angebracht. Passwörter und Nutzerdaten „liegen nicht auf der Straße"[818]. Die Ausspähung von Nutzerdaten oder gar das Hacken mit Hilfe von Spysoftware bedarf trotz allem ein gewisses Maß von Fertigkeiten und Kenntnissen, über die nur wenige Nutzer

---

814 BHGZ 189, 346, 354.

815 *Kau*, Vertrauensschutzmechanismen im Internet, S. 55; insofern kritisch auch *Redeker*, IT-Recht, Rn. 875.

816 Beim sog. Phishing (abgeleitet von Password-Fishing) erhält der Inhaber eines Benutzerkontos eine Nachricht vom Betreiber der Plattform, mit der Aufforderung, seine Nutzerdaten zu bestätigen, zu aktualisieren oder zur Überprüfung neu zu übermitteln. Hierzu wird der Nutzer über einen Link auf eine gefälschte, der tatsächlichen Website des Betreibers nur ähnlich sehende Seite geleitet. Dort wird er zur Eingabe seiner Nutzerdaten aufgefordert. Gibt der Nutzer seine Daten ein, hat der Betreiber der gefälschten Seite die Zugangsdaten erlangt. Demgegenüber bezeichnet das sog. Pharming ein Verfahren, das vom Zutun des Nutzers unabhängig ist. Hier werden im Domain-Name System bzw. an der lokalen Host Datei, auf die der Browser bei Aufruf einer Website zugreift, durch gezielte Einwirkung (etwa Trojaner) Manipulationen vorgenommen, die den Nutzer, z.B. bei Aufruf der Website seiner Bank auf eine gefälschte Seite weiterleiten. Wie beim Phishing wird der Nutzer dort zur Eingabe seiner Daten aufgefordert. Vgl. zu den technischen Möglichkeiten des Diebstahls von Nutzerdaten ausführlich *Borges*, NJW 2005, 3314; *Borges/Schenk/Stuckenberg u. a.* (Hrsg.), Identitätsdiebstahl und Identitätsmissbrauch im Internet, S. 17 ff.

817 OLG Bremen MMR 2012, 593, 594; LG Bonn MMR 2002, 255, 256; OLG Köln MMR 2002, 813, 814; LG Bonn CR 2004, 218, 219; LG Magdeburg CR 2005, 466, 467.

818 *Mankowski*, CR 2011, 458.

in der Realität verfügen.[819] Die Wahrscheinlichkeit dafür, dass ein Passwort tatsächlich von einem Dritten gehackt oder ausgespäht wurde, ist sehr gering.[820]

Von einigen Stimmen in der Literatur[821] wird noch ein weiteres Argument gegen die angeblich mangelnde Sicherheit von Passwörtern als Grundlage einer Rechtsscheinhaftung erhoben: Auch bei einer Vollmachtsurkunde wisse der Geschäftspartner nicht, ob die Unterschrift tatsächlich vom Aussteller stamme oder gefälscht sei. Weil der Gesetzgeber aber die – leicht zu fälschende – Vollmachtsurkunde in § 172 als möglichen Rechtsscheinträger anerkannt habe, würde sich ein „Wertungswiderspruch" ergeben, wenn man ein vergleichsweise sichereres Passwortsystem nicht hierfür genügen lasse.[822] Eine entsprechende Lage ergebe sich auch mit Blick auf die Haftung aufgrund einer zur Vervollständigung bzw. Ausfüllung überlassenen Blanketturkunde analog § 172. Schließlich sei kaum eine Erklärung so leicht veränderbar und manipulierbar wie eine im entscheidenden Punkt (z.B. die Höhe einer Summe beim Scheck) offen gelassene und mit der Unterschrift des Ausstellers versehene Erklärung.[823] Hier komme nach h.M.[824] trotz der großen Manipulationsgefahr eine Haftung des Erklärungsempfängers in Betracht. Auch darin sei ein Wertungswiderspruch zur ablehnenden Haltung bzgl. der Sicherheit von Passwörtern als Grundlage eines Rechtsscheins zu sehen.

Dieser Argumentation kann allerdings nur mit Vorsicht gefolgt werden. Hinsichtlich des Vergleichs mit der Rechtslage bei einer Vollmachtsurkunde ergeben sich doch entscheidende Unterschiede. Bereits an anderer Stelle in dieser Arbeit wurde herausgearbeitet, dass nur die willentliche „Aushändigung" geeignet ist, die Wirkung des § 172 zu begründen.[825] In den hier fraglichen Fällen gelangten die Nutzerdaten aber stets ohne Wissen und Wollen in die Hände des Dritten. Zwar kann eine verfälschte Vollmachtsurkunde tatsächlich einen Rechtsschein

---

819 Insoweit auch einschränkend: *Mankowski*, NJW 2002, 2823; *Kau*, Vertrauensschutzmechanismen im Internet, S. 55; *Schinkels*, LMK 320461 2011.

820 Siehe *Mankowski*, CR 2011, 458, der aus der zunehmenden Anzahl von Phishing-Attacken den Schluss zieht, dass das „Hacken" von Passwörtern mit erheblichen Schwierigkeiten verbunden sein muss. Im Vergleich zum Phishing, bei dem der Betrüger auf die „Mithilfe" des Nutzers angewiesen ist, böte das „Hacken" den einfacheren und vor allem heimlicheren Weg.

821 *Oechsler*, AcP 208 (2008), 579; *Faust*, JuS 2011, 1028 f.; *Schinkels*, LMK 320461 2011.

822 *Schinkels*, LMK 320461 2011.

823 *Oechsler*, AcP 208 (2008), 579.

824 Vgl. zu dieser h.M. nur Staudinger/*Schilken*, § 172 Rn. 8; Palandt/*Ellenberger*, § 172 Rn. 5; RGZ 138, 265, 269; BGHZ 40, 65, 68; BGHZ 113, 48, 53.

825 Siehe oben S. 90.

begründen, wie dies zum Teil vorgeschlagen wird.[826] Bei der Frage ob dieser Rechtsscheintatbestand aber auch zugerechnet werden kann, wird man aber zu einem anderen Ergebnis gelangen.

Es bedarf aber gar nicht erst des Rückgriffs auf § 172, um sich derjenigen Ansicht anzuschließen, die den Sicherheitsgrad von Passwörtern (jedenfalls unter gewissen Umständen) als ausreichende Grundlage für eine Rechtsscheinhaftung ansieht.

Würde man der Rechtsprechung folgen, die gegenteiliger Ansicht ist, käme jedem Empfänger einer Willenserklärung im Internet die Beweislast dafür zu, dass die Erklärung wirklich von demjenigen stammt, der aus ihr als Erklärender hervorgeht.[827] Dieser Weg führt in seiner letzten Konsequenz zu dem kuriosen Ergebnis, dass sich jede Vertragspartei darauf berufen kann, nicht selbst unter dem jeweiligen Account gehandelt zu haben. Über die Schutzbehauptung, ein anderer müsse sich mittels der Nutzerdaten Zugang verschafft haben, wird es dem Vertragspartner so möglich, sich der vertraglichen Bindung zu entziehen.[828]

Des Weiteren muss sich der BGH den Vorwurf gefallen lassen, sich selbst widersprochen zu haben. In der Literatur wird bisher auf diesen Umstand verwunderlicherweise nicht hingewiesen: Noch im Halzband-Urteil hatte der 1. Zivilsenat des BGH doch gerade auf die Zugangsdaten als Grundlage für einen neuen „Zurechnungsgrund“ hingewiesen. In diesem Urteil heißt es wörtlich: „Die Kontrolldaten und das Passwort eines Mitgliedskontos bei eBay ermöglichen demnach als ein besonderes Identifikationsmittel – im vertraglichen wie auch im vorvertraglichen Bereich – ein Handeln unter einem bestimmten Namen nach außen hin.“ Sodann findet sich die im diametralen Gegensatz zur hier behandelten Entscheidung des 8. Zivilsenates stehende Feststellung: „Die Identifikationsfunktion der Zugangsdaten geht dabei weit über die Verwendung eines Briefpapiers, eines Namens oder einer Adresse hinaus, bei denen der Verkehr weiß, dass diese gegebenenfalls von jedermann nachgemacht oder unberechtigterweise verwendet werden können“.[829] Während der 1. Senat des BGH also die hergebrachten materiellen Träger von Vertrauen wie etwa Briefpapier als fälschungsanfällig ansieht, findet sich kein Wort des Zweifels hinsichtlich der Sicherheit von Nutzerdaten eines Mitgliedskontos im Internet. Ganz

---

826 *Schinkels*, LMK 320461 2011.

827 *Kau*, Vertrauensschutzmechanismen im Internet, S. 56; insofern konsequent z.B. LG Bonn MMR 2004, 179, 180; OLG Köln CR 2003, 55, 55; LG Konstanz MMR 2002, 835, 835f.; AG Erfurt MMR 2002, 127, 128.

828 *Mankowski*, NJW 2002, 2822.

829 BGHZ 180, 134, 139 f.

offensichtlich geht das Gericht sogar vom Gegenteil aus, indem es feststellt, die „Identifikationsfunktion" von Nutzerdaten gehe „weit" darüber hinaus.[830] Zwar liegen zwischen den beiden Urteilen zwei Jahre, allerdings hat die Sicherheit von Passwortsystemen in dieser Zeit eher zu- als abgenommen. Dass sich der 1. und der 8. Senat in einer solchen Frage widersprechen, ist der Rechtssicherheit nicht dienlich und in diesem Fall angesichts der großen Bedeutung für das noch in der Entwicklung begriffene Gebiet des Internetrechts besonders misslich.

Es lässt sich somit festhalten, dass jedenfalls der pauschale Weg, allen Nutzerdaten und Legitimationszeichen im Internet per se mangelnde Sicherungs- und Überwachungsvorkehrungen vorzuwerfen, nicht gangbar ist.[831] Hier ist eine differenziertere Betrachtungsweise angebracht. Wenigstens von den Nutzerdaten, die zu einer Plattform gehören, über die bestimmungsgemäß rechtsgeschäftlich gehandelt wird – und das wird man für eBay annehmen müssen – darf man auf die Identität seines Vertragspartners vertrauen.[832] Bei dieser Art von Account muss üblicherweise davon ausgegangen werden, dass der Accountinhaber gewisse Sicherheitsstandards einhält.[833]

II. Zur Abgrenzung vom Halzband-Urteil

In den vorstehenden Bemerkungen zur Sicherheit von Passwörtern ist bereits angeklungen, dass sich die hier behandelte Entscheidung und das Halzband-Urteil des BGH teilweise widersprechen. Kurioserweise beziehen sich beide Fälle auf die Haftung des Inhabers eines eBay-Accounts. Aber nicht nur in der Frage, ob Passwörter aufgrund der bestehenden Missbrauchsmöglichkeiten einen ausreichenden Anknüpfungspunkt für eine Haftung des Inhabers darstellen, unterscheiden sie sich. Fasst man die Ergebnisse beider Urteile zusammen, ergibt sich für die rechtsgeschäftliche und die deliktische Seite jeweils ein unterschiedliches Bild. Während der BGH im Halzband-Urteil einen neuen

830 *Hecht*, K&R 2009, 462; meint darin das Bestreben des BGH zu erkennen, „die Verlässlichkeit von Identitätsmerkmalen bei der elektronischen Kommunikation, insbesondere im elektronischen Rechts- und Geschäftsverkehr zu erhöhen".

831 So auch *Oechsler*, AcP 208 (2008), 578 f.; *Kau*, Vertrauensschutzmechanismen im Internet, S. 56; *Faust*, JuS 2011, 1028; auch *Bork*, BGB AT, Rn. 1411 hält ein Kennwort eines Computersystems für eine mögliche Grundlage einer Rechtsscheinvollmacht; OLG Oldenburg NJW 1993, 1401; a.A. und damit auf der Linie des BGH ist *Klein*, MMR 2011, 450.

832 *Herresthal*, K&R 2008, 708.

833 Das gilt besonders, wenn der Nutzer wie bei eBay sogar vertraglich zur Geheimhaltung verpflichtet ist. Siehe dazu auch S. 138 ff.

Zurechnungsgrund – man könnte auch von einer neuen Verkehrspflicht sprechen – geschaffen hat, lehnte er im vorliegenden Fall eine rechtsgeschäftliche Bindung aufgrund der pflichtwidrigen Aufbewahrung der Nutzerdaten ab. Wohl gibt sich der BGH alle Mühe, dieses Ergebnis durch eine Abgrenzung vom Halzband-Urteil zu erreichen. Man kann dabei aber leicht den Eindruck gewinnen, dass die Triebfeder dieser Rechtsprechung eher die rechtspolitische Zielsetzung als die dogmatische Herleitung war.

Im Halzband-Urteil ist von einem „selbständigen Zurechnungsgrund“[834] die Rede, dessen Entstehen unabhängig vom Wissen des Kontoinhabers um das Handeln des Dritten und vom Wissen des Geschäftspartners um den Missbrauch selbst ist. Diese für den vertraglichen Bereich möglichen Einschränkungen der Haftung des Kontoinhabers haben nach dem BGH ihre Erklärung darin, „dass eine Haftung in solchen Fällen nur dann gerechtfertigt ist, wenn die berechtigten Interessen des Geschäftsgegners schutzwürdiger sind als die Interessen desjenigen, der aus der Sicht des Geschäftsgegners der Geschäftsherr ist“.[835] Im Halzband-Fall war nach Ansicht des BGH eine solche Abwägung deshalb nicht möglich, weil derjenige, der seine Nutzerdaten „pflichtwidrig“ aufbewahre, sich nicht auf höherrangige Interessen berufen kann. Mit anderen Worten sieht der BGH die pflichtwidrige Verwahrung von Nutzerdaten als so schwerwiegend an, dass für eine Interessenabwägung zu Gunsten des Accountinhabers kein Raum mehr bleibt.

Liest man diese Passagen des Urteils genau, kann man durchaus den Eindruck gewinnen, dass der 1. Senat eine Ausweitung der Haftung des Accountinhabers auch für den vertraglichen Bereich im Sinn hatte.[836] Dieser Schritt hätte sich vor allem mit Blick auf die zu der Missbrauchsproblematik bei R-Gesprächen ergangene Entscheidung angeboten.[837] Hier hatte der BGH „Sonderrecht“[838] für Telekommunikationsdienstleistungen geschaffen, weil es für eine Haftung des Anschlussinhabers für das missbräuchliche Handeln eines Dritten unter seinem Anschluss nicht mehr auf die konkrete Schaffung eines Vertrauenstatbestandes ankam. Angesichts der Tatsache, dass der BGH den Verzicht auf einen

834 BGHZ 180, 134, 139.

835 BGHZ 180, 134, 141.

836 So auch *Hecht*, K&R 2009, 462 f. und *Rössel*, CR 2009, 455, die beide noch einmal darauf hinweisen, dass eine solche Haftung über die tradierten Instrumente (Duldungs- und Anscheinsvollmacht) hinausgehen, weil hier nicht mehr die Schaffung eines konkreten Vertrauenstatbestands erforderlich ist.

837 BGHZ 166, 369 vgl. oben.

838 *Lobinger*, JZ 2006, 1079.

„individuell geschaffenen Vertrauenstatbestand“ mit dem Charakter eines R-Gesprächs als ein „praktisch vollständig technisiertes, anonymes Massengeschäft“[839] begründete, hätte sich eine Fortschreibung dieser Rechtsprechung für die Fälle des Handelns unter fremdem Namen im Internet geradezu aufgedrängt. Mit der hier erörterten Entscheidung ist der BGH einem solchen Verständnis allerdings entgegengetreten.

Damit steht fest, dass die Halzband-Entscheidung aus der Sicht der Richter nur die deliktsrechtliche Fortschreibung des in der Rechtsprechung zu den R-Gesprächen begonnenen Weges ist. Auf den rechtsgeschäftlichen Bereich seien diese für den „deliktischen Bereich entwickelten Grundsätze“[840] nämlich nicht übertragbar.[841] Während im Deliktsrecht der Schutz absoluter Rechte stets Vorrang genieße, müsse man im rechtsgeschäftlichen Bereich stets eine Abwägung vornehmen zwischen den Interessen des Accountinhabers und des Geschäftspartners. Woher der BGH diesen Vorrang absoluter Rechte herleitet, während er gleichzeitig die Interessen des Geschäftspartners als abwägungsbedürftig einordnet, bleibt auch nach dieser Entscheidung unklar. Auch bei der Wahrung absoluter Rechte handelt es sich doch um ein „Interesse“ des jeweils Berechtigten. Warum soll dieses Interesse schwerer wiegen? Nach dem jetzigen Stand haftet ein Accountinhaber folglich für Verstöße etwa gegen das Wettbewerbsrecht, die von einem Dritten unter seinem Account begangen wurden, kann sich aber gegenüber einem vermeintlichen Geschäftspartner der Erfüllungshaftung mit der (ggf. zu beweisenden) Behauptung entziehen, ein Dritter habe unter seinem Account gehandelt. Diese nicht nachvollziehbare Ungleichbehandlung kann jedenfalls nicht im Sinne einer kohärenten Rechtsprechung auf einem sich entwickelnden Feld wie dem der Rechtsgeschäftslehre im Internet sein.

III. Zur Nichtberücksichtigung der AGB

Schließlich gibt es noch einen letzten Punkt dieser Entscheidung, der zumindest diskussionswürdig erscheint. Der BGH hatte eine Haftung der Accountinhaberin aufgrund § 2 Ziffer 9 der AGB von eBay[842] mit der Begründung abgelehnt, diese seien nur zwischen den Nutzern und eBay selbst vereinbart und deshalb

839 BGHZ 166, 369, 376.

840 BGHZ 189, 346, 354.

841 Dabei übersieht der BGH, dass er ähnliche Grundsätze in seiner R-Gespräche-Entscheidung bereits zur Anwendung gebracht hat.

842 „Mitglieder haften grundsätzlich für sämtliche Aktivitäten, die unter Verwendung ihres Mitgliedskontos vorgenommen werden“.

nur in diesem Verhältnis von Bedeutung. Das Gericht gießt mit seinen Ausführungen neues Öl in das Feuer einer im Umfeld von Internetplattformen „ebenso alten wie fundamentalen“[843] Diskussion. Schon länger gilt als umstritten, welcher drittschützende Charakter solchen Geschäftsbedingungen zukommt. Dabei lassen sich in der Literatur verschiedene Richtungen unterscheiden, wie mit dieser Frage umgegangen wird.

Eine ganze Reihe von Autoren will die Wirkung von AGB, die zwischen dem Plattformbetreiber und dem jeweiligen Nutzer vereinbart wurden – man kann diese durchaus als Nutzungsbedingungen begreifen[844] – auch auf die Nutzer einer Plattform untereinander erstrecken.[845] Hier unterscheiden sich abermals die Wege, wie dieses Ziel erreicht werden soll. Während einige in der Zustimmung zu den AGB einen Vertrag zugunsten Dritter erblicken[846], möchten andere nur einen Vertrag mit Schutzwirkung zugunsten Dritter annehmen[847]. Manche Autoren sehen wiederum in den AGB eine Art Rahmenvertrag, der für alle Nutzer einer Plattform Gültigkeit besitzt[848]

Demgegenüber verneinen einige Autoren jedwede Geltung der AGB für die Mitglieder bzw. Nutzer untereinander.[849]

Schließlich hat sich eine die Auslegung in den Mittelpunkt stellende Ansicht herausgebildet, die in Literatur und Rechtsprechung eine wachsende Zahl von Befürwortern findet.[850] Danach sollen die AGB zu einer Art Grundlage werden, anhand der die Erklärungen und Handlungsweisen der Nutzer auszulegen sind.

Wie lässt sich nun das vorliegende Urteil in diese Diskussion einordnen? Der BGH scheint sich auf der zuletzt angesprochenen Linie zu befinden, wenn im Urteil die Rede davon ist, die AGB könnten „allenfalls für die Auslegung der

---

843 *Mankowski*, CR 2011, 458.

844 So werden sie zum Teil auch ausdrücklich bezeichnet.

845 *Glatt*, Vertragsschluss im Internet, S. 57; *Wiebe*, MMR 2000, 325; *Hoffmann*, in: *Leible/Bär*, Versteigerungen im Internet, Rn. 122 u. 178; *Mankowski*, CR 2011, 458 f.; *Ernst*, Vertragsgestaltung im Internet, Rn. 779; *Ernst*, CR 2001, 122; *Wenzel*, NJW 2002, 1550.

846 *Glatt*, Vertragsschluss im Internet, S. 57; *Wiebe*, MMR 2000, 325; *Ernst*, CR 2001, 122; *Ernst*, Vertragsgestaltung im Internet, Rn. 779; *Spindler*, ZIP 2001, 812; dem Ergebnis nach auch *Jager*, JZ 2001, 789.

847 *Hoffmann*, in: *Leible/Bär*, Versteigerungen im Internet. Rn. 122 u. 178; *Mankowski*, CR 2011, 458 f.

848 *Wenzel*, NJW 2002, 1550; *Sester*, CR 2001, 105; so auch LG Berlin CR 2001, 413.

849 *Borges*, NJW 2005, 3315; *Herresthal*, K&R 2008, 709 f.; *Borges*, NJW 2011, 2403.

850 OLG Hamm NJW 2001, 1143; *Ulrici*, JuS 2000, 949; *Winter*, CR 2003, 296; *Rüfner*, MMR 2000, 598 f.; *Rüfner*, JZ 2001, 768; *Rüfner*, JZ 2000, 720.

vor ihrem Hintergrund erfolgten Erklärungen Bedeutung gewinnen“[851]. Wie sogleich noch zu zeigen sein wird, unterlässt das Gericht aber gerade diese Auslegung völlig. Mit seiner Ablehnung eines Vertrages zugunsten Dritter liegt der BGH allerdings richtig. Denn ob man tatsächlich im Abschluss der AGB zwischen Nutzer und Plattform einen Vertrag zugunsten Dritter erblicken kann, erscheint in der Tat fragwürdig. Dies kann am vorliegenden Fall gut verdeutlicht werden: Der Kläger hatte § 2 Ziffer 9 der AGB von eBay zugestimmt, wonach alle Handlungen, die von einem Account vorgenommen werden, diesem auch zugerechnet werden. Würde sich diese Regel auch wirksam auf Dritte (hier die Beklagte) erstrecken, hätte eBay mit der Klägerin einen Vertrag *zulasten* der Beklagten geschlossen. Dann würde sich aus dem Verhältnis zwischen Kläger und eBay bestimmen, wie Handlungsweisen und Erklärungen der Beklagten (und auch aller anderen Nutzer) rechtlich einzuordnen sind.[852] Ein solcher Vertrag zulasten Dritter ist nach allgemeiner Ansicht nicht zulässig.[853]

Auch die gegen einen Vertrag mit Schutzwirkung zugunsten Dritter erhobenen Einwände des BGH sind nachvollziehbar. Selbst wenn man einen solchen Vertrag nämlich annehmen würde, müsste die Haftungsregel § 2 Ziffer 9 der AGB-eBay wirksam sein. Hierzu stellt der BGH überzeugend fest, dass bei der gebotenen kundenfeindlichsten Auslegung dann auch Fälle erfasst wären, „in denen der Kontoinhaber die unbefugte Nutzung des Mitgliedskontos weder kannte noch diese hätte verhindern können“[854]. Eine solche Regel hielte einer Inhaltskontrolle nach § 307 Abs. 1 nicht Stand[855], weshalb auch bei Vorliegen eines Vertrags mit Schutzwirkungen zugunsten Dritter die Regelung in § 2 Ziffer 9 der AGB-eBay keine unmittelbare Geltung zwischen den Auktionsteilnehmern

851 BGHZ 189, 346, 356; ähnlich nunmehr auch BGH NJW 2014, 1292, 1293.

852 Hiergegen ließe sich allenfalls einwenden, der von einer AGB im negativen Sinne Betroffene (hier die Beklagte) habe den Regeln ja ebenfalls zugestimmt, weshalb es sich zwischen Klägerin und eBay nicht um einen Vertrag zulasten Dritter handeln könne. Erstens ändert diese Tatsache aber nichts daran, dass einer solchen Vereinbarung durchaus ein Verpflichtungscharakter gegenüber Dritten innewohnt, und zweitens geht dieser Einwand eindeutig in die Richtung der ebenfalls fragwürdigen Ansicht, die in der Zustimmung zu den AGB den Abschluss eines Rahmenvertrages erblickt.

853 Palandt/*Grüneberg*, vor § 328 Rn. 10; BGHZ 61, 359, 361; BGHZ 78, 369, 374 f.

854 BGHZ 189, 346, 356.

855 Zu diesem Resultat kommt offenbar auch *Mankowski*, CR 2011, 459, der deshalb eine Anpassung der Klausel anregt, so dass nachgewiesene Missbrauchsfälle nicht mehr erfasst sind.

hätte.[856] Zur Unwirksamkeit gem. § 307 Abs. 1 würde man schließlich in gleicher Weise gelangen, wenn man in der Zustimmung zu den AGB den Abschluss eines Rahmenvertrags (Nutzungsvertrags) erblicken würde.

Nach alledem scheint der BGH die richtige Lösung gefunden zu haben, wenn er die Bedeutung der AGB „für die Auslegung der vor ihrem Hintergrund erfolgten Erklärungen" betont.[857] Diese Feststellung bleibt aber folgenlos. Dabei liegt in der Auslegungslösung durchaus der richtige Ansatz: Damit die beiden Parteien überhaupt im Rahmen von eBay einen Kaufvertrag abschließen können, müssen sie vorher die AGB akzeptiert haben. Sie akzeptieren damit ein von eBay als Plattform vorgegebenes Regelwerk für die Interkationen der Nutzer untereinander. *Rüfner* bezeichnet diese Regeln daher treffenderweise auch als „virtuelle Marktordnung".[858] Sie werden zu einer akzeptierten Ordnung, unter deren Einhaltung die Geschäftsvorgänge ablaufen. Jedem Nutzer ist bekannt, dass alle Nutzer, die unter einer Plattform handeln, deren Spielregeln akzeptiert haben müssen. Dieses Bewusstsein prägt damit den Empfängerhorizont jedes Benutzers.[859] Ob also die AGB tatsächlich wirksam in den Vertrag zwischen Anbieter und Käufer einbezogen sind, kann dahinstehen. Der Grund für die Auswirkungen der AGB auf das Verhältnis zwischen Anbieter und Käufer liegt nicht in ihrer rechtlichen Geltung, sondern darin, dass sie „faktisch das Verständnis der Kontrahenten von den Erklärungen des jeweils anderen bestimmen"[860].

Bei der berühmten Trierer Weinversteigerung bekommt derjenige, der die Hand eigentlich nur zum Gruß erhoben hat, den Zuschlag, weil nach dem objektiven Empfängerhorizont das Heben einer Hand bei einer Versteigerung als Abgabe eines Gebots verstanden wird und der Grüßende dieses hätte erkennen können und müssen. Wie bei der Versteigerung die Gepflogenheiten und Geschäftsbräuche durch eine „Versteigerungsordnung" definiert sind, so unterliegt auch der Kauf bei eBay einer „Marktordnung". Durch die Zustimmung zu § 2 Ziffer 9 der AGB-eBay ist der Empfängerhorizont der Nutzer ebenso geprägt.[861]

856 So im Ergebnis auch *Borges*, NJW 2005, 3315, der aber nicht AGB-rechtlich argumentiert, sondern schon die Voraussetzungen eines Vertrags mit Schutzwirkungen zugunsten Dritter verneint.

857 BGHZ 189, 346, 356.

858 *Rüfner*, MMR 2000, 597; vgl. auch *Wiebe*, MMR 2000, 325.

859 *Rüfner*, MMR 2000, 598.

860 *Rüfner*, MMR 2000, 598 f.

861 Gegen den Vergleich mit der Trierer Weinversteigerung ließe sich einwenden, dass der Grüßende wenigstens den Willen zum Handeln überhaupt gehabt habe, während der Accountinhaber schon gar keine Handlung unter seinem Account habe

Den Nutzern muss dadurch klar sein, dass alle Aktivitäten, die unter ihrem Account vorgenommen werden, sowohl von eBay, als auch von anderen Nutzern als ihre eigenen Aktivitäten wahrgenommen und eingeordnet werden. Dass der BGH die Person des Accountinhabers als rechtsgeschäftlich wesentlich betrachtet, wird an einer früheren Stelle deutlich, wenn er betont, für den potentiellen Vertragspartner seien nur die Informationen „zu Person und Anschrift des Kontoinhabers ausschlaggebend“[862]. Im Zusammenhang mit den AGB hat er diese Idee nicht zu Ende gebracht.

E. Zusammenfassung zu BGHZ 189, 346 ff

An all diesen Kritikpunkten wird deutlich, dass der BGH „die Gelegenheit hat verstreichen lassen“[863], seine Rechtsprechung auf dem Gebiet der Rechtsscheinhaftung im Zusammenhang mit Accounts im Internet auf neue Füße zu stellen und „wertungsadäquat an die Funktionsbedingungen der Rechtswirklichkeit anzupassen“[864]. Das wird zunächst deutlich an der doch etwas bemühten Heranziehung des Instituts Anscheinsvollmacht für die Fälle des Handelns unter fremdem Namen. In der Untauglichkeit der Anscheinsvollmacht zur Erfassung dieser Fälle liegen im Kern auch die übrigen Kritikpunkte begründet.

Denn der BGH hatte selbst in seiner R-Gespräche-Entscheidung schon davon gesprochen, dass die herkömmlichen Kriterien der Anscheinsvollmacht für diese Fallgestaltungen „nicht passen“.[865] So können auch die Ausführungen zur angeblich mangelhaften Sicherheit von Passwörtern nicht überzeugen, wenn der BGH demgegenüber im Halzband-Urteil gerade an die Integrität von Passwörtern die deliktische Haftung des Accountinhabers anknüpft. Die mangelnde Heranziehung der AGB zur Auslegung in diesem Zusammenhang fügen sich in dieses Bild ein. Man kann den Eindruck gewinnen, dem BGH sei durchaus bewusst gewesen, dass es sich bei der Heranziehung von Stellvertretungsregeln – inklusive der Regeln über die Anscheinsvollmacht – für die Fälle des Handelns

---

vornehmen wollen. Diese Tatsache kann aber zu keinem anderen Ergebnis führen. Für den Geschäftspartner im Internet ist wegen der fortgeschrittenen Dematerialisierung des Vertragsschlusses das tatsächliche Verhalten des Accountinhabers überhaupt nicht erkennbar.

862 BGHZ 189, 346, 350.

863 *Herresthal*, JZ 2011, 1171.

864 *Herresthal*, JZ 2011, 1171.

865 BGHZ 166, 369, 374; Diese Rechtsprechung muss auch vor dem Hintergrund der ähnlich gelagerten Btx-Rechtsprechung gesehen werden.

unter fremdem Namen um ein wackliges Gebilde handelt. Die übrigen hier kritisierten Ausführungen des Urteils sind dann (um im Bild zu bleiben) verzweifelte Nagelschläge, um das Gebilde am Einsturz zu hindern.

Abschließend ist auf das Missbrauchsrisiko hinzuweisen, welches durch das Urteil des BGH geschaffen wurde.[866] So besteht jetzt die Gefahr, dass der Kontoinhaber sich der Inanspruchnahme durch seinen Vertragspartner mit der Behauptung entzieht, sein Account sei von Dritten benutzt worden.[867] Schnell könnte sich der Accountinhaber auf diese Weise der Haftung für ein mittlerweile unerwünscht gewordenes Geschäft entziehen.[868]

---

866 Diese Gefahr sehen auch *Mankowski*, CR 2011, 458; *Oechsler*, AcP 208 (2008), 578; *Härting/Strubel*, BB 2011, 2189; vgl. auch *Hauck*, JuS 2011, 967.

867 Besonders nahe liegend ist diese Möglichkeit, wenn der Accountinhaber behauptet enge Familienmitglieder hätten den Account ohne sein Wissen benutzt.

868 Eine Haftung auf das negative Interesse gem. §§ 280 Abs. 1, 311 Abs. 2, 241 Abs. 2 verbliebe ggf.

§ 5 Alternative Lösungsansätze für die rechtsgeschäftliche Haftung beim Accountmissbrauch

Nachdem herausgearbeitet wurde, dass die Anscheinsvollmacht für die Konstellationen des Handelns unter fremdem Namen nicht herangezogen werden kann, setzt sich der letzte Teil dieser Arbeit mit den Alternativen zur rechtsgeschäftlichen Einordnung der Accounthaftung auseinander. In der Literatur wird die hier vertretene Auffassung, wonach die Anscheinsvollmacht dafür nicht herangezogen werden kann, bislang nur vereinzelt geteilt. Die dort vertretenen alternativen Lösungsansätze sollen im Folgenden dargestellt und schließlich ein eigener Lösungsvorschlag unterbreitet werden.

A. Analoge Heranziehung von § 172

Einige Vertreter in der Literatur wollen die Vorschriften über den Schutz des guten Glaubens an den Bestand einer Vollmacht aufgrund einer Vollmachtsurkunde auf das Handeln unter fremdem Namen analog anwenden. Dabei lassen sich zwei Ansätze unterscheiden.

I. Das differenzierte System von Oechsler

Ausgehend von der Prämisse, dass ein hohes rechtspolitisches Interesse für eine vertragliche Verpflichtung des Namensträgers – also des Accountinhabers – spricht, versucht *Oechsler* dessen Haftung aus einer Heranziehung des Rechtsgedankens von § 172 herzuleiten. Für das Interesse an einer Haftung des tatsächlichen Kontoinhabers führt er als Begründung zunächst ins Feld, dass nur dieser vom Vertragspartner eindeutig über die hinterlegten Nutzerdaten identifiziert werden könne.[869] Außerdem sprächen die rechtlichen Rahmenbedingungen des elektronischen Rechtsverkehrs[870] für den Accountinhaber als Vertragspartner, weil nur diesem gegenüber eine Erfüllung der spezifischen Verkäuferpflichten möglich sei.[871] Schließlich verweist er auf die Funktionsfähigkeit

869 *Oechsler*, AcP 208 (2008), 567 f.

870 Zu denken wäre nach *Oechsler* etwa an die Organisationspflichten aus § 312e, die Informationspflichten aus § 312c Abs. 1 sowie die Belehrungspflichten aus §§ 355 Abs. 2, 357 Abs. 3.

871 *Oechsler*, AcP 208 (2008), 567.

der im Internet üblichen Bewertungssysteme von Käufern und Verkäufern.[872] Da diese Systeme letztlich als Ersatz der persönlichen Inaugenscheinnahme von Ware und Personal im Ladenlokal dienten, habe der Vertragspartner ein großes Interesse daran, nur mit dem vermeintlich positiv bewerteten Nutzer zu kontrahieren.[873]

Bei Fällen, in denen ein Dritter unter fremdem Namen auftrete, passe der Rechtsgedanke des § 172. Dieses versucht *Oechsler* ausgehend von den Fällen der Blanketthaftung herzuleiten, bei denen zwischen einem offenen und einem verdeckten Blankett unterschieden wird.[874] Bei einem verdeckten Blankett handelt es sich um eine Willenserklärung, die vom Erklärenden an einer Stelle bewusst offen gelassen wurde (z.B. die Summe eines Schecks) und dann vom Inhaber des Blanketts fertig ausgefüllt wird, bevor dieser es dem Dritten überreicht. Dieser Vorgang erscheine nach außen als eine einheitliche Willenserklärung des Erklärenden. Wenn der Dritte die offene Stelle dagegen in Anwesenheit des Geschäftspartners ausfülle, bedürfe es aus der Sicht des Vertragspartners einer Legitimation zum Ausfüllen, ähnlich einer Vollmachtsurkunde.[875] Irrelevant sei für den Geschäftspartner aber, ob diese Legitimation aufgrund von Botenmacht, einer Ermächtigung oder Vertretungsmacht beruhe.[876] Eine Haftung ergebe sich jedenfalls nach entsprechender Heranziehung von § 172.

Oechsler verweist sodann auf die h.M.[877], wonach der Geschäftspartner in den Fällen des verdeckten Blanketts nicht schlechter stehen dürfe, als beim offenen Blankett. Seine Schutzbedürftigkeit ergebe sich deshalb, weil er die Willenserklärung schon gar nicht mehr als Blankett erkennen könne. Der auf eine schriftliche Willenserklärung Vertrauende sei ebenso schutzwürdig, wie derjenige, „der sein Vertrauen angesichts einer schriftlichen Vollmachtsurkunde auf den Fortbestand der Vollmacht setze“[878]. Nach dieser dogmatischen Herleitung der Blanketthaftung schlägt *Oechsler* die Brücke zum Handeln unter fremdem Namen im Internet. Zur zentralen Frage seiner Untersuchung wird dabei, ob es sich bei elektronischer Signatur, den im Internet üblichen Passwortsystemen oder anderen Geheimziffern um Rechtsscheinträger handelt, die in ihrer vertrauensbildenden Wirkung der eines Blanketts gleich kommen. Gegen eine Vergleichbarkeit sprechen nach *Oechsler*

---

872 So auch OLG München MMR 2004, 625.
873 *Oechsler*, AcP 208 (2008), 567 f.
874 *Canaris,* Vertrauenshaftung. S. 54 f.; vgl. zur Blanketthaftung auch oben S. 123.
875 *Oechsler*, AcP 208 (2008), 569.
876 *Müller*, AcP 181 (1981), 518 ff.; *Oechsler*, AcP 208 (2008), 569.
877 BGHZ 40, 65, 68; *Canaris,* Vertrauenshaftung, S. 64 f.; *Müller*, AcP 181 (1981), 525.
878 *Oechsler*, AcP 208 (2008), 569; vgl. BGH NJW 1964, 656.

die nach h.M. bei Blanketturkunden grundsätzlich notwendige Schriftform (§ 126) und die nach dem Wortlaut erforderliche „Vorlage" der Vollmachtsurkunde, die nur gegeben sei, wenn dem Erklärungsempfänger die Urschrift zugänglich gemacht werde.[879] Lediglich die elektronische Signatur könne die Schriftform gem. § 126 Abs. 3 ersetzen, allerdings existiere von ihr genau wie von Passwörtern und anderen elektronischen Identifikationszeichen keine Urschrift, von der eine Vorlage möglich sei. Trotz dieser Schwierigkeiten verweist *Oechsler* auf einige Fälle aus der Vergangenheit in denen § 172 unterhalb der beschriebenen nach h.M. notwendigen Anforderungen des Wortlauts zur Anwendung gekommen ist.[880] Diese Tatsache nimmt er zum Anlass, mit Blick auf die Entstehungsgeschichte der Norm die oben aufgeworfene Frage der Vergleichbarkeit vertieft zu untersuchen.

Die Ausführungen beginnen mit der Bemerkung, in der Literatur zur Entstehungszeit des BGB sei die Idee des Vertrauensschutzes hinsichtlich einer Vollmacht bis auf *Windscheid*[881] nicht sehr verbreitet gewesen.[882] Gemeinsam sei § 117 TE[883] und der von der Ersten Kommission später neu gefassten Vorschrift[884], dass sie an das Verschulden bzw. das Veranlassen des Haftenden anknüpfen, um den

879 So die ganz h.M. vgl. nur: RGZ 56, 63, 66; RGZ 88, 430, 431; BGHZ 76, 76, 78; BGHZ 102, 60, 63; Erman/*Maier-Reimer*, § 172 Rn. 6; Palandt/*Ellenberger*, § 172 Rn. 3.

880 Als Beispiel verweist er auf einen Fall, bei dem der BGH § 172 analog auf Kraftfahrzeug-Sicherungsscheine angewendet hatte, die der Versicherer einem Autohändler mit faksimilierter Unterschrift überlassen hatte (BGH NJW 1964, 654, 656). Auch im Kreditkartenrecht sei die Haftung des Kreditkartenemittenten für die unbefugte Nutzung einer Kreditkarte mit der Haftung aus § 172 vergleichbar (BGH NJW-RR 2004, 481, 483), vgl. *Oechsler*, AcP 208 (2008), 570 f.

881 Siehe *Windscheid*, Lehrbuch des Pandektenrechts, Bd.1, § 74 S. 189 f.: „Ist aber die Bevollmächtigung dem Dritten gegenüber oder öffentlich erklärt worden, so kann das Erlöschen der Vollmacht dem Dritten, welcher in unverschuldeter Unkenntnis das Rechtsgeschäft abgeschlossen hat, nicht zu seinem Schaden entgegengesetzt werden."

882 Bei *Dernburg*, Pandekten, komme ein Gutglaubensschutz beispielsweise gar nicht vor. Beispielhaft sei dafür etwa § 119, S. 274, wonach die Stellvertretung immer streng vom Willen des Geschäftsherrn abhängig sei.

883 § 117 TE: „Hat der Vollmachtgeber die Bevollmächtigung dritten Personen durch besondere Mittheilung, durch öffentliche Bekanntmachung oder durch Ausrüstung des Bevollmächtigten mit einer Vollmachtsurkunde kundgegeben und diese Kundgebung nicht in entsprechender Weise zurückgenommen, so ist Dritten gegenüber eine Erlöschung der Vollmacht nur insoweit von Wirkung, als sie bei der Verhandlung mit dem Bevollmächtigten dieselbe kannten oder kennen mußten" vgl. *Jakobs/Schubert*, 2. Tb, S. 882.

884 „Einem Dritten gegenüber, dem der Bevollmächtigte die Bevollmächtigung durch Vorlegung einer Vollmachtsurkunde nachgewiesen hat, ist ein früheres Erlöschen

Schutz des guten Glaubens zu rechtfertigen. *Oechsler* will hieran die geringe Entwicklungsstufe der Rechtsscheindogmatik erkennen. Sowohl das Verschulden als auch die Veranlassung seien noch nicht in der Lage, eine Willenserklärung zu ersetzten. Folglich sei nach damaligem Verständnis die Ersetzung der auf einer Willenserklärung beruhenden „Vollmachts*erteilung*" durch Rechtsschein nicht denkbar und möglich gewesen.[885] Insofern sei die spätere Fassung[886] des Reichsjustizamts wiederum überraschend, denn diese Formulierung erfasse auch die Fälle, in denen eine Vollmacht von Anfang an gar nicht wirksam bestanden habe, der Vertreter aber unter Vorlage einer Vollmachtsurkunde tätig geworden sei. Hier helfe der auf der Vollmachtsurkunde beruhende Rechtsschein schon über die mangelnde Vollmachtserteilung hinweg. Angesichts dieser weiten Fassung habe sich in den weiteren Beratungen sogleich breiter Widerstand erhoben[887], der sich aber letztlich nicht durchzusetzen vermochte, wie man mit Blick auf den fast identischen Wortlaut des schließlich beschlossenen § 172 festhalten kann. *Oechsler* ist der Auffassung, der damit geschaffenen, relativ modernen Konstruktion von Rechtsscheinhaftung habe es an dogmatischer Grundlage gefehlt, weshalb die praktische Anwendung auch lange unterblieben sei.[888]

Als markantes Kennzeichen dieser frühen Entwicklung nennt er den „systematischen Gleichlauf zwischen Rechtsgeschäftslehre und Rechtsscheindogmatik"[889]. Im Zentrum dieses Gleichlaufs stehe in diesem Zusammenhang die Frage, ob die Erteilung einer Außenvollmacht mittels Vollmachtsurkunde und die Rechtsscheinhaftung durch eine kundgegebene Innenvollmacht mittels Vollmachtsurkunde die gleichen Tatbestandsvoraussetzungen hätten. Es scheine so, als ob

---

der Vollmacht durch Widerruf oder Kündigung nur dann wirksam, wenn der Dritte das Erlöschen kannte oder kennen mußte"; *Jakobs/Schubert*, 2. Tb, S. 884.

885 *Oechsler*, AcP 208 (2008), 572.

886 § 120: Hat jemand durch besondere Mittheilung einem Dritten oder durch öffentliche Bekanntmachung kundgegeben, daß er einen Anderen bevollmächtigt habe, so gilt die Kundgebung im ersteren Falle gegenüber dem Dritten, im letzteren Falle gegenüber jedem Dritten als Bevollmächtigung, bis sie in gleicher Weise zurückgenommen ist.

§ 121 Abs. 1: Der besonderen Mittheilung einer Bevollmächtigung seitens des Vollmachtgebers steht es gleich, wenn dieser dem Vertreter eine Vollmachtsurkunde ausgehändigt und letzterer sie dem Dritten vorgelegt hat; vgl. *Jakobs/Schubert*, 2. Tb, S. 917.

887 Die Gegner dieser weiten Fassung argumentierten, nur eine bereits erteilte Vollmacht könne „in Kraft bleiben", vgl. *Jakobs/Schubert*, 2. Tb, S. 919.

888 *Oechsler*, AcP 208 (2008), 573.

889 *Oechsler*, AcP 208 (2008), 575.

die Kundgabe einer Innenvollmacht immer auch durch eine Erteilung von Außenvollmacht ersetzt werden könne. Erst *Canaris*[890] habe herausgearbeitet, dass die Parallelen zur Rechtsgeschäftslehre an der Stelle ein Ende hätten, an der die Innenvollmacht als einzig (praktisch) möglicher Weg zur Bevollmächtigung erscheine.[891] Beispielsweise sei eine Bevollmächtigung zur Vornahme von Rechtsgeschäften mit unbestimmtem Personenkreis als Außenvollmacht nicht denkbar und durchführbar. Vor diesem Hintergrund ergebe sich – so *Oechsler* – auch ein differenzierteres Bild auf die Voraussetzungen des § 172. In solchen Fällen könne „nicht ernsthaft" die Vorlage der Urschrift einer Vollmachtsurkunde verlangt werden. Dagegen sprächen das Risiko des Vertretenen, weil er dem Vertreter eine große Anzahl von Originalen überlassen müsse, oder die Praktikabilität, weil der Vertreter regelmäßig in seiner Tätigkeit gehindert sei, wenn er beispielsweise die Originalurkunde gerade einem räumlich weiter entfernten Geschäftspartner habe zuleiten müssen.[892] An diesen Fallkonstellationen mit zwingender Innenvollmacht werde damit auch deutlich, dass § 172 aufgrund seines (strengen) Wortlauts nur einen eingeschränkten Anwendungsbereich habe. Davon abgedeckt seien nämlich nur Spezialvollmachten und die Bevollmächtigung zu einem oder einigen wenigen Rechtsgeschäften. Auch für Art- und Generalvollmachten bedürfe es jedoch einen Schutz des guten Glaubens i.S.d. § 172. Weil der Vollmachtgeber mit seinem Handeln größere Teile des Verkehrs anspreche, bedürfe der breiter angesprochene Rechtsverkehr des Gutglaubensschutzes erst recht.[893] Für eine Rechtsscheinhaftung des Vertretenen in den Fallgestaltungen, in denen über eine Art- oder Generalvollmacht eine Urkunde ausgestellt wird, bleiben nach *Oechsler* grundsätzlich zwei Wege:[894] Einmal die Anwendung des § 171 als Grundtatbestand, oder die analoge Anwendung des § 172 Abs. 1, weil dessen Wortlaut nicht passe. Eine Heranziehung des § 171 lehnt er jedoch sogleich mit der Argumentation ab, die Besonderheit der Sachlage bei einer Vollmachtsurkunde sei die Verkörperung der Bekanntmachung einer Bevollmächtigung. Dieser „Perpetuierungseffekt" komme in § 172 zum Ausdruck. Die Anwendung von § 171 würde deshalb zu Wertungswidersprüchen führen, denn § 172 schütze den Vertretenen dadurch, dass er dem Vertreter die Urkunde „aushändigen" – also der h.M. entsprechend willentlich übergeben – müsse. Für

---

890 *Canaris*, Vertrauenshaftung, S. 36 f. spricht in diesen Fällen von der „typischen Innenvollmacht".

891 *Oechsler*, AcP 208 (2008), 575.

892 *Oechsler*, AcP 208 (2008), 575.

893 *Oechsler*, AcP 208 (2008), 576; vgl. auch *Canaris*, Vertrauenshaftung, S. 37.

894 Siehe dazu und zum Folgenden *Oechsler*, AcP 208 (2008), 576 f.

„Vollmachtsausweise" (gemeint sind Kopien einer Vollmachtsurkunde) im Massenverkehr liege die adäquate Lösung daher in einer analogen Heranziehung von § 172. An dieser Stelle schließt sich der Kreis in *Oechslers* Argumentation:

Ausgegangen war er von der Frage, ob die Sicherheitsmerkmale des elektronischen Rechtsverkehrs[895] einen Rechtsschein begründen können, der dem einer Vollmachtsurkunde bzw. einem Blankett gleichkommt. Weil für eine direkte Anwendung des § 172 die Vorlage einer Urschrift des elektronischen Identifizierungszeichens nicht möglich ist, zieht *Oechsler* die Parallele zur durch Vollmachtsurkunde verkörperten Innenvollmacht im Massenverkehr. Diese von einer analogen Anwendung des § 172 erfassten Fälle seien mit der Weitergabe von beim Fernabsatz verwendeten Identifizierungszeichen vergleichbar und deshalb auch von der Norm erfasst. Darüber hinaus kritisiert er die in der Lehre[896] und vor allem in der Rechtsprechung[897] anzutreffende Tendenz, Passwortsystemen aufgrund ihrer mangelnden Sicherheit die Geeignetheit als Tatbestand einer Rechtsscheinhaftung abzusprechen.[898] Auch bei Blanketten sei schließlich die Möglichkeit der Manipulation sehr groß und dessen ungeachtet ziehe die h.M. § 172 analog heran.

Oechsler stellt allerdings klar, dass angesichts des klaren Wortlauts, der von „aushändigen" spreche, nur die willentliche Weitergabe von Identifizierungszeichen von § 172 erfasst sei und damit zu einer Erfüllungshaftung des Accountinhabers führe.[899] Ein „Aushändigen" liege beispielsweise vor, wenn der Zeichenträger sein Passwort oder seine Geheimzahl einem anderen offenbart hat.[900] Eine willentliche Überlassung scheide hingegen aus, wenn ein Dritter sich das Identifizierungszeichen unter Zuhilfenahme technischer Mittel beschafft hat. Nicht unter eine analoge Anwendung des § 172 fallen folglich die Fälle, in denen an die unsachgemäße Aufbewahrung eines Identifizierungszeichens angeknüpft wird.

An diesem Punkt wird deutlich, warum man *Oechslers* Konzeption als ein „differenziertes System" bezeichnen kann. Denn während er bei der willentlichen Weitergabe von Identifizierungszeichen über eine analoge Anwendung

---

895 Gemeint sind elektronische Signatur, Passwortsysteme und andere Geheimziffern.

896 Siehe zu dieser Frage auch oben „I. Die mangelnde Sicherheit von Passwörtern als Argument des BGH", S. 133.

897 Vgl. nur OLG Hamm NJW 2007, 611; OLG Köln MMR 2006, 321, 322; OLG Köln MMR 2002, 813, 814; LG Bonn MMR 2004, 179, 180; AG Bremen NJW 2006, 518, 519.

898 *Oechsler*, AcP 208 (2008), 578 f.

899 *Oechsler*, AcP 208 (2008), 577.

900 OLG München MMR 2004, 625; LG Aachen CR 2007, 605.

des § 172 letztlich zu einem Erfüllungsanspruch des Vertragspartners gegen den Accountinhaber kommt, haftet hiernach der Accountinhaber in den übrigen Fällen allenfalls auf das negative Interesse aufgrund culpa in contrahendo gem. §§ 280 Abs. 1, 311 Abs. 2, 241 Abs. 2.[901] Ein solcher Anspruch knüpfe dann an die unsorgfältige Aufbewahrung eines Geheimzeichens an.[902] Fälschlicherweise sei diesem Ansatz in der Rechtsprechung mit dem Argument entgegengetreten worden, dass zwischen Accountinhaber und Vertragspartner kein vorvertragliches Vertrauensverhältnis bestehe.[903] Der Fall sei nämlich mit der Situation vergleichbar, in der einer Person eine Willenserklärung fahrlässig abhandenkommt. Dann könne der „Erklärende“ nämlich gem. § 119 Abs. 1 analog anfechten, weshalb er gegebenenfalls nach § 122 auf das negative Interesse hafte.[904] Auch der BGH[905] komme bei der Blanketthaftung zur Haftung aus culpa in contrahendo, wenn der Aussteller das Blankett unsorgfältig aufbewahrt hat und dieses ohne seinen Willen in den Verkehr gelangt ist.[906] Als Grundlage für ein vorvertragliches Schuldverhältnis sieht *Oechsler* § 311 Abs. 2 Nr. 3.

Schließlich wendet er sich der aus seiner Sicht „entscheidenden Anwendungshürde“[907] der Haftung zu, nämlich dem Verschulden. Nicht die Annahme eines vorvertraglichen Schuldverhältnisses sei das Problem, sondern ob der Accountinhaber den Missbrauch überhaupt zu vertreten habe. Besonders mit Blick auf die Rechtsprechung[908] müsse man zu einem großzügigen Verhaltensmaßstab kommen, weshalb eine Haftung nur bei grober Fahrlässigkeit des Accountinhabers in Betracht komme. Aus diesem Grund sei der

---

901 *Oechsler*, AcP 208 (2008), 581; dem Ergebnis nach auch *Sonnentag*, WM 2012, 1618 f.

902 So der Sache nach auch *Spindler*, in: *Lorenz* (Hrsg.), Haftung und Versicherung im IT-Bereich, S. 87; *Spindler* liefert allerdings keine Herleitung eines diesbezüglichen Schadensersatzanspruches, sondern spricht sich für einen solchen nur als Alternative zu einer Rechtsscheinhaftung (auf das positive Interesse) aus.

903 So das LG Bonn MMR 2004, 179, 181.

904 *Canaris*, Vertrauenshaftung, S. 39.

905 BGHZ 65, 13, 14 f.

906 *Oechsler*, AcP 208 (2008), 581 f.

907 *Oechsler*, AcP 208 (2008), 582.

908 Im sog. Dialer-Fall (BGHZ 158, 201) hatte der Sohn eines Internetnutzers ein Programm installiert, das ohne sein Wissen die Einstellungen der Einwahl veränderte und dazu führte, dass die Internetverbindung zu einem teuren Drittanbieter hergestellt wurde. In diesem Zusammenhang hatte der BGH festgestellt, dass den Nutzer keine Pflicht zur routinemäßigen Kontrolle seines Computers auf solche Dateien trifft. Grundsätzlich müsse der Internetnutzer nicht damit rechnen, dass gewöhnlich erscheinende Programme in Wirklichkeit Schadsoftware seien.

Anwendungsbereich der Haftung aus culpa in contrahendo in den fraglichen Konstellationen auch eher gering.

Neuerdings[909] nennt *Oechsler* noch ein weiteres Argument, warum eine Haftung erst bei grober Fahrlässigkeit vorliegen solle. Er schlägt eine Übertragung des Haftungsmaßstabs aus § 675 v Abs. 2 auf den Anspruch aus culpa in contrahendo gem. §§ 280 Abs. 1, 311 Abs. 2, 241 Abs. 2 vor. Für den Schaden, der dadurch entstehe, dass der Inhaber eines Zahlungsauthentifizierungsinstruments dieses nicht sorgfältig aufbewahre und dadurch den Missbrauch etwa seines Online-Bankings ermögliche, hafte der Inhaber auch nur bei grober Fahrlässigkeit.[910] Weil beispielsweise PIN/TAN auch nur unterschiedliche „Schlösser auf dem Weg zur rechtsgeschäftlichen Transaktion im Internet“[911] öffnen, ähnelten sich diese Fälle sehr. Wegen der hohen Missbrauchsmöglichkeit der Identifizierungszeichen und den Besonderheiten ihrer Verwendung sei eine „Reduzierung des Haftungsmaßstabs“ daher gerechtfertigt.

II. Die analoge Anwendung der §§ 171, 172

Auch der Lösungsansatz von *Stöber* hat seinen Ausgangspunkt in den Vorschriften zur Vollmachtsurkunde.[912] Ausgehend von der Diagnose, in der Rechtsprechung seien zuletzt vermehrt Fälle rechtsgeschäftlichen Missbrauchs eines Nutzerkontos aufgetreten, möchte er „ein eigenständiges Haftungskonzept [...] entwickeln“.[913]

Wer bei der Nutzung eines fremden Internet- oder Telekommunikationszugangs nicht offenlege, dass in Wahrheit ein Dritter unter dem Nutzerkonto handelt, erwecke den Eindruck, der Inhaber gebe selbst eine Erklärung ab. Dies sei ein Fall des Handelns unter fremdem Namen, für welche die §§ 164 ff. entsprechende Anwendung fänden. Auf diese Weise gelangt *Stöber* zu der Frage, ob sich statt eines Rückgriffs auf das ungeschriebene Institut der Anscheinsvollmacht (so sowohl der BGH als auch die h.L.) nicht eine Haftung des „Vertretenen“ bzw. Accountinhabers aus einer analogen Anwendung der in §§ 171–173 „kodifizierten Regeln über die Rechtsscheinvollmacht“ ergeben könnte.

Aus der Begründung zum Vorentwurf von *Gebhard* für die 1. Kommission ergebe sich, dass der gute Glaube eines Dritten an den Bestand einer Vollmacht

909 *Oechsler*, MMR 2011, 633.
910 Zustimmend *Sonnentag*, WM 2012, 1619 f.
911 *Oechsler*, MMR 2011, 633.
912 *Stöber*, JR 2012, 225.
913 *Stöber*, JR 2012, 225.

dann schützenswert sei, wenn eine „feste thatsächliche Grundlage“[914] hierfür vorliege.[915] Die Begründung nenne die Kundgabe der Vollmachtserteilung durch den Vertretenen mittels besonderer Mitteilung, öffentlicher Bekanntmachung oder Übergabe einer Vollmachtsurkunde als Beispiele für diese Grundlage. Diese Aufzählung dürfe man – so *Stöber* – aber nicht abschließend verstehen.[916] Die §§ 171 ff. seien demgemäß auch über ihren unmittelbaren Geltungsbereich hinaus anwendbar.

Im Anschluss daran widmet er sich der Vollmachtsurkunde. Nach h.L. und Rechtsprechung sei ein „Aushändigen“ im Sinne von § 172 nur bei willentlicher und bewusster Überlassung der Urkunde gegeben. Diese Ansicht stehe im Widerspruch zur Sichtweise bei der Wertung der Anscheinsvollmacht. Dort würden h.L. und BGH schließlich auch zur Zurechnung des Rechtsscheins einer Bevollmächtigung gelangen, obwohl der Vertretene den Anschein „nur“ fahrlässig geschaffen habe. Es sei deshalb „inkonsequent“, den Fall einer fahrlässig übergegeben Vollmachtsurkunde nicht ausreichen zu lassen. Aus der maßgeblichen Sicht des Dritten mache es „keinen Unterschied, ob die ihm vom Scheinvertreter vorgelegte Urkunde vom Vertretenen wissentlich oder nur fahrlässig in [den] Verkehr gebracht worden ist“.[917]

In diesem Sinne spreche auch der *Gebhard*-Entwurf[918] davon, dass für den Gutglaubensschutz entscheidend sei, „ob die Urkunde noch in den Händen des Bevollmächtigten sich befand“.[919] Deshalb sei § 172 auf den Fall des fahrlässigen Inverkehrbringens einer Vollmachtsurkunde entsprechend anwendbar. Bezogen auf die hier diskutierte Problematik untersucht *Stöber* weiter, ob auch andere Dokumente als nur eine Vollmachtsurkunde unter den Geltungsbereich der Vorschrift fallen. Mit Blick auf die Blankettfälle – also aus ähnlichen Gesichtspunkten wie bei *Oechsler* – gelangt er zu dem Ergebnis, dass sich der in § 172 zum Ausdruck kommende Gedanke auch auf nicht verkörperte Daten, insbesondere Nutzerdaten, übertragen lasse.[920] Das gelte zumindest für solche Identifikationszeichen, die eine Legitimationswirkung hätten, die also geeignet seien, besagte „feste thatsächliche Grundlage“ für das Vertrauen eines Geschäftspartners zu

914 *Schubert* (Hrsg.), Die Vorlagen der Redaktoren, AT, 2. Teil, S. 196.
915 *Stöber*, JR 2012, 226.
916 *Stöber*, JR 2012, 226.
917 *Stöber*, JR 2012, 227.
918 *Schubert* (Hrsg.), Die Vorlagen der Redaktoren, AT, 2. Teil, S. 197.
919 *Stöber*, JR 2012, 227.
920 *Stöber*, JR 2012, 228.

sein.[921] Benutzerdaten zu Nutzerkonten im Internet verfügten über diese Eignung. Soweit der Accountinhaber dem Erklärenden die Zugangsdaten in einer Weise zugänglich gemacht hat, welche der Aushändigung einer Vollmachtsurkunde entspricht, sei ihm der dadurch entstandene Rechtsschein zuzurechnen. Weil *Stöber* eben auch die fahrlässige Aushändigung, und nicht nur bewusstes, willentliches Handeln genügen lässt, wird bei ihm zur zentralen Frage, wann man dem Accountinhaber hinsichtlich der Verwahrung seiner Nutzerdaten Sorgfaltswidrigkeit vorwerfen muss. Eine solche liege jedenfalls vor, „wenn der Inhaber mit der unbefugten Verwendung der Daten zumindest rechnen musste".[922] Wenn diese Voraussetzung vorliege, müsse der Accountinhaber die abgegebene Erklärung in rechtsgeschäftlicher Hinsicht so gegen sich gelten lassen, weil er in analoger Anwendung des § 172 durch den Dritten vertraglich verpflichtet wird.[923]

III. Stellungnahme

1) Zum differenzierten System von Oechsler

Zugestanden werden muss *Oechsler* zunächst seine Prämisse, wonach ein rechtspolitisches Bedürfnis für eine Erfüllungshaftung des Accountinhabers besteht. Wie bereits aufgezeigt, kommt dem Nutzerkonto im Internet – nicht nur, aber besonders – im rechtsgeschäftlichen Bereich entscheidende Bedeutung zu.[924]

Seine Herleitung der Blanketthaftung und ihre Übertragung auf das Handeln unter fremdem Namen überzeugen vor allem in ihrer Gründlichkeit. Insbesondere der Gedanke, im Massenverkehr könne die Urschrift einer Vollmachtsurkunde nicht ständig vorgelegt werden, der letztlich die analoge Anwendung von § 172 auf Identifizierungszeichen im elektronischen Geschäftsverkehr ermöglicht, erweist sich als besonders innovativ. Am Ende der genannten Überlegung steht schließlich sein erstes Ergebnis, wonach § 172 bei der willentlichen Weitergabe von Indentifikationszeichen analog angewandt werden soll. Hier setzt ein erster Kritikpunkt an. Wenngleich die dogmatische Herleitung überzeugt, bleibt *Oechsler* nämlich eine Antwort auf die Frage schuldig, welchen Mehrwert diese analoge Anwendung mit sich bringt. Nach seiner zutreffenden Konzeption

921 Gemeint ist das Vertrauen auf die Identität des Vertragspartners.

922 *Stöber*, JR 2012, 229; so auch *Verse/Gaschler*, Jura 2009, 216 f.

923 Für BGHZ 189, 346 ff. welcher in dieser Arbeit den Ausgangspunkt bildet, verneint *Stöber* allerdings die Zurechnung mit dem Argument, bei nahen Angehörigen müsse man nur bei konkreten Anhaltspunkten mit einem Missbrauch rechnen, vgl. *Stöber*, JR 2012, 229.

924 Siehe S. 10 ff.

haftet nach § 172 analog nur, wer die Identifizierungszeichen willentlich weitergegeben hat. Wer aber Identifizierungszeichen wie Passwörter, Geheimzahlen oder ähnliches willentlich an einen Dritten weitergibt, wird diesen in so gut wie allen Fällen doch auch gleichzeitig zumindest konkludent bevollmächtigen. Welche Fälle sind denkbar, in denen ein Accountinhaber seine Nutzerdaten an einen Dritten weitergibt, diesem aber die Nutzung seines Accounts unter Zuhilfenahme der Daten nicht auch gleichzeitig gestattet? Denkbar ist evtl. eine Verwahrung der Daten oder eine Botenschaft. Ansonsten wird in der Weitergabe der Daten immer auch zugleich eine Innenvollmacht gem. § 167 zu sehen sein. Es gibt schlicht und ergreifend sehr wenige Gründe, weshalb ein Accountinhaber seine Nutzerdaten einem Dritten aushändigen sollte, ohne dass dieser auch zur Nutzung befugt wäre. Bedeutung hat die von *Oechsler* hergeleitete analoge Heranziehung von § 172 damit nur in einem sehr eingeschränkten Rahmen.

Für die Praxis ohnehin relevanter ist die Frage, wie der Accountinhaber haftet, wenn er die Nutzerdaten nicht willentlich an einen Dritten weitergegeben hat, sondern deren missbräuchliche Nutzung durch die unsachgemäße Aufbewahrung seitens des Accountinhabers ermöglicht wurde. Schließlich sind es auch diese Fälle, in denen die Rechtsprechung und Teile der Lehre die Anscheinsvollmacht heranziehen will und die den Ausgangspunkt der vorliegenden Untersuchung bildeten. Hier sieht *Oechsler* einen Anspruch des Vertragspartners gegen den Accountinhaber aus culpa in contrahendo gem. §§ 280 Abs. 1, 311 Abs. 2, 241 Abs. 2 als gegeben an. Zentrale Voraussetzung eines solchen Anspruches ist das Vorliegen eines vorvertraglichen Schuldverhältnisses[925], das hier zwischen dem Accountinhaber und dem Vertragspartner gegeben sein müsste, bevor ein Dritter missbräuchlich in diese Beziehung eingreift.

a) Zum Vorliegen eines vorvertraglichen Schuldverhältnisses

Nach der Konzeption des § 311 Abs. 2 entsteht ein vorvertragliches Schuldverhältnis mit den Pflichten des § 241 Abs. 2 entweder durch die Aufnahme von Vertragsverhandlungen (Nr. 1), die Anbahnung eines Vertrages (Nr. 2) oder durch ähnliche geschäftliche Kontakte (Nr. 3). Für das Internet ergibt sich hier die Besonderheit, dass der Accountinhaber nicht etwa das Ladengeschäft des Vertragspartners betritt, mit diesem verhandelt oder tatsächlich in Kontakt tritt, sondern jedweder geschäftlicher Kontakt im virtuellen Raum stattfindet. Mit Blick auf die bereits geschilderten Eigenheiten des Geschäftsabschlusses im

925 *Looschelders*, Schuldrecht AT, Rn. 185 ff.

Internet wird man deshalb differenzieren müssen, unter welchen Umständen ein vorvertragliches Schuldverhältnis in diesem Bereich entstehen kann.

Zunächst ist der Fall zu betrachten, in dem bereits ein Nutzungsverhältnis zwischen den beteiligten Vertragspartnern (gemeint sind der nicht handelnde Namensträger und der Verkäufer) besteht. Wie bereits erläutert, kommt diesem Nutzungsverhältnis im Internet die entscheidende vertrauensbildende Wirkung zu.[926] Die Einrichtung eines Nutzerkontos ist regelmäßig mit der Angabe verschiedener persönlicher Informationen verbunden. In den meisten Fällen werden neben dem Namen mindestens die E-Mailadresse, teilweise noch die Anschrift sowie Zahlungsdaten verlangt. Außerdem ist bei vielen Online-Diensten mit der Anmeldung zugleich die Zustimmung zu den AGB sowie zu den Nutzungsbedingungen verbunden.[927] Aus der Zustimmung zu diesen Nutzungsbedingungen ergibt sich unter anderem – teilweise ausdrücklich[928] – die Pflicht des Nutzers, seine Nutzerdaten sorgfältig aufzubewahren und sicherzustellen, dass kein Dritter von ihnen Kenntnis erlangt. Man könnte diese Situation mit einem real existierenden Ladenlokal vergleichen, in welches man erst nach Nennung eines Passworts Einlass erhält. Die Pflicht, dieses personalisierte Kennwort geheim zu halten, entspricht einer Schutz- bzw. Rücksichtnahmepflicht nach § 241 Abs. 2, denn es steht im Interesse des Online-Händlers, nur mit Personen Verträge zu schließen, von denen er über ein Mindestmaß an vertrauensbildenden Informationen verfügt. Ein (vorvertragliches) Schuldverhältnis zwischen

926 Siehe S. 10 ff.

927 Als Neukunde beim bekannten Online-Versandhändler www.amazon.de stimmt man mit seiner Anmeldung etwa folgender Erklärung zu: „Mit Ihrer Anmeldung erklären Sie sich mit unseren AGB unserer Datenschutzerklärung sowie den Bestimmungen zu Cookies & Internet Werbung einverstanden" (Stand Dezember 2014).

928 Ziffer 7 der Nutzungsbedingungen von www.amazon.de lautet: „Wenn Sie einen Amazon Service nutzen, sind Sie für die Sicherstellung der Vertraulichkeit Ihres Kontos und Passworts und für die Beschränkung des Zugangs zu Ihrem Computer verantwortlich und – soweit unter anwendbarem Recht zulässig – erklären Sie sich damit einverstanden für alle Aktivitäten verantwortlich zu sein, die über Ihr Konto oder Passwort vorgenommen werden. Sie sollten alle erforderlichen Schritte unternehmen, um sicherzustellen, dass Ihr Passwort geheim gehalten und sicher aufbewahrt wird und Sie sollten uns unverzüglich informieren, wenn Sie Anlass zur Sorge haben, dass ein Dritter Kenntnis von Ihrem Passwort erlangt hat oder das Passwort unautorisiert genutzt wird oder dies wahrscheinlich ist. Sie sind dafür verantwortlich, sicherzustellen, dass Ihre Angaben an uns korrekt und vollständig sind und Sie uns von jeglichen Änderungen hinsichtlich der von Ihnen gegebenen Informationen in Kenntnis setzen […]." (Stand Dezember 2014).

dem Nutzer und einem Plattformbetreiber kommt damit schon durch die Anmeldung des Nutzers zu Stande.[929]

Soweit zwischen dem Namensträger und dem Vertragspartner noch keine Beziehung jedweder Art hergestellt war, kann ein vorvertragliches Schuldverhältnis jedenfalls nicht gegeben sein. Wenn der missbräuchlich handelnde Dritte also beispielsweise die Nutzerdaten einer E-Mailadresse dazu verwendet, einen Account bei einem Online-Händler zu eröffnen[930] und im Rahmen dieses Accounts Verträge abschließt, scheidet ein Anspruch aus culpa in contrahendo gegen denjenigen, in dessen Namen ein Account eröffnet wird, aus. Ein solches Verhalten kann auch nicht mehr mit § 278 erfasst werden. Etwas anderes könnte sich gegebenenfalls dann ergeben, wenn der Dritte die E-Mailadresse selbst zur Abgabe von Bestellungen nutzt. Dann liegt ein klassisches Handeln unter fremdem Namen vor.

b) Übertragung des Verschuldensmaßstabs aus § 675v Abs. 2

So überzeugend *Oechslers* Vorschlag für einen Anspruch aus culpa in contrahendo auch sein mag, die von ihm vorgeschlagenen Übertragung des Verschuldensmaßstabs aus § 675v Abs. 2 erweist sich dennoch als problematisch: Für den Fall, dass noch keine Geschäftsbeziehung (Account) besteht, liegt auch kein vorvertragliches Schuldverhältnis vor, so dass eine Übertragung eines Verschuldensmaßstabs von einem vertraglichen (Zahlungsdiensterahmenvertrag) auf einen anderen deliktischen Anspruch schon systematisch und methodisch verfehlt wäre. Aus diesem Grund finden sich in den Ausführungen dazu auch nur sehr vage Andeutungen. *Oechsler* selbst mahnt diesbezüglich zur Vorsicht.[931] Der Sache nach ist die Situation, die sich in den Fällen des § 675 v Abs. 2 stellt, den hier behandelten Fällen, in denen ein Nutzerkonto vorliegt, zwar durchaus sehr ähnlich.

Die Übertragung nur einzelner Elemente, wie hier des Verschuldensmaßstabs „grobe Fahrlässigkeit", von einem Schadensersatzanspruch auf den anderen lässt sich dogmatisch jedoch nicht begründen. Darüber lässt das Haftungssystem aus § 675v aufgrund seines speziellen Regelungskreises eine (auch nur teilweise) Übertragung auf andere Haftungsnormen nicht zu.[932] Hinsichtlich des

929 Hiergegen wendet sich *Herresthal*, in: *Taeger/Wiebe* (Hrsg.), Von Adworks bis Social Networks, S. 40 f., der in der Anmeldung nur eine „besondere Informations- und Kontaktmöglichkeit" sieht. Erst bei einer Intensivierung des rechtsgeschäftlichen Kontaktes könne man von einem vorvertraglichen Schuldverhältnis sprechen.

930 Die E-Mailadresse wird zur Anmeldung vielfach benötigt.

931 *Oechsler*, MMR 2011, 633.

932 Siehe dazu S. 163 ff.

Anspruchs des Vertragspartners gegen den Accountinhaber gem. §§ 280 Abs. 1, 311 Abs. 2, 241 Abs. 2 bleibt es damit beim normalen Verschuldensmaßstab.

c) Inhalt eines Anspruchs gem. §§ 280 Abs. 1, 311 Abs. 2, 241 Abs. 2

Wenn der Anspruch aus culpa in contrahendo der Sache nach gegeben ist, hat der Anspruchsgegner den Anspruchssteller gem. § 249 Abs. 1 so zu stellen, wie dieser ohne die Verletzung der Schutzpflicht stehen würde. Die Pflichtwidrigkeit besteht bei diesem Anspruch in der Schaffung eines Vertrauenstatbestandes, weshalb er auch auf den Ersatz des Vertrauensinteresses (sog. negatives Interesse) gerichtet ist.

Anhand eines Beispiels wird deutlich, wie sich der Inhalt eines diesbezüglichen Anspruches darstellt: A hat ein Benutzerkonto beim Online-Versandhaus V. Aufgrund unsorgfältiger Verwahrung seiner Nutzerdaten wird es B möglich, unter dem Account des A eine beträchtliche Anzahl von Büchern zum Preis von insgesamt 500 € zu bestellen. Weil B dem A nicht nur schaden, sondern die Bücher auch tatsächlich für sich gebrauchen will, greift er die Lieferung vorher ab, bzw. lässt sich die Bücher zu sich selbst nach Hause liefeRn. B gelingt es abzutauchen. V verlangt von A die Bezahlung der Bücher bzw. Schadensersatz. Der Anspruch des V gegen A gem. §§ 280 Abs. 1, 311 Abs. 2, 241 Abs. 2 wäre darauf gerichtet, V so zu stellen, als hätte er nie von einem möglichen Vertragsschluss unter dem Account des A erfahren. Dann hätte er aber auch nie die Bücher versandt. Zu den Kosten, die V im Rahmen dieser Vertragsabwicklung entstanden sind (Versandkosten o.ä.), kommen in diesem Fall damit auch die Kosten entsprechend des verlorengegangen Werts der Kaufsache.[933] Wenn sich der Gegenstand des Vertrages also bereits in den Händen des Dritten befindet, erstreckt sich das negative Interesse auch auf den Wert der für den Vertragspartner „verlorenen“ Sache. Wurde der vermeintliche Vertrag noch nicht erfüllt, bleibt es beim negativen Interesse im herkömmlichen Sinne. Die genaue Schadenshöhe dann im Einzelfall zu bestimmen, wird nicht immer einfach sein. Etwas anderes würde sich allerdings ergeben, wenn zwischen A und V eine vertragliche Bindung gegeben wäre.

d) Zwischenergebnis

Alles in allem lässt sich bezüglich *Oechslers* Konzeption festhalten, dass die von ihm propagierte analoge Anwendung von § 172 für die Fälle der willentlichen Weitergabe von Nutzerdaten keinen dogmatischen Mehrwert liefert. Hinsichtlich

933 Wegen der Buchpreisbindung dürfte der Wert der Bücher ihr Verkaufspreis sein.

des Anspruchs aus culpa in contrahendo wegen unsorgfältig aufbewahrter Nutzerdaten überzeugen seine Ausführungen, mit Ausnahme der Übertragung des Haftungsmaßstabs aus § 675 v Abs. 2. Außerdem bleibt das Problem der Höhe der Haftung für das negative Interesse. Fraglich ist daher, ob sich die Haftung des Accountinhabers tatsächlich in einem Anspruch gem. §§ 280 Abs. 1, 311 Abs. 2, 241 Abs. 2 erschöpft, oder ob nicht die Herleitung eines vertraglichen Anspruches möglich ist.

2) Zur analogen Anwendung der §§ 171, 172

Stöbers Ansatz ähnelt den Grundüberlegungen *Oechslers* sehr. Er möchte § 172 für die Fälle entsprechend heranziehen, in denen ein Accountinhaber durch unsorgfältige Aufbewahrung seiner Nutzerdaten einen rechtsgeschäftlichen Missbrauch seines Accounts ermöglicht hat. Eines Rückgriffes auf die Anscheinsvollmacht bedarf es ihm daher erst gar nicht. Seine ablehnende Haltung zur Anwendung des Rechtsinstituts Anscheinsvollmacht für die Fälle des Handelns unter fremdem Namen ist zunächst begrüßenswert. Die von ihm vorgeschlagene Alternative – analoge Anwendung der Vorschriften über die Vollmachtsurkunde – kann jedoch nicht überzeugen. Bereits an anderer Stelle wurde in dieser Arbeit auf die Frage eingegangen, ob § 172 über den Wortlaut hinaus auch fahrlässiges Handeln des Vertretenen erfasst.[934] Mit der h.M. muss man diese Frage verneinen.[935] *Stöber* trägt diesbezüglich keine neuen überzeugenden Argumente vor. Gegen seine Ansicht sprechen der eindeutige Wortlaut „ausgehändigt" und die Systematik. Wer etwas „aushändigt", macht dies bewusst und nicht beiläufig oder zufällig. Er muss es in die Hand genommen haben, um es „aus" ihr wieder herauszugeben. Solche Handlungen sind nicht unbewusst vorstellbar.

In systematischer Hinsicht finden sich in den §§ 170–173 Vorschriften, die das Vertrauen eines Dritten auf den Bestand einer Vollmacht schützen, weil der Vertretene den Anschein für die Bevollmächtigung bewusst geschaffen hat. Eine Ausdehnung der Anwendung des § 172 auf die fahrlässige Aushändigung einer Vollmachtsurkunde passt daher nicht in das Gesetzgebungskonzept.

Daran vermögen auch die von *Stöber* angeführten Belege aus der Gesetzgebungsentstehung nichts zu ändeRn. Aus dem Verweis, dass es nach dem Entwurf für die 1. Kommission hinsichtlich des Vertrauensschutzes maßgeblich darauf

---

934 Siehe S. 90.

935 Vgl. nur MüKo/*Schramm*, § 172 Rn. 5; Palandt/*Ellenberger*, § 172 Rn. 2; *Bork*, BGB AT, Rn. 1527; *Larenz/Wolf*, Allgemeiner Teil des bürgerlichen Rechts, § 48 Rn. 11; *Flume*, Das Rechtsgeschäft, S. 827.

angekommen sei, „ob die Urkunde noch in den Händen des Bevollmächtigten sich befand“[936], ergibt diesbezüglich auch keine klare Aussage. Dass eine in den Händen des Vertreters befindliche Vollmachtsurkunde ein starkes Indiz für eine Vollmachtserteilung ist, sagt noch nichts darüber aus, unter welchen Umständen dem Vertretenen diese anscheinende Bevollmächtigung zuzurechnen ist. Vielmehr versteht sich die angeführte Stelle wohl eher als Beschreibung der Wirkung des Rechtsscheins einer Vollmachtsurkunde generell.[937]

Im Gegensatz zu dem Eindruck, den *Stöber* vermitteln möchte, sprechen die Gesetzesmaterialien ganz für ein Verständnis des § 172, wie es der h.M. entspricht. Bei der 1. Kommission war noch davon die Rede, dass der Bevollmächtigte die Vollmachtsurkunde vom Vertretenen „erhalten“ haben müsse.[938] Im Verlaufe der Beratungen beim Reichsjustizamt wurde die Vorschrift dann auf einen Antrag von *Börner* dahingehend geändert, dass die Vollmachtsurkunde vom Vertretenen „ausgehändigt“ werden muss.[939] An dieser Formulierung lässt sich erkennen, dass die Kommission beim Reichsjustizamt von einer aktiven Rolle des Vertretenen bei der Übergabe der Vollmachtsurkunde ausging. Die Fassung „erhalten“ betont eher den passiven Charakter des Vertreters, der eine Vollmachtsurkunde in Empfang nimmt, als die Formulierung „aushändigen“, die dem Bild eines Vertreters entspricht, der eine Vollmachtsurkunde ausstellt und sodann aus der Hand gibt. Zudem wird aus den Erwägungen der Kommission beim Reichsjustizamt deutlich, dass diese die Gleichstellung mit den anderen Kundgabeakten der §§ 170, 171 als gerechtfertigt ansah.[940] Gemeinsam ist diesen nämlich wie oben bereits beschrieben, dass es sich um bewusste und willentliche Kundgabeformen handelt.

Auch das Argument *Stöbers*, es sei widersprüchlich, bei der Anscheinsvollmacht fahrlässiges Verhalten des Vertretenen genügen zu lassen, während man bei § 172 das fahrlässige Inverkehrbringen der Vollmachtsurkunde nicht genügen lasse, kann nicht überzeugen. Bei der Anscheinsvollmacht handelt es sich um ein von Rechtsprechung und Lehre aus dem Rechtsscheinprinzip

---

936 *Schubert* (Hrsg.), Die Vorlagen der Redaktoren, AT, 2. Teil, S. 197.

937 Hierfür spricht auch die zwei Zeilen darunter befindliche Feststellung, dass eine Vollmachtsurkunde ein „sehr gefährliches Papier“ für den Vertretenen werden könne. Dem Vertrauensschutz müsse aber Vorrang gegeben werden, denn „seine Gefährdung ist der Gefährdung des dritten Kontrahenten vorzuziehen“, *Schubert* (Hrsg.), Die Vorlagen der Redaktoren, AT, 2. Teil, S. 197.

938 *Jakobs/Schubert*, 2. Tb, S. 884 u. 902.

939 *Jakobs/Schubert*, 2. Tb, S. 907 u. 917.

940 *Jakobs/Schubert*, 2. Tb, S. 919.

entwickeltes Rechtsinstitut, während es sich bei § 172 um eine normierte Fallgestaltung dreht. Auch § 172 bringt den Rechtsscheingedanken zum Ausdruck, legt aber im konkreten Fall strengere Maßstäbe an die Zurechnung an, als es dem allgemeinen Prinzip entspricht.[941] Ansonsten ließe sich die Anscheinsvollmacht aus einer Analogie zu § 172 entwickeln, was hier bereits abgelehnt wurde.[942] Ein Widerspruch liegt folglich nur scheinbar vor.[943]

B. Analoge Heranziehung von § 675v

§ 675v dient der Umsetzung[944] von Art. 61 der Zahlungsdiensterichtlinie[945] und kodifiziert „in Fortschreibung des früheren § 676h"[946] auch schon vorher übliche Zahlungskartenvertragsbedingungen.[947] Im Zuge einer näheren Betrachtung des Regelungsbereichs der Norm wird die Verbindung zur hier diskutierten Problematik des Handelns unter fremdem Namen deutlich werden.

Im Gegensatz zur früheren Regelung erfasst der neu geschaffene § 675v alle Arten von Zahlungsauthentifizierungsinstrumenten (vgl. § 675j), also nicht nur Zahlungskarten, sondern auch solche Instrumente, die beim Online-Banking[948] eingesetzt werden.[949] § 657v regelt die Haftung des Zahlers in den Fällen, in denen aufgrund von missbräuchlicher Nutzung eines Zahlungsauthentifizierungsinstruments ein nicht autorisierter Zahlungsvorgang zu einem Schaden auf Seiten des Zahlungsdienstleisters geführt hat.[950] Dabei hat die Haftung des Zahlers in diesen Fällen durch § 675v eine abschließende Regelung erhalten, so

941 Der Grund hierfür liegt in den vermeintlichen Gefahren durch die Verkörperung der Bevollmächtigung.

942 Siehe oben S. 90.

943 Vgl. zu diesem vermeintlichen Widerspruch ausführlich S. 120 ff.

944 Einen Überblick über die Umsetzung insgesamt gibt *Derleder*, NJW 2009, 3195.

945 Richtlinie 2007/64/EG des Europäischen Parlaments und des Rates vom 13. November 2007 über Zahlungsdienste im Binnenmarkt.

946 Zur alten Rechtslage siehe nur *Schinkels,* Verteilung des Haftungsrisikos für Drittmissbrauch, S. 218 ff; *Erfurth*, WM 2006, 2200 ff.

947 BT-Drs. 16/11643, S. 113.

948 Zu denken ist besonders an sog. PIN/TAN Listen.

949 *Schwintowski,* Bankrecht, § 7 Rn. 216; BT-Drs. 16/11643, S. 113.

950 Zwischen Kunden (Zahler) und Bank (Zahlungsdienstleister) besteht ein sog. Zahlungsdiensterahmenvertrag (vgl. § 675f Abs. 2). Der etwa auf einer Überweisung beruhende Zahlungsvorgang zwischen Zahlungsdienstleister und Zahler heißt Zahlungsdienstevertrag (vgl. § 675f Abs. 1); vgl. zum Ganzen auch: PWW/*Fehrenbacher*, § 675f Rn. 1 ff.; *Köndgen*, JuS 2011, 485.

dass auch weitere Ansprüche gegen ihn, etwa gem. § 280 „wegen leicht fahrlässiger Verletzung anderer Pflichten als der sicheren Aufbewahrung personalisierter Sicherheitsmerkmale", ausscheiden.[951]

Grundsätzlich bedarf ein Zahlungsvorgang zu seiner Wirksamkeit die Autorisierung des Zahlers (§ 675j).[952] Diese Zustimmung kann nach Vereinbarung „insbesondere" auch mittels eines Zahlungsauthentifizierungsinstruments erteilt werden (§ 675j Abs. 1 S. 4). Zahlungsauthentifizierungsinstrumente sind personalisierte, d.h. einem bestimmten Zahlungsdienstenutzer zuzuordnende Instrumente oder Verfahren, die zwischen ihm und dem Zahlungsdienstleister für die Erteilung von Zahlungsaufträgen vereinbart wurden.[953] Beispiele sind die Nutzung von Zahlungskarten mit PIN, Online-Banking mit PIN/TAN[954] oder mit elektronischer Signatur und Telefonbanking mit Kennwort. Der Sache nach handelt es sich bei Zahlungsauthentifizierungsinstrumenten zumindest für das Online-Banking um nichts anderes als Legitimationszeichen[955] zu einem Account, von denen bereits vielfach die Rede war.

War nun ein Zahlungsvorgang rein tatsächlich nicht durch den Zahler autorisiert, sondern beruhte er auf der missbräuchlichen Nutzung eines Zahlungsauthentifizierungsinstruments, gestaltet sich die Rechtslage wie folgt: Der Zahlungsdienstleister hat dem Zahler den Zahlungsbetrag wieder auf dessen Zahlungskonto gutzuschreiben (vgl. § 675u S. 2) und hat keine weitere Ersatzmöglichkeit für seine Aufwendungen gegen den Zahler (§ 675u S. 1). Der Geldbetrag, der durch das missbräuchliche Verhalten eines Dritten zumindest mittelbar an diesen geflossen ist, wird aber in den meisten Fällen für den Zahlungsdienstleister verloren sein.[956] Es wäre unbillig, die Bank in jedem Fall völlig anspruchslos zu stellen. Aus diesen Gründen macht § 675v eine Ausnahme von § 675u[957], wenn

---

951 BT-Drs. 16/11643, S. 113.

952 *Bertelmann*, Das BGB-Zahlungsdiensterecht, S. 129 f.; *Mayen*, in: *Schimansky/Bunte/Lwowski*, Bankrechts-Handbuch, § 50 Rn. 9; vgl. ausführlich zur Autorisierung *Köndgen*, JuS 2011, 486.

953 Palandt/*Sprau*, § 675j Rn. 6; auf eine gewisse begriffliche Unschärfe weist *Scheibengruber*, BKR 2010, 17 hin.

954 Persönliche Identifikationsnummern (PIN) und Transaktionsnummern (TAN); üblicherweise benötigt man zum Einloggen beim Online-Banking zunächst seine Kontonummer und seine PIN. Für jede Transaktion wird dann eine Transaktionsnummer benötigt, welche man je nach Verfahren auf einer vorher von der Bank erhaltenen Liste entnimmt oder beispielsweise per SMS erhält.

955 Andere Bezeichnungen: Legitimationsmerkmale, Nutzerdaten etc.

956 Der Dritte wird doch ein kriminelles Interesse an dem Geldbetrag gehabt haben.

957 *Schwintowski*, Bankrecht, § 7 Rn. 218.

der Zahlungsvorgang auf einer missbräuchlichen Verwendung der Legitimationsmerkmale beruht. Im Einzelnen lassen sich verschiedene Fälle unterscheiden:

I. Die Haftung gem. § 675v Abs. 1 S. 1

Beruht der Zahlungsvorgang darauf, dass ein Zahlungsauthentifizierungsinstrument verlorengegangen, gestohlen oder sonst abhandengekommen ist und dadurch zur „scheinbaren" Authentifikation genutzt wurde, haftet der Zahler (Kunde) dem Zahlungsdienstleister für einen Schaden bis zu einem Betrag von 150 Euro. Der über 150 Euro hinausgehende Betrag bleibt in diesem Fall der Schaden der Bank. Bemerkenswert ist, dass dieser Anspruch vom Verschulden des Zahlers unabhängig ist.[958] Hierin soll wohl ein Anreiz für den Zahler liegen, auch für diese Fälle den Diebstahl einer Bankkarte o.ä. anzuzeigen.[959]

II. Die Haftung gem. § 675v Abs. 1 S. 2

Die Haftung des Zahlers tritt auch dann ein, wenn der Schaden infolge einer „sonstigen missbräuchlichen Verwendung eines Zahlungsauthentifizierungsinstruments entstanden ist, und der Zahler die personalisierten Sicherheitsmerkmale nicht sicher aufbewahrt hat". § 675v Abs. 1 S. 2 verlangt also zunächst ein Verschulden des Zahlers hinsichtlich der Verwahrung der Legitimationsmerkmale. Darüber hinaus wurde diese zweite Variante eingeführt, um auch den Missbrauch von Zahlungsauthentifizierungsinstrumenten zu erfassen, die keine körperlichen Gegenstände sind und deshalb nicht im traditionellen Sinne verloren gehen können.[960] Insbesondere für PIN und TAN hat daher § 675v Abs. 1 S. 2 seine Bedeutung.[961]

III. Haftung gem. § 675v Abs. 2

Den gesamten dem Zahlungsdienstleister entstandenen Schaden muss der Zahler dann ersetzen, wenn er entweder betrügerisch gehandelt hat, oder seine Pflichten aus § 675l (§ 675v Abs. 2 Nr. 1) bzw. aus den vertraglichen Vereinbarungen

---

958 *Schwintowski*, Bankrecht, § 7 Rn. 219; BT-Drs. 16/11643, S. 113; zur Kritik an der Unabhängigkeit vom Verschulden vgl. *Casper/Pfeifle*, WM 2009, 2346.

959 BT-Drs. 16/11643, S. 113; Die Anzeige etwa eines Diebstahls durch den Zahler würde zum Ausschluss des Schadensersatzes auf Seiten des Zahlungsdienstleisters führen, vgl. § 675v Abs. 3 i.V.m. § 675l S. 2.

960 *Rühl*, DStR 2009, 2259; *Schulte am Hülse/Klabunde*, MMR 2010, 86 f.; Palandt/*Sprau*, § 675v Rn. 3; BT-Drs. 16/11643, S. 113.

961 *Hossenfelder*, CR 2009, 791.

bezüglich der Ausgabe des Zahlungsauthentifizierungsinstruments (§ 675v Abs. 2 Nr. 2) mindestens in grob fahrlässiger Weise[962] verletzt hat. Die Bestimmung des Begriffs der groben Fahrlässigkeit überlässt die Richtlinie in diesem Zusammenhang dem einzelstaatlichen Recht.[963] Der Sache nach geht es bei diesen Pflichten um Vorkehrungen zur Geheimhaltung, auf die schon § 675v Abs. 1 S. 2 abstellt: Sofort nach Erhalt eines Zahlungsauthentifizierungsinstruments hat der Zahler gem. § 675l S. 1 die Pflicht[964], „alle zumutbaren Vorkehrungen zu treffen, um die personalisierten Sicherheitsmerkmale vor unbefugtem Zugriff zu schützen".[965]

Die Reichweite dieser Pflicht im Einzelnen ist noch nicht vollends geklärt.[966] Eine fahrlässige Verletzung dieser Pflichten führt zum Schadensersatz gem. § 675v Abs. 1 S. 2 bis zu einer Höhe von 150 Euro; wird die gleiche Pflicht grob fahrlässig oder vorsätzlich verletzt, muss der ganze Schaden ersetzt werden, § 675v Abs. 2.[967] Das Haftungsrisiko des Kunden (Zahlers) ist damit durch diese neuen Regelungen deutlich vergrößert worden.[968]

IV. Übertragung der Haftung aus § 675v auf den Accountmissbrauch

Im Rahmen der Auseinandersetzung mit dem in § 675v vorgesehenen Haftungssystem ist bereits die Nähe zur der hier im Vordergrund stehenden Problematik

962 Zur Abgrenzung von einfacher und grober Fahrlässigkeit in diesem Zusammenhang vgl. auch *Schulte am Hülse/Klabunde*, MMR 2010, 87 f.; *Borges*, NJW 2012, 2387.

963 BT-Drs 16/11643, S. 114.

964 *Schinkels*, in: *Gebauer/Wiedmann* (Hrsg.), Zivilrecht unter europäischem Einfluss. Kapitel 16, Rn. 36.

965 Vgl. zur Diskussion um die Überprüfungspflicht des Kunden hinsichtlich der Sicherheit der Online-Verbindung gegen Phishing und Pharming BGH NJW 2012, 2424; *Borges*, NJW 2012, 2386; *Hossenfelder*, CR 2009, 792 f.; *Spindler*, in: *Lorenz* (Hrsg.), Haftung und Versicherung im IT-Bereich, S. 103 f.; *Schulte am Hülse/Klabunde*, MMR 2010, 87; siehe aber auch KG WM 2011, 493, 494.

966 Vgl. aber AG Krefeld MMR 2013, 164, wonach die Eingabe von mehreren TAN im Rahmen eines Phishing die Annahme grober Fahrlässigkeit begründen soll. Aufgrund der in den letzten Jahren durch verschiedene Medien bekannt gemachten Fälle von Phishing könne danach die Erkenntnis, dass von einer seriösen Bank nie mehr als die Eingabe einer TAN verlangt werden, als „allgemeines Wissen" vorausgesetzt werden.

967 *Spindler*, in: *Lorenz* (Hrsg.), Haftung und Versicherung im IT-Bereich, S. 96; BT-Drs 16/11643, S. 114.

968 Sehr kritisch zu dieser Tendenz äußert sich *Scheibengruber*, BKR 2010, 22 f.

deutlich geworden.[969] Im Kern geht es auch bei § 657v um die Frage nach der Haftung desjenigen, von dessen Konto unter seinem Namen rechtsgeschäftliche Handlungen vorgenommen wurden. Für den Bereich des Online-Banking bietet § 675v zwei verschiedene Haftungsmaßstäbe. Wurden die Nutzerdaten (PIN/TAN) fahrlässig verwahrt, haftet der Kontoinhaber gem. § 675v Abs. 1 S. 2 auf einen Betrag bis zu 150 Euro. Bei mindestens grober Fahrlässigkeit hinsichtlich der Verwahrung haftet der Inhaber auf den ganzen Schaden, § 675v Abs. 2. Zwischen diesem Schadensersatzanspruch und einem Erfüllungsanspruch beim Handeln unter fremdem Namen lassen sich einige Parallelen ziehen. Es überrascht deshalb auch nicht, dass in der Literatur[970] bereits einige Wertungen aus § 675v für Ansprüche gegen den Inhaber eines Nutzerkontos herangezogen werden und auch die Gerichte[971] diese Fälle als entsprechend einordnen. Man kann daher durchaus festhalten, dass § 675v einen Spezialfall der Haftung für ein Handeln unter fremdem Namen im Internet regelt.

Vor diesem Hintergrund gelangt man fast schon zwangsläufig zu der Frage, ob man nicht die Regelung des § 675v analog auf alle Fälle des Handelns unter fremdem Namen im Internet anwenden könnte. Schließlich hat der Gesetzgeber erstmals einen Fall des Handelns unter fremdem Namen im Bereich des elektronischen Geschäftsverkehrs[972] gesetzlich normiert.

Ungeachtet der Frage nach der Analogiefähigkeit einer Vorschrift, die der Umsetzung einer europäischen Richtlinie diente[973] und zudem faktisch deren wörtliche Übernahme ist, scheinen starke Zweifel an einem solchen Schritt angebracht: Eine analoge Anwendung einer Vorschrift auf eine nicht normierte

---

969 Für das alte Recht untersucht deshalb unter ähnlichen Gesichtspunkten Brückner bereits eine sog. Online Banking Rechtsscheinvollmacht, vgl. *Brückner,* Online Banking und Rechtsscheinhaftung, S. 85 ff.

970 So möchte *Oechsler* den Verschuldensmaßstab aus § 675v Abs. 2 (grobe Fahrlässigkeit) auf den Anspruch aus culpa in contrahendo gem. §§ 280 Abs. 1, 311 Abs. 2, 241 Abs. 2 für die Fälle des Handelns unter fremdem Namen übertragen, vgl. *Oechsler*, MMR 2011, 633; auch *Stöber*, JR 2012, 230 f. sieht in § 675v einen Spezialfall des Handelns unter fremdem Namen.

971 KG WM 2011, 493, 494 f.; OLG Schleswig MMR 2011, 52.

972 Der Sache nach erstreckt sich § 675v auch auf Zahlungskarten und die diesbezüglichen Legitimationsmerkmale, so dass auch eine Anwendung auf alle Fälle des Handelns unter fremdem Namen in Betracht käme. Für den Bereich des Internets scheint die Norm aber noch passender, weil sie auf die Besonderheiten des Missbrauchs von nicht verkörperten Zahlungsauthentifizierungsinstrumenten eingeht.

973 Zur Frage der Behandlung europarechtsbedingter Widersprüche im Zivilrecht vgl. *Weiss,* Widersprüche im Recht, bes. S. 130 ff.; siehe auch *Sodan*, JZ 1999, 870 f.

Sachlage ist möglich, wenn die Regelungslücke planwidrig ist und die Norm eine vergleichbare Interessenlage betrifft.[974]

Eine Regelungslücke für die rechtsgeschäftliche Einordnung des Handelns unter fremdem Namen im elektronischen Rechtsverkehr besteht ohne Zweifel. Im Hinblick auf die Untersuchung der Planwidrigkeit einer Regelungslücke ist der „der dem Gesetz zu Grunde liegende Regelungsplan [...] aus ihm selbst im Wege der historischen und teleologischen Auslegung zu erschließen und es ist zu fragen, ob das Gesetz, gemessen an seiner eigenen Regelungsabsicht, planwidrig unvollständig ist".[975] Dies impliziert die Notwendigkeit eines Plans im Sinne eines Regelungskonzepts. Aus der Tatsache, dass der Gesetzgeber einen speziellen Fall der rechtsgeschäftlichen Accounthaftung geregelt hat, kann aber weder geschlossen werden, dass die allgemeine Problematik auch von diesem Regelungskreis (§ 675v) umfasst sein soll, noch dass eine Haftung damit abschließend normiert wurde. Es findet sich nämlich in den Gesetzgebungsmaterialien zur Zahlungsdiensterichtlinie kein Hinweis auf die Erstreckung der Anwendung auf die Fälle des Accountmissbrauchs im elektronischen Rechtsverkehr generell.[976] Der Gesetzgeber hat vermutlich nicht bemerkt, dass der geregelte Fall eine gewisse Nähe zur Accounthaftung aufweist. Außerdem ist an dieser Stelle von erheblicher Bedeutung, dass die differenzierte Haftung nach § 675v nur mittelbar auf den deutschen Gesetzgeber zurückgeht, da sie der verpflichtenden Umsetzung der Zahlungsdiensterichtlinie diente.[977] In der Literatur wird in diesen Fällen von einer sog. unbewussten planwidrigen Regelungslücke gesprochen, bei welcher der Gesetzgeber keine Aussage zur Rechtsfortbildung in die eine oder andere Richtung getroffen habe.[978]

Eine analoge Anwendung scheidet aber schon aus anderen Gründen aus: Entscheidend gegen eine analoge Heranziehung von § 676v für die Fälle des Accountmissbrauchs spricht nämlich die unterschiedliche Interessenlage in beiden Fällen.[979] Dabei sollte man sich die Verschiedenheit der Konstellation vor Augen halten: Bei der Frage nach der rechtsgeschäftlichen Accounthaftung geht es doch darum, ob zwischen zwei Parteien, die ggf. bereits durch ein Nutzerkonto

---

974 *Larenz*, Methodenlehre, S. 381 ff.

975 BGHZ 149, 165, 174.

976 Es wird jedoch nur die Umsetzung der Zahlungsdiensterichtlinie betont, vgl. BT-Drs 16/11643, S. 113 f.

977 *Hossenfelder*, Pflichten von Internetnutzern, S. 254.

978 *Wank*, Die Auslegung von Gesetzen, S. 83; *Hossenfelder*, Pflichten von Internetnutzern, S. 254.

979 So auch *Müller-Brockhausen*, Haftung für Zugangsdaten, S. 326.

miteinander verbunden sind, eine rechtsgeschäftliche Bindung d.h. ein Vertrag zu Stande kommt. § 675v regelt demgegenüber die Schadensersatzpflicht in einem bereits bestehenden Schuldverhältnis, aus dem sich aufgrund seiner Besonderheiten durchaus spezielle Schutzpflichten ergeben können. Das gilt umso mehr, als die Haftung nach § 675v auch solche umfassenden Pflichten auf Seiten der Zahlungsdienstleister voraussetzt. So müssen die Banken z.B. ihre Kunden umfassend über die Gefahren und Risiken beim Online-Banking aufklären und informieren.[980]

Mit der unterschiedlichen Konstellation der Geschäftspartner ist darüber hinaus die Problematik verbunden, wie im Falle einer analogen Anwendung der Verschuldensmaßstab wegen der groben Fahrlässigkeit des Zahlers als Voraussetzung für einen Schadensersatzanspruch auf den „gesamten Schaden" vom Verhältnis der Sorgfaltspflichten her bestimmt werden soll. Auf der einen Seite steht die Beziehung von dem – vertraglich miteinander verbundenen – Kunden und der Bank, auf der anderen Seite die Beziehung von Geschäftspartnern im Internet, die zuvor ggf. noch nie miteinander in Kontakt standen. Selbst wenn ein Geschäftsabschluss im Einzelfall nur nach Registrierung des einen Geschäftspartners als Nutzer des Online-Angebotes des anderen Geschäftspartners möglich sein sollte, wodurch durchaus gegenseitige Pflichten entstehen können, wird man daraus nicht die gleichen Sorgfaltspflichten herleiten können, wie die, die durch den Abschluss eines Zahlungsdiensterahmenvertrages entstehen.

§ 675v soll die Frage nach der Haftung desjenigen klären, der es (grob) fahrlässig geschehen lässt, dass ein anderer unter seinem Konto Zahlungsvorgänge autorisiert. Darin liegt zugegebenermaßen die große Gemeinsamkeit zum Handeln unter fremdem Namen und den damit verbunden Konstellationen. Auf der anderen Seite ist diese Norm für diese spezielle Situation, die besondere Stellung der beteiligten Parteien und deren vertraglichen Pflichten im Zusammenhang mit einem Zahlungsdienstevertrag bestimmt. Der Vergleich zwischen einem Schadensersatzanspruch der Bank auf den vollen Schaden und der Frage, inwieweit ein Accountinhaber rechtsgeschäftlich für seinen Account gegenüber einem Geschäftspartner haftet, erscheint dann doch zu gekünstelt.[981] Durch eine Analogie darf aber eine vom Gesetzgeber als Ausnahme gewollte Regelung nicht

980 *Borges*, NJW 2012, 2388.

981 Es ist m.E. schon fraglich, ob man den vertraglichen Anspruch aus § 675v Abs. 2 überhaupt gebraucht hätte, oder ob sich (angesichts grober Fahrlässigkeit) ein solcher Anspruch der Bank nicht auch aus einer Schutzpflichtverletzung des Kunden bzw. deliktisch begründen ließe.

zum allgemeinen Prinzip erhoben werden.[982] Der Anspruch aus §§ 675v Abs. 1, Abs. 2 hat eine Sonderstellung, so dass für eine Ausdehnung auf das Handeln unter fremdem Namen im Internet keine Analogiefähigkeit gegeben ist. Das Haftungssystem des § 675v kann daher nicht analog auf das Handeln unter fremdem Namen im Internet angewandt werden.[983]

Für den Bereich des Online-Bankings ist aber mit § 675v eine gesetzliche Lösung für die rechtsgeschäftliche Haftung eines Accountmissbrauchs geschaffen worden, weshalb die Anwendung anderer Institute auf diese Konstellationen nicht in Betracht kommt.

C. Heranziehung eigenständiger Rechtsscheintatbestände

Die vom BGH und der Literatur vorgeschlagene Lösung für die rechtsgeschäftliche Haftung bei einem Accountmissbrauch – die Heranziehung der Anscheinsvollmacht – gründet nach hier vertretener Auffassung letztlich auf einem Institut, das seine Grundlage im Rechtsscheinprinzip hat. Ganz in diesem Sinne haben einige Vertreter in der Literatur einen auf den allgemeinen Voraussetzungen der Rechtsscheinhaftung basierenden, neuen Rechtsscheintatbestand (bzw. mehrere neue Rechtsscheintatbestände) entwickelt, der speziell für diese Fälle Anwendung finden soll.[984] Unterscheiden lassen sich diese Ansätze insoweit, als dass sie ein unterschiedliches Verständnis von der Absolutheit ihrer Anwendung verfolgen.

I. Die Modifizierung hergebrachter Rechtsscheintatbestände

In gleich mehreren Schriften hat sich *Herresthal* mit der rechtsgeschäftlichen Seite des Accountmissbrauchs, dem Handeln unter fremdem Namen im Internet, auseinandergesetzt.[985] Er war auch der Erste, der sich dezidiert und ausdrücklich

---

982 *Canaris*, Die Feststellung von Lücken im Gesetz, S. 181.

983 A.A. *Hossenfelder*, Pflichten von Internetnutzern, S. 254 f., der auf die unterschiedlichen Konstellationen nicht eingeht und die Vergleichbarkeit der Sicherheitsmerkmale in den Vordergrund stellt.

984 *Rieder*, Rechtsscheinhaftung im elektronischen Geschäftsverkehr, bes. S. 194 ff.; *Herresthal*, in: *Taeger/Wiebe* (Hrsg.), Von Adworks bis Social Networks, S. 21 ff.; *Herresthal*, K&R 2008, 705 ff.; *Herresthal*, JZ 2011, 1172 f.; *Müller-Brockhausen*, Haftung für Zugangsdaten, S. 244 ff.; der Sache nach für eine Rechtsscheinhaftung auch *Borges*, NJW 2011, 2402; *Hauck*, JuS 2011, 969; vgl. schon *Kuhn*, Rechtshandlungen mittels EDV, S. 215 ff.

985 Vgl. *Herresthal*, in: *Taeger/Wiebe* (Hrsg.), Von Adworks bis Social Networks, S. 21 ff.; *Herresthal*, K&R 2008, 705 ff.; *Herresthal*, JZ 2011, 1172 f.; bei den zuletzt genannten Aufsätzen handelt es sich um leicht modifizierte Kurzfassungen eines

gegen die Anwendung der Anscheinsvollmacht auf das Handeln unter fremdem Namen ausgesprochen hat.[986]

Herresthal weist zunächst auf den Umstand hin, dass die deliktische Störerhaftung bezüglich Accounts im Internet schon weit ausdifferenziert sei, während die rechtsgeschäftliche Seite bisher eher wenig Beachtung gefunden habe.[987] Sodann ordnet auch er die Fälle, in denen ein Dritter „unter" dem Account eines anderen Rechtsgeschäfte vornimmt, als Handeln unter fremdem Namen ein. Diese Fallgruppe habe mit den Besonderheiten des elektronischen Rechtsverkehrs eine außerordentliche Ausweitung erfahren und trete deshalb vermehrt auf. Fehle es nun an einer „Bevollmächtigung" des Dritten, unter fremdem Namen zu handeln, seien die §§ 177 anwendbar. Der vollmachtlos Handelnde hafte daher gem. § 179 dem Vertragspartner auf Erfüllung oder Schadensersatz.[988] Weil der Handelnde in den meisten Fallgestaltungen für den Vertragspartner (ohne Zutun des Accountinhabers) nicht feststellbar sei, laufe diese Haftung jedoch vielfach leer.[989] In den Blickpunkt des Interesses rückt für ihn daher die Frage nach der Haftung des Accountinhabers. Weil die Stellvertretungsregeln für das Handeln unter fremdem Namen Anwendung fänden, sei es nur konsequent, auch die Anwendung von Anscheins- und Duldungsvollmacht entsprechend in Betracht zu ziehen.

Der Tatbestand der Anscheinsvollmacht eigne sich allerdings nicht „ohne grundlegende" Modifikation zur Anwendung auf das Handeln unter fremdem Namen.[990] Dies habe auch der BGH in seiner R-Gespräche Entscheidung so diagnostiziert.[991] Des Weiteren sei im Gegensatz zur Anscheinsvollmacht beim Handeln unter fremdem Namen nicht die „Dauer und Häufigkeit des vertrauensauslösenden Verhaltens" maßgeblich, sondern die Zuverlässigkeit und Stärke der Zugangssicherung eines Accounts.[992]

Referats von der 9. Herbstakademie der Deutschen Stiftung für Recht und Informatik, welches in *Taeger/Wiebe* (Hrsg.), Von Adworks bis Social Networks, S. 21 ff.; abgedruckt ist. Die Wiedergabe von *Herresthals* Konzeption erfolgt daher größtenteils anhand dieses Grundlagentexts.

986 *Herresthal*, in: *Taeger/Wiebe* (Hrsg.), Von Adworks bis Social Networks, S. 27 f.

987 *Herresthal*, in: *Taeger/Wiebe* (Hrsg.), Von Adworks bis Social Networks, S. 22 ff.

988 *Herresthal*, in: *Taeger/Wiebe* (Hrsg.), Von Adworks bis Social Networks, S. 26.

989 *Herresthal* verweist hier auf OLG Hamm NJW 2007, 612, wonach „völlig im Dunklen liege", wer unter dem Account gehandelt habe.

990 *Herresthal*, in: *Taeger/Wiebe* (Hrsg.), Von Adworks bis Social Networks, S. 27.

991 BGHZ 166, 369, 374; vgl. zu diesem Urteil auch oben S. 19 ff.

992 *Herresthal*, in: *Taeger/Wiebe* (Hrsg.), Von Adworks bis Social Networks, S. 30.

Herresthal sucht die Lösung vielmehr in einem Rückgriff auf die allgemeinen Rechtsscheingrundsätze. Das Vertrauen des Geschäftspartners auf ein Handeln des Accountinhabers (Namensträgers) sei unter bestimmten Umständen schützenswert, weshalb anhand der allgemeinen Grundsätze[993] die Herausbildung eines neuen, „eigenständigen Rechtsscheintatbestandes" geboten sei, welcher wiederum auf das Legitimationskennzeichen[994] als Anknüpfungspunkt zugeschnitten sein müsse.[995]

Die Voraussetzungen des von *Herresthal* vorgeschlagenen Rechtsscheintatbestandes lassen sich folgenderweise zusammenfassen:

1. *Objektiver Rechtsscheintatbestand*

Auf seiner objektiven Seite liegt der angesprochene neue Rechtsscheintatbestand vor, „wenn sich das Handeln des Dritten aufgrund der Nutzung des fremden Legitimationskennzeichens für den Rechtsverkehr als rechtsgeschäftliches Handeln des Kennzeicheninhabers darstellt".[996] Dieser Eindruck setzt damit zwei Komponenten voraus: Erstens muss überhaupt ein Handeln unter fremdem Namen vorliegen, womit gemeint ist, dass die Beteiligung einer dritten Person für den Vertragspartner nicht erkennbar sein darf. Zweitens muss das Legitimationskennzeichen tauglicher Anknüpfungspunkt eines Rechtsscheins sein. Gerechtfertigt ist die Annahme, dass nur der Inhaber des Kennzeichens der Handelnde sein kann[997], wenn eine „weit überwiegende Wahrscheinlichkeit" dafür spricht.

Zur entscheidenden Wertungsfrage wird damit der Gewährleistungsgrad eines jeden Legitimationskennzeichens, also die Frage, wie gut die Nutzung vor dem Zugriff durch Dritte geschützt ist. Maßgeblich sind für *Herresthal* dafür folgende Faktoren: Geheimhaltung des Kennzeichens durch den Inhaber selbst, die Gefahr einer (technischen) Verfälschung während des Kommunikationsprozesses sowie die Sicherheitsmaßnahmen, welche der Betreiber vorgenommen hat.[998] Vor dem Hintergrund dieser Faktoren ist für jedes Legitimationszeichen im Einzelfall gesondert zu prüfen, ob es das Vertrauen des Rechtsverkehrs verdient.

Einfließen muss nach *Herresthal* in diese Einzelfallbewertung, ob dem Inhaber aufgrund des Missbrauchsrisikos eine gesteigerte Geheimhaltungspflicht

---

993 Siehe zu diesen allgemeinen Rechtsscheingrundsätzen oben S. 114 ff.
994 Gemeint sind z.B. Nutzerdaten.
995 *Herresthal*, in: *Taeger/Wiebe* (Hrsg.), Von Adworks bis Social Networks, S. 31.
996 *Herresthal*, in: *Taeger/Wiebe* (Hrsg.), Von Adworks bis Social Networks, S. 33.
997 Bzw. ohne dessen Zustimmung ein Handeln nicht möglich ist.
998 *Herresthal*, in: *Taeger/Wiebe* (Hrsg.), Von Adworks bis Social Networks, S. 33.

obliegt, was u.a. von der Art des Accounts, einer evtl. bestehenden vertraglichen Pflicht zur Passwortsicherung oder der Üblichkeit der Vornahme von Rechtsgeschäften aus dem fraglichen Account heraus abhängig ist.[999] Hinzu kommt der Sicherheitsstandard der Online-Plattform sowie die Sicherheit des Kommunikationsprozesses an sich. *Herresthal* sieht bei den Nutzerdaten von Online-Bankkonten, Online-Marktplätzen sowie ausdrücklich auch eBay diese Gewähr als gegeben an, wohingegen er bei Zugangskennungen zu reinen Informationsportalen und einer E-Mail Adresse[1000] keinen ausreichenden Anknüpfungspunkt für einen Rechtsschein gegeben sieht.

Ausdrücklich wendet er sich gegen die – vor allem in der Rechtsprechung[1001] – weit verbreite Ansicht, wonach die Sicherheitsstandards im Internet noch nicht ausreichend seien, um aus der Verwendung eines geheimen Passworts auf den tatsächlichen Accountinhaber als Verwender zu schließen. Auch andere Rechtsscheinträger böten die Möglichkeit zum Missbrauch, während ihre Eignung als Anknüpfung eines Rechtsscheins nicht in Frage gestellt werde.[1002] Auf diese Problemstellung wurde an anderer Stelle bereits eingegangen.[1003]

2. *Zurechenbarkeit*

Beim Handeln unter fremdem Namen unterscheidet *Herresthal* zwei Tatbestände der Rechtsscheinhaftung: Einmal den Fall, dass der Namensträger (bzw. Accountinhaber) dem Dritten das Handeln unter fremdem Namen bewusst ermöglicht hat, oder zumindest vom Handeln des Dritten gewusst hat und nicht eingeschritten ist. Zum anderen die Konstellation, dass der Namensträger das Handeln des Dritten fahrlässig ermöglicht oder zumindest fahrlässig nicht erkannt hat.[1004]

Dessen ungeachtet nimmt *Herresthal* die Zurechenbarkeit in beiden Fällen an: Für die erste Konstellation treffe sie zu, weil der Accountinhaber den Rechtsschein bewusst geschaffen habe. Diese Argumentation ist erkennbar an die von *Canaris* herausgearbeitete Fallgruppe der „wissentlichen Schaffung eines

---

999 *Herresthal*, in: *Taeger/Wiebe* (Hrsg.), Von Adworks bis Social Networks, S. 33 f.

1000 Im Anschluss an LG Bonn MMR 2002, 255; OLG Köln MMR 2002, 813.

1001 So der BGH auch in der hier besprochenen Entscheidung BGHZ 189, 346, 354; vgl. dazu auch OLG Hamm NJW 2007, 611; LG Bonn MMR 2002, 255; OLG Köln MMR 2002, 813; OLG Naumburg OLG Report 2005, 105; LG Magdeburg K&R 2005, 191.

1002 *Herresthal*, in: *Taeger/Wiebe* (Hrsg.), Von Adworks bis Social Networks, S. 35.

1003 Siehe oben S. 133 ff.

1004 *Herresthal*, in: *Taeger/Wiebe* (Hrsg.), Von Adworks bis Social Networks, S. 32.

Rechtsscheins“ angelehnt.[1005] Aber auch die fahrlässige Ermöglichung der Nutzung eines Accounts lässt *Herresthal* für die Zurechnung des Rechtsscheins genügen. Jeder Teilnehmer im Rechtsverkehr müsse für das aus seiner Risikosphäre stammende Verhalten Dritter einstehen, wenn hierdurch ein Vertragsschluss veranlasst werde.[1006] Die Zurechnungsgrundlage sei im „Vertretenmüssen“ des Accountinhabers zu sehen, die „bloße Veranlassung“ reiche aber nicht aus. Entscheidend sei daher, ob der Accountinhaber die „missbräuchliche Nutzung seines Accounts kennen musste und zumutbar vermeiden konnte“. Eine gesetzliche Rückanknüpfung dafür sieht er in der Wertung des § 311 Abs. 2.[1007] Mit der Zurechnung des Rechtsscheintatbestandes nach der Verschuldenstheorie begibt sich *Herresthal* freilich in einen gewissen Widerspruch zu den hergebrachten dogmatischen Voraussetzungen der Rechtsscheinhaftung, worauf noch zurückzukommen sein wird.[1008]

3. *Schutzwürdigkeit des Vertragspartners*

Der Vertragspartner verdient den Schutz des Rechtsscheins nur, wenn er gutgläubig hinsichtlich des Handelns des Accountinhabers ist. Er darf also keine Kenntnis vom Handeln eines Dritten haben, sondern müsse davon ausgehen, dass nur der wahre Namensträger/Accountinhaber handelt.[1009] Das Handeln müsse weiterhin auch kausal für den Abschluss des fraglichen Rechtsgeschäfts sein. In analoger Anwendung von § 173 sei die Haftung zudem dann ausgeschlossen, wenn der Vertragspartner fahrlässig nicht erkenne, dass ein Dritter handele.

4. *Rechtsfolge*

Sind diese Voraussetzungen erfüllt, soll der Accountinhaber haften. Entsprechend der getroffenen Unterscheidung zwischen der bewussten und der

---

1005 *Canaris*, Vertrauenshaftung, S. 32 ff.

1006 *Herresthal*, in: *Taeger/Wiebe* (Hrsg.), Von Adworks bis Social Networks, S. 37.

1007 Gleichzeitig wendet er sich aber gegen die Entstehung eines vorvertraglichen Schuldverhältnisses zwischen Plattformbetreiber und Nutzer alleine durch dessen Anmeldung, vgl. *Herresthal*, in: *Taeger/Wiebe* (Hrsg.), Von Adworks bis Social Networks, S. 40 f.

1008 Der Widerspruch besteht darin, einen Rechtsscheintatbestand zwar bei Verschulden zuzurechnen, dann aber auf der Rechtsfolgenseite zwischen positivem und negativem Interesse zu differenzieren. Vgl. zu dieser Kritik ausführlich S. 175 ff.

1009 *Herresthal*, in: *Taeger/Wiebe* (Hrsg.), Von Adworks bis Social Networks, S. 36.

fahrlässigen Erzeugung eines Rechtsscheins differenziert *Herresthal* nun aber auf der Rechtsfolgenseite: Bei der bewussten Schaffung eines Rechtsscheins erstrecke sich die Haftung des Inhabers auf das positive Interesse. Dies entspreche dem Rechtsgedanken der §§ 171 f.[1010] Entsprechend der „Zweispurigkeit des Vertrauensschutzes“[1011] hafte der Accountinhaber demgegenüber bei der fahrlässigen Verursachung des Rechtsscheins nur auf das negative Interesse.[1012] Für eine Haftung auf das positive Interesse fehle es an einem gesetzlichen Anknüpfungspunkt.

II. Das mehrgleisige System der Rechtsscheinhaftung im elektronischen Geschäftsverkehr nach Rieder

Auch *Rieder* hat sich in seiner Dissertation mit der Rechtsscheinhaftung im elektronischen Geschäftsverkehr auseinandergesetzt. Im Gegensatz zu der hier vertretenen Auffassung sieht er durchaus Raum für die Anwendung der Anscheinsvollmacht für das Handeln unter fremdem Namen im Internet.[1013] Dabei ist zunächst zu berücksichtigten, dass nach seinem durch die Schule von *Canaris* geprägtem Verständnis das Institut der Anscheinsvollmacht nur Anwendung bei Personen „kaufmännischer bzw. kaufmannsähnlicher Art“ finden kann.[1014] Hinsichtlich der Zurechnung eines Rechtsscheins folgt er damit dem Risikoprinzip. Trotz alledem weist auch er darauf hin, dass eine Abschwächung des „Kenntniselements“ auf Seiten des Geschäftspartners vorgenommen werden müsse. Dieser wisse beim Handeln unter fremdem Namen nicht von der Existenz eines Dreipersonenverhältnisses. Für das Erfordernis der Kenntnis des Geschäftspartners vom Rechtsschein reiche es jedoch aus, dass der Dritte durch mehrmaliges Handeln unter fremdem Namen den Eindruck zu erwecken vermochte, es habe der Kennwortinhaber gehandelt. Ein Verzicht auf das Kriterium des „mehrmaligen Auftretens“ komme daher nicht in Betracht.[1015]

Obwohl schon das geltende Recht[1016] mit den tradierten Rechtsscheintatbeständen die meisten der durch den elektronischen Geschäftsverkehr im

---

1010 *Herresthal*, in: *Taeger/Wiebe* (Hrsg.), Von Adworks bis Social Networks, S. 36.

1011 Siehe dazu *Canaris,* Vertrauenshaftung. S. 5 f.

1012 *Herresthal*, in: *Taeger/Wiebe* (Hrsg.), Von Adworks bis Social Networks, S. 39.

1013 *Rieder,* Rechtsscheinhaftung im elektronischen Geschäftsverkehr, S. 194 ff.

1014 *Rieder,* Rechtsscheinhaftung im elektronischen Geschäftsverkehr, S. 197.

1015 *Rieder,* Rechtsscheinhaftung im elektronischen Geschäftsverkehr, S. 196.

1016 *Rieder* stellt dabei insbesondere §§ 170, 171, 370, 405 BGB, 10, 56, 75h, 91a, 362 HGB als Anknüpfungspunkt für eine Rechtsscheinhaftung im elektronischen Geschäftsverkehr in den Vordergrund, vgl. S. 253.

Zusammenhang mit der Rechtsscheinhaftung neu entstandenen Probleme erfassen könne, gebe es doch einige Grenzfälle, weshalb *Rieder* dessen ungeachtet eine Fortbildung des Systems der Rechtsscheinhaftung als notwendig erachtet.[1017] Von den verschiedenen von *Rieder* neu herausgearbeiteten Ansätzen[1018] für eine Rechtsscheinhaftung im elektronischen Rechtsverkehr soll hier entsprechend der Fragestellung die Haftung für Erklärungen, die aus einem durch Kennwort gesicherten Nutzerkonto abgegeben wurden, im Vordergrund stehen.[1019]

1. Objektiver Rechtsscheintatbestand

Grundsätzlich sieht *Rieder* eine durch Kennwortschutz – d.h. aus einem Account heraus – abgegebene Erklärung als ausreichende Vertrauensgrundlage für einen Rechtsscheintatbestand an.[1020] Kennwörter seien ein im Rechtsverkehr weit verbreitetes Identifikationsmittel und mit Blanketturkunden, Geschäftsstempeln, Vordrucken, Firmenbriefpapier und Vollmachtsurkunden vergleichbar.[1021] Von entscheidender Bedeutung für die Stärke des Vertrauenstatbestands sei aber das Maß an Sicherheit, welchem der Kennwortschutz unterliege. Generell werde man nicht jedes kennwortgeschützte System als tauglichen Rechtsscheinträger ansehen können.[1022] Es existiere vielmehr eine „Sicherheitsschwelle“, deren Einhaltung für einen Vertrauenstatbestand notwendig und deren Unterschreitung jeweils im Einzelfall zu prüfen sei. Damit favorisiert *Rieder* eine differenzierte Sichtweise hinsichtlich des Sicherheitsstandards von Passwortsystemen und wendet sich gegen eine pauschale Betrachtung in die eine, wie in die andere Richtung.

Als wichtige Faktoren, von denen die Sicherheit eines Passwortsystems abhänge, nennt er die Art und Beschaffenheit des Kennworts, seine Komplexität, ob das Kennwort regelmäßig geändert werden müsse, ob eine bestimmte

1017 *Rieder*, Rechtsscheinhaftung im elektronischen Geschäftsverkehr, S. 253 f.

1018 In Betracht für eine Rechtsscheinhaftung kommen hiernach Erklärungen mit digitaler Signatur, kennwortgeschützte Erklärungen, biometrisch gesicherte Erklärungen, Erklärungen mit eingescannter Unterschrift sowie etwaige neue elektronische Unterschriftsformen.

1019 Da *Rieder* alle in Betracht kommenden neuen Rechtsscheintatbestände anhand der allgemeinen Voraussetzungen der Rechtsscheinhaftung überprüft, ergibt sich aus der Untersuchung nur eines neuen Tatbestands auch bereits seine allgemeine Ansicht.

1020 *Rieder*, Rechtsscheinhaftung im elektronischen Geschäftsverkehr, S. 306.

1021 So im Anschluss an *Kuhn*, Rechtshandlungen mittels EDV, S. 215 ff.

1022 *Rieder*, Rechtsscheinhaftung im elektronischen Geschäftsverkehr, S. 309.

Anzahl falscher Kennworteingaben zur Sperrung führe, ob zusätzlich zu einem Zugangskennwort noch weitere Sicherheitsvorkehrungen vorliegen (z.B. PIN/TAN), sowie die Frage nach Inhalt und Bedeutung der aus dem kennwortgeschützten Nutzerkonto regelmäßig vorgenommenen Handlungen.[1023] Kein zwangsläufig gegen die Tauglichkeit eines Kennwortsystems als Grundlage für einen Rechtsscheintatbestand sprechendes Argument sei die technische Manipulierbarkeit und Auslesbarkeit. Auch herkömmliche Rechtsscheinträger böten keine absolute Sicherheit.[1024]

2. *Zurechenbarkeit*

Die Zurechnung des Rechtsscheintatbestands erfolgt nach *Rieders* Konzeption aufgrund des Risikoprinzips. Der Accountinhaber müsse ein erhöhtes Risiko geschaffen haben, das er zumindest eher als der Empfänger beherrsche und das er maßgeblich zu einem eigenen Nutzen eingegangen sei.[1025] Unproblematisch sei dies bei einer wissentlichen Kennwortüberlassung der Fall.[1026] Wenn das Kennwort aber ohne bewusste Überlassung in die Hände eines missbräuchlich handelnden Dritten gelangt sei, liege auf Seiten des Erklärenden kein Erklärungsbewusstsein [sic!] vor. Dann scheide eine Zurechnung aus, außer die Situation entspreche einem typischen kaufmännischen Organisationsrisiko.[1027] Ansonsten sei „ähnlich wie im Fall der Anscheinsvollmacht" der Kennwortmissbrauch im „bürgerlichrechtlichen Verkehr" nicht anwendbar. Selbst für den Bereich kaufmännischer bzw. unternehmerischer Organisationen sei zu beachten, dass nicht allein die bloße Benutzung eines kennwortgeschützten Systems eine erhöhte Gefahr schaffe, die Grundlage der Zurechnung sein könne.[1028] Entscheidend sei vielmehr, dass nach dem „Sphärengedanken" dem Accountinhaber diejenigen Risiken zuzurechnen sind, die er abstrakt gesehen eher beherrschen kann, als der Empfänger der Erklärung. Als mögliche Risiken werden die Sicherung der Räumlichkeiten, in denen sich Computer befinden, die sichere Aufbewahrung und das häufige Ändern von Passwörtern und Gefahren durch die Weitergabe

1023 *Rieder,* Rechtsscheinhaftung im elektronischen Geschäftsverkehr, S. 310 f.
1024 *Rieder,* Rechtsscheinhaftung im elektronischen Geschäftsverkehr, S. 310.
1025 *Rieder,* Rechtsscheinhaftung im elektronischen Geschäftsverkehr, S. 312.
1026 *Rieder,* Rechtsscheinhaftung im elektronischen Geschäftsverkehr, S. 313.
1027 *Rieder,* Rechtsscheinhaftung im elektronischen Geschäftsverkehr, S. 313.
1028 *Rieder,* Rechtsscheinhaftung im elektronischen Geschäftsverkehr, S. 314; *Kuhn,* Rechtshandlungen mittels EDV, S. 229 f.

des Kennwortes innerhalb einer betrieblichen Organisation genannt.[1029] Eine Zurechnung komme schließlich mit Blick auf die Wertung der §§ 172, 935 nicht in Betracht, wenn das Passwort dem Inhaber abhandenkommen sei.[1030] Hiervon sollen auch die Fälle erfasst sein, in denen das Passwort durch Ausspähung etc. in die Hände des Dritten gelangt ist.[1031]

3. *Schutzwürdigkeit des Vertragspartners*

Hinsichtlich der weiteren Voraussetzungen auf Seiten des Vertrauenden ergeben sich nach *Rieder* „keine Besonderheiten". Der Geschäftspartner müsse gutgläubig im Hinblick auf das Handeln des Accountinhabers sein bzw. über die unbefugte Kennwortverwendung in Unkenntnis sein. Für seine Kenntnis des Rechtsscheintatbestandes reiche sein Wissen darüber aus, dass ein kennwortgeschütztes System verwendet wurde.[1032] Die Kausalität bestimme sich nach den allgemeinen Regeln.

4. *Rechtsfolge*

Bei Vorliegen der Voraussetzungen der Rechtsscheinhaftung soll die Rechtsfolge regelmäßig positiver Vertrauensschutz „im Sinne eines Anspruches auf Vertrauensentsprechung" sein. Dem Geschäftspartner steht damit nach dieser Sichtweise ein Erfüllungsanspruch zu.

III. Stellungnahme

Bereits im ersten Teil dieser Arbeit konnte die Legitimation und Herleitung der Rechtsscheinhaftung aufgezeigt werden.[1033] Der in der Literatur eingeschlagene Weg, auf den allgemeinen Grundsätzen aufbauend einen neuen Tatbestand für die Fälle des Handelns unter fremdem Namen herauszuarbeiten, verdient daher große Zustimmung. Im Einzelnen ist aber auch auf einige Punkte hinzuweisen, die m.E. noch verbesserungswürdig sind.

An *Herresthals* begrüßenswerten Ansatz der Modifikation hergebrachter Rechtsscheintatbestände ist besonders überzeugend, dass er sie an den dogmatischen Grundvoraussetzungen der Rechtsscheinhaftung orientiert. Leider

---

1029 *Rieder,* Rechtsscheinhaftung im elektronischen Geschäftsverkehr, S. 314; *Kuhn,* Rechtshandlungen mittels EDV, S. 231 f.

1030 *Rieder,* Rechtsscheinhaftung im elektronischen Geschäftsverkehr, S. 315.

1031 *Rieder,* Rechtsscheinhaftung im elektronischen Geschäftsverkehr, S. 316.

1032 *Rieder,* Rechtsscheinhaftung im elektronischen Geschäftsverkehr, S. 317.

1033 Siehe oben S. 114 ff.

gelingt ihm diese Ausrichtung aber nicht völlig. Während er unter dem Punkt „Zurechenbarkeit" des Rechtsscheins sowohl fahrlässiges als auch willentliches Verhalten ausreichen lässt, will er auf der Rechtsfolgenseite diesbezüglich differenzieren und sieht bei fahrlässigem Verhalten nur eine Haftung des Accountinhabers auf das negative Interesse als gegeben an. Von einer „Rechtsscheinhaftung" spricht man aber, „wenn die Rechtsordnung einen ‚an sich' nicht gegebenen Anspruch deshalb gewährt, weil der Schein seines Bestehens entstanden war"[1034]. Nach zutreffendem Verständnis erstreckt sich daher eine Rechtsscheinhaftung immer auf das positive Interesse, wenngleich sich die Vertrauenshaftung generell nicht durch die Rechtsscheinhaftung erschöpft.[1035] Die von *Herresthal* getroffene Unterscheidung zwischen fahrlässigem und willentlichem Handeln hätte also eigentlich an der Zurechnung eines Rechtsscheins ansetzen müssen. Nach den hergebrachten Voraussetzungen der Rechtsscheinhaftung ist es jedenfalls nicht möglich, einen Rechtsscheintatbestand zuerst zuzurechnen und dann aber auf der Rechtsfolgenseite zu anderen Ergebnissen zu kommen. Es ist durchaus umstritten, wann der Erzeuger eines Rechtsscheins sich diesen auch zurechnen lassen muss. Hier haben sich verschiedene Theorien herausgebildet, von denen das Verschuldensprinzip nach hier vertretener Ansicht Anwendung finden soll.[1036] Dieser Auffassung scheint auch *Herresthal* zu sein, wenn er auf das „Vertretenmüssen"[1037] des Accountinhabers abstellt. Die unterschiedliche Behandlung auf der Rechtsfolgenseite ist dann aber ein gewisser Widerspruch.

Der Grund warum er diese Unterscheidung herbeiführt, liegt wohl darin, dass nach seiner Auffassung zwischen Accountinhaber und Plattformbetreiber durch die bloße Anmeldung noch kein vorvertragliches Schuldverhältnis entsteht. Anders als etwa in der Konzeption von *Oechsler* scheidet daher bei ihm auch eine Haftung gem. §§ 280 Abs. 1, 311 Abs. 2, 241 Abs. 2 (*culpa in contrahendo*) auf das negative Interesse aus. Um aber dennoch zu einer Haftung für die fahrlässige Erzeugung eines Rechtsscheins zu gelangen, zieht er die „Zweispurigkeit" des Vertrauensschutzes heran, woraus sich ergebe, dass bei fahrlässigem Verhalten nur eine Haftung auf das negative Interesse vorliegen könne. Diese Begründung geht aber fehl.

1034 *Canaris,* Vertrauenshaftung, S. 1.

1035 Beispiele für eine Vertrauenshaftung auf das negative Interesse sind etwa § 122, oder die Haftung aus culpa in contrahendo.

1036 Veranlassungstheorie, Verschuldensprinzip und Risikoprinzip, vgl. dazu die Diskussion oben S. 115.

1037 *Herresthal,* in: *Taeger/Wiebe* (Hrsg.), Von Adworks bis Social Networks, S. 38.

Die sog. „Zweispurigkeit" bezieht sich nur darauf, dass Vertrauensschutz entweder dadurch gewährt werden kann, dass der „Rechtsschein der Rechtswirklichkeit" gleichgestellt wird (positives Interesse) oder dass der Vertrauende so gestellt wird, als habe er die „wahre Lage gekannt und daher nicht vertraut" (negatives Interesse).[1038] Diese von ihm offensichtlich erwünschte Haftung könnte sich etwa aus §§ 280 Abs. 1, 311 Abs. 2, 241 Abs. 2 ergeben. Dieser Weg ist ihm allerdings durch seine Ablehnung eines vorvertraglichen Schuldverhältnisses verbaut. Durch einen schlichten Bezug zur „Zweispurigkeit" lässt sich dieses Hindernis aber nicht aus dem Weg räumen. Was *Herresthal* erschaffen möchte, ist der Sache nach ein Rechtsscheintatbestand mit Haftung auf das negative Interesse. Es ist diese Vermischung der Kategorien, mit der er seine Konzeption selbst angreifbar macht.

Wie bei den Ausführungen zu *Herresthal* bereits betont, dürfte die richtige Lösung für die Einordnung des Handelns unter fremdem Namen im Internet im Rechtsscheinprinzip zu sehen sein. Aus diesem Grund ist auch *Rieders* Ansatz grundsätzlich zu begrüßen. Allerdings kann auch seine Konzeption nicht auf ganzer Linie überzeugen.

Zunächst analysiert er die hergebrachten Rechtsscheintatbestände auf ihre Anwendbarkeit für das Handeln unter fremdem Namen im Internet und kommt zum Ergebnis, dass diese die damit einhergehenden Rechtsfragen durchaus adäquat abbilden können. Trotzdem geht er einen Schritt weiter und möchte – ähnlich wie *Herresthal* – eine Art elektronische Rechtsscheinhaftung begründen, indem er anhand der allgemeinen Voraussetzungen neue Anknüpfungspunkte für ein schützenswertes Vertrauen benennt. Es wird dabei aber nicht deutlich, warum dieser Schritt überhaupt notwendig sein soll, wenn die tradierten Tatbestände doch zur Anwendung gebracht werden könnten.

In Wahrheit wird gerade an *Rieders* Ausführungen zur Anscheinsvollmacht das Gegenteil deutlich. Zwar erkennt er, dass der Vertragspartner vom Handeln eines Dritten und damit einer Dreipersonenkonstellation nichts weiß, verlangt aber trotzdem, der Dritte müsse mehrmals unter fremdem Namen aufgetreten sein.[1039] Die Tatsache, dass niemand, auch nicht der Dritte, erkennen kann, dass in Wirklichkeit nicht der Accountinhaber handelt, ist für ihn unbeachtlich. Gerade an dieser Stelle wird die Ungeeignetheit der Anscheinsvollmacht für das Handeln unter fremdem Namen doch besonders deutlich.

1038 *Canaris,* Vertrauenshaftung, S. 5 f.

1039 *Rieder,* Rechtsscheinhaftung im elektronischen Geschäftsverkehr, S. 196.

Wenig überzeugend sind auch die Ausführungen über die unbewusste Schaffung eines Rechtsscheins. Interessanterweise spricht Rieder für die Situation unbewusster Schaffung eines Rechtsscheins von einem fehlenden Erklärungsbewusstsein und zieht zumindest die Parallele zu diesen Fällen.[1040] Richtigerweise wird es dem Accountinhaber bei einem missbräuchlichen Handeln eines Dritten doch schon an einem Handlungswillen fehlen. Das Anknüpfen einer Rechtsscheinhaftung an eine Kaufmannseigenschaft gerade im Bereich des elektronischen Geschäftsverkehrs, erscheint darüber hinaus als verfehlt. Davon auszugehen, dass angesichts der täglich millionenfachen Verwendung des Internets die damit einhergehenden Risiken nur innerhalb des Bereichs „kaufmännischer bzw. betrieblicher Organisationen"[1041] beherrschbar und deshalb dem Verursacher zurechenbar sein, erscheint eher antiquiert. Eine solche Annahme spricht dem Großteil der Nutzer des Internets die Mündigkeit und Verantwortlichkeit für das eigene Handeln ab. Die im Internet zu Tage tretenden Handlungsformen sind kein Ausdruck „betrieblicher Arbeitsteilung" und entsprechen auch nicht einem „spezifisch kaufmännischen Organisationsrisiko". Die Sicherung des eigenen Computers und die sichere Aufbewahrung eines Kennworts etwa sind Verhaltensweisen, die grundsätzlich jedem Nutzer obliegen können. Das wird auch daran deutlich, dass sich bei vielen Plattformen jeder Nutzer zur Geheimhaltung seines Passworts im Rahmen der AGB verpflichtet. Die Frage, ob der Nutzer Kaufmann ist, stellt sich für den Plattformbetreiber nicht. Wenngleich Kaufleute möglicherweise die ersten waren, die sich der Möglichkeiten des elektronischen Geschäftsverkehrs bedient haben, hat in der Zwischenzeit eine solche Ausdehnung der geschäftlichen Möglichkeiten auch für den „Laien" stattgefunden, dass eine Ausnahme dieser von der Haftung für ihr Handeln an der Rechtspraxis vorbei führen würde. Das Risikoprinzip sollte daher – wenigstens in dieser Form der Anwendung – für die Zurechnung des Rechtsscheins außer Betracht bleiben.[1042]

D. Fazit zu den alternativen Lösungsansätzen

Ein erstes Ergebnis lässt sich zunächst für diejenigen Fälle festhalten, in denen ein Accountinhaber seine Nutzerdaten willentlich einem Dritten überlässt. *Oechsler* möchte in diesen Konstellationen § 172 analog heranziehen. Dieser Weg ist aber überhaupt nicht notwendig, weil in der willentlichen Weitergabe von Nutzerdaten in so gut wie allen Fällen eine zumindest konkludente Einwilligung zur

1040 *Rieder*, Rechtsscheinhaftung im elektronischen Geschäftsverkehr, S. 313.
1041 *Rieder*, Rechtsscheinhaftung im elektronischen Geschäftsverkehr, S. 314.
1042 Vgl. zur Kritik am Risikoprinzip schon oben S. 117.

Nutzung zu sehen sein wird (§ 167 Abs. 1).[1043] In den wenigen Situationen, in denen dies nicht der Fall ist, kann *Oechslers* Lösung hingegen zur Anwendung gelangen.

Bedeutsamer und gleichzeitig auch komplizierter gestaltet sich die Rechtslage, wenn die Nutzerdaten ohne Wissen und Wollen des Inhabers an einen Dritten gelangt sind und dieser sie missbräuchlich nutzt. Herausgearbeitet wurde zunächst, dass eine analoge Anwendung von § 675v (Abs. 2) aufgrund der Spezialität der Norm nicht in Betracht kommt. Ebenfalls nicht zum Tragen kann *Stöbers* Vorschlag kommen, wonach § 172 auch auf die Fälle der „fahrlässigen Aushändigung“ Anwendung finden soll.

Überzeugender ist hingegen *Oechslers* Annahme eines (zumindest) vorvertraglichen Schuldverhältnisses zwischen Plattforminhaber und Nutzer. Hieraus kann die Pflicht des Nutzers resultieren, seine Nutzerdaten geheim zu halten. Eine diesbezügliche Pflichtverletzung hat einen Anspruch gem. §§ 280 Abs. 1, 311 Abs. 2, 241 Abs. 2 zur Folge, der auf den Ersatz des Vertrauensschadens gerichtet ist. Auch im Hinblick auf die Schwierigkeiten bei der Bestimmung der Höhe des Schadens stellt sich aber die Frage, ob sich die Haftung des Accountinhabers darin erschöpft.

Eine Auseinandersetzung mit den Grundsätzen der Rechtsscheinhaftung hat gezeigt, dass diese auch für den elektronischen Geschäftsverkehr fruchtbar gemacht werden können. Anders als *Rieder* meint, passen die tradierten Rechtsscheintatbestände für diese neuen Konstellationen aber nicht mehr.

Ganz im Sinne von *Herresthal* muss es vielmehr die Aufgabe sein, anhand der allgemeinen Voraussetzungen der Rechtsscheinhaftung Grundsätze für eine solche Haftung des Accountinhabers zu entwickeln. Die bisher in diese Richtung argumentierenden Vertreter in der Literatur legen bedauerlicherweise im Rahmen der Zurechnung des Rechtsscheintatbestandes mit dem Risikoprinzip den falschen Maßstab an.[1044] Der von *Herresthal* und *Rieder* eingeschlagene Weg der Rechtsscheinhaftung muss daher für dieses Feld konsequent zu Ende geführt werden. Im letzten Abschnitt dieser Arbeit soll ein solcher Versuch unternommen werden.

1043 Gleiches muss etwa auch bei der (offenen) Übergabe einer Kreditkarte gelten.

1044 Für eine Zurechnung nach dem Verschuldensprinzip bei Nutzerdaten vgl. schon *Auerbach*, CR 1988, 21.

§ 6 Eigener Lösungsvorschlag

„Der der Anscheinsvollmacht zugrunde liegende Rechtsgedanke, nach dem ein Teilnehmer am Rechtsverkehr für das seiner Risikosphäre zuzurechnende Verhalten Dritter auch vertraglich einzustehen hat, ist im Bereich der Telekommunikationsdienstleistungen über die herkömmlichen Fallgruppen hinaus anwendbar".[1045]

Mit dem vorliegenden Satz hatte der BGH in seiner Entscheidung zu R-Gesprächen bereits den richtigen Weg zur Einordnung des Handelns unter fremdem Namen vorgezeichnet, der von der Rechtsprechung und Literatur in der Folge leider nicht weiter konsequent beschritten wurde. Obiger Stelle geht die Analyse voraus, „dass die herkömmlichen Kriterien für die Anscheinsvollmacht" für diese Konstellationen „nicht passen".[1046] Vor dem Hintergrund der in dieser Arbeit erfolgten Erörterung wird einmal mehr deutlich, dass ganz im Sinne der R-Gespräche Entscheidung des BGH der hinter der Anscheinsvollmacht stehende Rechtsgedanke „Rechtsscheinhaftung" für das Handeln unter fremdem Namen im elektronischen Geschäftsverkehr fruchtbar gemacht werden kann. Es handelt sich dabei um eine „Konkretisierung des allgemeinen Systems der Rechtsscheinhaftung"[1047] mittels seiner Voraussetzungen.

Bei der Anscheinsvollmacht lag der Grund für die Schutzbedürftigkeit des Vertragspartners darin, dass in Zeiten vermehrter Arbeitsteilung das Institut der Stellvertretung auch aufgrund räumlicher Gegebenheiten vermehrt Anwendung finden musste und der Bestand einer Bevollmächtigung nicht immer einfach und eindeutig zu klären ist. Wenn zwei Geschäftspartner, die weiter voneinander entfernt lebten, einen Vertrag schließen wollten, mussten sie entweder eine ggf. beschwerliche Reise auf sich nehmen, den im Zweifel langen und unsicheren Postweg wählen, oder sich eines Vertreters bedienen. Der gleiche Vorgang gestaltet sich in Zeiten des elektronischen Geschäftsverkehrs deutlich einfacher. Ein Vertrag kann online in wenigen Sekunden geschlossen werden. Damit hat sich aber auch ein zentraler Bezugspunkt des Vertrauens des Geschäftspartners gewandelt. Während er früher auf die Bevollmächtigung des Vertreters durch den abwesenden Vertretenen vertraute, vertraut er heute darauf, dass derjenige, der im elektronischen Geschäftsverkehr unter einem Nutzerkonto auftritt, auch

1045 BGHZ 166, 369, 375 f.

1046 BGHZ 166, 369, 374.

1047 *Rieder*, Rechtsscheinhaftung im elektronischen Geschäftsverkehr, S. 256.

der tatsächliche Inhaber des Nutzerkontos ist. Er vertraut also auf die Identität von Handelndem und Absender der Erklärung.

Das Vertrauen auf die Integrität eines Accounts ist folglich die zentrale Voraussetzung des elektronischen Geschäftsverkehrs und bildet gleichsam dessen Eckstein.

I. Objektiver Rechtsscheintatbestand

Der mit dem Handeln unter fremdem Namen im Internet korrespondierende Rechtsscheintatbestand ist gegeben, wenn sich das Handeln eines Dritten „aufgrund der Nutzung des fremden Legitimationskennzeichens für den Rechtsverkehr als rechtsgeschäftliches Handeln des Kennzeicheninhabers darstellt“.[1048]

1) Bedingungen für einen neuen Rechtsscheintatbestand[1049]

Grundsätzlich kommt jeder Sachverhalt als Vertrauenstatbestand in Betracht, der geeignet ist, „in bestimmter Richtung Vertrauen zu erwecken“.[1050] Ob ein Sachverhalt diese Voraussetzung erfüllt, hängt insbesondere von der Stärke des Vertrauenstatbestands und dem Grad des Verkehrsschutzbedürfnisses ab.[1051]

Im elektronischen Rechtsverkehr werden Rechtsgeschäfte fast ausschließlich unter Zuhilfenahme von Nutzerkonten geschlossen. Diese Nutzerkonten sind gegen den widerrechtlichen Zugriff Dritter durch verschiedenartige Sicherungssysteme abgesichert. Die Spanne reicht dabei von Kennwortsystemen über komplexere Verfahren beim Online-Banking (PIN/TAN) bis hin zu biometrischen Verfahren, die in der Zukunft wohl noch an Bedeutung gewinnen werden. Der Großteil der Nutzerkonten ist jedoch durch eine Kombination aus Benutzernamen und Passwort gesichert.

Grundsätzlich ist ein kennwortgeschütztes Nutzerkonto als Rechtsscheintatbestand geeignet.[1052] Mangels gesetzlicher Grundlage handelt es sich dabei um

---

1048 *Herresthal*, in: *Taeger/Wiebe* (Hrsg.), Von Adworks bis Social Networks, S. 33.

1049 Vgl. dazu ausführlich *Rieder*, Rechtsscheinhaftung im elektronischen Geschäftsverkehr, S. 256.

1050 *Canaris*, Vertrauenshaftung, S. 491 f.

1051 *Canaris*, Vertrauenshaftung, S. 533 Fn. 43a; *Rieder*, Rechtsscheinhaftung im elektronischen Geschäftsverkehr, S. 256.

1052 *Rieder*, Rechtsscheinhaftung im elektronischen Geschäftsverkehr, S. 305; Auch die Gegner einer Rechtsscheinhaftung in Literatur und Rechtsprechung halten eine Anknüpfung an ein Nutzerkonto wohl grundsätzlich für möglich.

einen „natürlichen äußeren Tatbestand".[1053] Den Anknüpfungspunkt für einen „neuen" objektiven Rechtsscheintatbestand bildet demgemäß die Sicherheit eines Accounts: Wenn der Geschäftspartner nach der Art des Nutzerkontos und seiner bestimmungsgemäßen Verwendung davon ausgehen darf, dass der tatsächliche Inhaber des Accounts auch der Handelnde ist, oder wenigstens das Handeln nur mit Wissen und Wollen des Inhabers möglich ist, besteht rechtspolitisch ein Bedürfnis nach Vertrauensschutz.

2) Festlegung einer „Sicherheitsschwelle"

Der Sicherung eines Accounts gegen Missbrauch kommt bzgl. des Vorliegens und der Stärke des Rechtsscheins nach obigen Ausführungen die entscheidende Bedeutung zu. An anderer Stelle in dieser Arbeit wurde bereits deutlich, dass diese Frage durchaus uneinheitlich beantwortet wird. In der hier diskutierten Entscheidung hatte der BGH sich gar gegen eine Anknüpfung an die Sicherheit von Passwörtern ausgesprochen.[1054] Zu solchem Fatalismus besteht – wie aufgezeigt – jedoch kein Anlass. Andererseits ist *Rieder* darin zuzustimmen, dass nicht jegliches einfache Passwortsystem ausreichende Sicherung bietet.[1055] Es sind vielmehr Faktoren zu benennen, aus deren Gesamtschau sich im Einzelfall die Einhaltung einer ausreichenden „Sicherheitsschwelle" überprüfen lässt.[1056] Solche Faktoren sind:

- **Verkehrsüblichkeit von Sicherung und Geheimhaltung der Nutzerdaten**
  Nicht jede Sicherung eines Nutzerkontos ist für den Rechtsverkehr von wichtiger Bedeutung. Es wird vielfach von der Art des Accounts abhängen, inwieweit der Rechtsverkehr und die Parteien die Geheimhaltung der Nutzerdaten berechtigterweise erwarten können. Nutzerdaten zu Informationsdiensten und Informationsportalen haben eine andere Relevanz als die Zugangskennung zu einer E-Mailadresse, eines Online-Marktplatzes oder

1053 *Wellspacher,* Das Vertrauen auf äußere Tatbestände, S. 58; *Canaris,* Vertrauenshaftung, S. 492; *Rieder,* Rechtsscheinhaftung im elektronischen Geschäftsverkehr, S. 306.

1054 BGHZ 189, 346, 354.

1055 *Rieder,* Rechtsscheinhaftung im elektronischen Geschäftsverkehr, S. 309.

1056 Vgl. dazu und zum folgenden ähnlich auch *Herresthal,* in: *Taeger/Wiebe* (Hrsg.), Von Adworks bis Social Networks, S. 32 ff.; *Rieder,* Rechtsscheinhaftung im elektronischen Geschäftsverkehr. S. 310 f; diesen Punkt hebt neuerdings auch *Müller-Brockhausen*, Haftung für Zugangsdaten, S. 265 ff. hervor, wobei er nur bei der sog. „Zwei-Faktor-Authentifizierung" zu einer hinreichenden Sicherheit gelangen will.

zu Online-Banking.[1057] Hier besteht geradezu eine Erwartungshaltung des Rechtsverkehrs, dass aufgrund der Art des Accounts und der sich dadurch bietenden Möglichkeiten (Abschluss von Rechtsgeschäften) die Nutzerdaten geheim gehalten werden.[1058] Dieser Erwartungshaltung entspricht es auch, dass die Nutzer sich vielfach durch Zustimmung in den AGB sogar zur Geheimhaltung der Legitimationszeichen vertraglich verpflichten müssen.[1059]

- **Art und Beschaffenheit des Passworts**
  Der Plattformbetreiber hat viele Möglichkeiten die Wahl und Art des Passwortes durch den Nutzer auszugestalten. Er kann dem Nutzer völlig freie Handhabung der Passwortwahl überlassen, oder aber eine Mindestlänge festlegen sowie die Verwendung von Klein- und Großbuchstaben oder Sonderzeichen vorschreiben. Beim Online-Banking ist sogar sowohl die Verwendung eines vorgegebenen Passworts, als auch für jede einzelne Transaktion eine jeweils individuelle Transaktionsnummer vorgeschrieben. Zweifellos besteht ein Restrisiko zur Ausspähung und Übergehung des Passwortschutzes, nicht nur, aber besonders in technischer Hinsicht. Dieses Risiko ist letztlich auch der Ausgangspunkt der Zweifel am Sicherheitsgehalt von Passwörtern.[1060] Auch bei den herkömmlichen Rechtsscheintatbeständen (Blankett, Vollmachtsurkunde) besteht aber ein Risiko zur Verfälschung.[1061] Dennoch wird ihnen nicht die Eigenschaft als Rechtsscheintatbestand abgesprochen. Ob eine Rechtsscheinhaftung vorliegt, ist in diesen Fällen dann eine Frage der Zurechnung.[1062]

- **Sicherungsmaßnahmen durch den Plattformbetreiber**
  Von Bedeutung ist ferner auch die Art und Weise, wie der Plattformbetreiber mit den sensiblen Daten seiner Nutzer verfährt. Wenn es durch relativ einfache technische Eingriffe möglich ist, an bestimmte Nutzerdaten zu kommen, verdient das Vertrauen auf die Integrität dieser Nutzerdaten keinen Schutz.[1063] Problematisch sind hierbei insbesondere diejenigen Systemfunktionen, die einem Nutzer erlauben sollen, sein vergessenes Passwort wieder

---

1057 *Herresthal*, in: *Taeger/Wiebe* (Hrsg.), Von Adworks bis Social Networks, S. 34.

1058 *Sonnentag*, WM 2012, 1616.

1059 Siehe Amazon AGB in Fn. 135; vgl. auch *Spindler/Wiebe*, Kap. 5 Rn. 126.

1060 Vgl. nur LG Bonn MMR 2002, 255, 256; OLG Köln MMR 2002, 813, 814; LG Bonn CR 2004, 218, 219; LG Magdeburg CR 2005, 466, 467.

1061 Siehe zur gesamten Diskussion auch oben S. 133.

1062 *Rieder*, Rechtsscheinhaftung im elektronischen Geschäftsverkehr, S. 310 Fn. 143.

1063 *Herresthal*, in: *Taeger/Wiebe* (Hrsg.), Von Adworks bis Social Networks, S. 29.

zurückzusetzen. Hier ist es Dritten oftmals möglich, durch Beantwortung einiger Fragen an das Passwort zu gelangen.

Die aufgezählten Faktoren verstehen sich nicht als eine Liste von Voraussetzungen, die kumulativ vorliegen müssen, damit von einem gesicherten Nutzerkonto gesprochen werden kann. Eine abschließende Definition für die ausreichende Sicherung eines Accounts ist auch gar nicht möglich.[1064] Vielmehr sind die genannten Kriterien eine Art Indizien, mit deren Hilfe unter Berücksichtigung der Verkehrssitte im Einzelfall die hinreichende Sicherheit eines Accounts als Grundlage eines Rechtsscheintatbestandes überprüft werden kann.

Im Blick behalten sollte man daneben die Tendenz, dass zukünftig die Sicherung von Accounts nicht mehr (nur) durch Passwörter erfolgen wird, sondern immer mehr auch kompliziertere Verfahren (PIN/TAN) oder biometrische Erkennungen zum Einsatz kommen werden. Diese Entwicklung wird die Sicherheit eines Accounts als Grundlage einer Rechtsscheinhaftung noch verstärken.

Auf die Praxis übertragen, wird man unter Anwendung o.g. Anhaltspunkte beispielsweise bei Nutzerkonten von Auktionsplattformen wie eBay oder Online-Händlern wie Amazon von einer ausreichenden Sicherung ausgehen können.

3) Verzicht auf ein Erfordernis gewisser „Häufigkeit und Dauer"

Sind diese Voraussetzungen erfüllt, entsteht ein starker Rechtsschein dafür, dass der dem Rechtsverkehr als Handelnder erscheinende auch der tatsächlich Handelnde ist. Im Gegensatz zur Anscheinsvollmacht, wo der Vertrauenstatbestand erst durch das mehrfache Auftreten eines „Vertreters" bei gleichzeitigem Nichteinschreiten des Geschäftsherrn geschaffen wird, entsteht das Vertrauen hier aus der Benutzung eines gesicherten Nutzerkontos. Je vertrauenswürdiger ein Rechtsschein also ist, desto weniger muss an die „Häufigkeit und Dauer" des Auftretens angeknüpft werden. Im Hinblick darauf, dass für den Rechtsverkehr und den Vertragspartner schlicht nicht erkennbar ist, ob ein Dritter bereits in der Vergangenheit unter einem fraglichen Account Rechtsgeschäfte vorgenommen hat, kann angesichts dieses starken Rechtsscheins auf das Erfordernis einer gewissen „Häufigkeit und Dauer"[1065] verzichtet werden.

1064 *Rieder*, Rechtsscheinhaftung im elektronischen Geschäftsverkehr, S. 310; „Computer security is a matter of degree rather than an absolute.", ABA Richtlinien Anm. 1.35.3, zitiert nach *Rieder*, S. 310 Fn. 137.

1065 A.A. BGHZ 189, 346, 353 f; BGH NJW 1956, 1673, 1674; BGHZ 1998, 1854, 1855; BGH LM § 164 Nr. 54; Palandt/*Ellenberger*, § 172 Rn. 12.

Der Rechtsverkehr darf nicht deshalb auf die Identität des Nutzers vertrauen, weil sich der Nutzer bereits in der Vergangenheit als „echt" erwiesen hat, sondern weil nach der Verkehrsanschauung nur der Nutzer selbst unter seinem Account handeln kann, soweit denn der Rechtsscheintatbestand wie oben beschrieben gegeben ist.

II. Zurechenbarkeit

Der Rechtsscheintatbestand muss dem Inhaber eines Nutzerkontos auch zurechenbar sein. Das Element der Zurechenbarkeit bietet gleichsam die Rechtfertigung für die mit einer Rechtsscheinhaftung verbundenen Rechtsnachteile.

Grundsätzlich haben sich zur Zurechnung eines Rechtsscheintatbestandes drei Modelle herausgebildet: Einerseits die einzig auf die Verursachung zielende Veranlassungstheorie. Zweitens das Verschuldensprinzip, wonach die Zurechnung deshalb erfolgt, weil der Betroffene die Schaffung des Rechtsscheins zu vertreten hat (§ 276 Abs. 1). Schließlich das Risikoprinzip, wonach der Zurechnungsgrund darin liegt, dass der Betroffene für alle Mängel und Gefahren einzustehen hat und haftbar gemacht werden kann, die seiner „Sphäre" zuzuordnen sind.

1) Zurechnung (auch) anhand des Risikoprinzips?

Der Zurechnung nach dem hier vertretenen Verschuldensprinzip ist vor allem von Seiten der Anhänger des o.g. Risikoprinzips entschieden widersprochen worden.[1066] Nach dem Risikoprinzip erfolgt die Zurechnung eines Rechtsscheins deshalb, weil der ggf. Haftende ein Risiko geschaffen hat, das seiner „Sphäre" anhaftet, dass er aber aufgrund seiner Stellung eher beherrschen kann.[1067] Übertragen auf den elektronischen Rechtsverkehr bedeutet dies, dass der Accountinhaber als „Empfänger" eines Passworts das Risiko des Missbrauchs besser beherrscht und er dieses Risiko bewusst zu seinem Nutzen eingegangen ist.[1068] Allein die Teilnahme am passwortgeschützten Rechtsverkehr im Internet, bzw.

1066 *Canaris,* Vertrauenshaftung, S. 479 ff.; v. *Craushaar*, AcP 174 (1974), 20; *Kuhn,* Rechtshandlungen mittels EDV, S. 228; *Rieder,* Rechtsscheinhaftung im elektronischen Geschäftsverkehr, S. 97; *Spiegelhalder,* Rechtsscheinhaftung im Stellvertretungsrecht, S. 153 f.; *Marburger*, AcP 173 (1973), 155; ähnlich *Hübner,* Allgemeiner Teil des Bürgerlichen Gesetzbuches, Rn. 590.

1067 *Canaris,* Vertrauenshaftung, S. 479 ff.

1068 Vgl. dazu und zum Folgenden: *Rieder,* Rechtsscheinhaftung im elektronischen Geschäftsverkehr, S. 312 ff.

die Teilnahme am Telekommunikationsverkehr generell reichen nach dieser Ansicht dafür jedoch nicht aus.[1069] Als Beispiel werden aber die Sicherung der Räumlichkeiten, in denen sich Computer befinden, sowie die sichere Aufbewahrung und das häufige Ändern von Passwörtern und die Vermeidung von offenem Umgang mit Passwörtern genannt.[1070] Es bleibt letztlich dabei, dass sich die nach dem Risikoprinzip notwendige besondere Stellung des Accountinhabers aus der besonderen Eigenschaft als Kaufmann und der damit verbundenen unternehmerischen Organisation ergibt.

Demgegenüber findet sich hingegen bei *Herresthal* eine Bemerkung, die darauf hindeutet, dass *Canaris* als prominenter Vertreter des Risikoprinzips für das Handeln unter fremdem Namen andere Zurechnungskriterien anlegen würde.[1071] In der Tat hat sich *Canaris* schon früh mit dem Phänomen des Handelns unter fremdem Namen im Bereich des Bankrechts und einer diesbezüglichen Haftung auseinandergesetzt. Zunächst widmet er sich der Frage, wie ein Kunde seiner Bank gegenüber haftet, wenn er seine zur EC-Karte gehörende PIN aufschreibt und so den Missbrauch am Geldautomat durch einen unbekannten Dritten ermöglicht.[1072] Selbst bei ordnungsgemäßer Verwahrung (!) von Karte und Zettel gelangt *Canaris* für diesen Fall des Handelns unter fremdem Namen[1073] zu einer Zurechnung. Dieses Ergebnis ergibt sich für ihn aus dem „Sphärengedanken" und dem Gedanken des Handelns unter eigener Gefahr. Wer sich seine PIN nicht merken könne und aus freien Stücken am Geldautomatensystem teilnehme, müsse auch für Schäden haftbar gemacht werden.

Während diese Ausführungen tatsächlich für einen sogar relativ weitreichenden Positionswechsel von *Canaris* sprechen, ergibt sich für den Bereich, auf den *Herresthal* verweist, ein anderes Bild: *Canaris* setzt sich ebenfalls damit auseinander, wie ein Kunde, der am Btx-Zahlungsverkehr teilnimmt, seiner Bank gegenüber für Missbrauch haftet. Auch hier ist ein Missbrauch dergestalt denkbar, dass ein Dritter missbräuchlich PIN und/oder TAN des Kunden für unbefugte Zahlungen benutzt. Für diese Fälle müsse der Kunde „in Weiterbildung

1069 *Kuhn,* Rechtshandlungen mittels EDV, S. 229 f.

1070 *Rieder,* Rechtsscheinhaftung im elektronischen Geschäftsverkehr, S. 314.

1071 *Herresthal,* in: *Taeger/Wiebe* (Hrsg.), Von Adworks bis Social Networks, S. 31 Fn. 53.

1072 *Canaris,* Bankvertragsrecht, Rn. 527n.

1073 Der Dritte tritt unter Benutzung von Karte und PIN am Geldautomat auf, als wäre er der Kontoinhaber.

der Regeln über die Anscheinsvollmacht […] nach Rechtsscheingrundsätzen" haften.[1074]

Tatsächlich klingt dieser Ansatz, als wolle *Canaris* für die Fälle des Handelns unter fremdem Namen seine Zurechnungskriterien erweiteRn. Sogleich stellt er aber klar, „dass diese Regeln nach richtiger […] Ansicht nur zu Lasten von Kaufleuten und kaufmannsähnlichen Personen gelten".[1075] Hieraus ergibt sich somit keine Abkehr *Canaris*' von der Verknüpfung des Risikoprinzips mit der Kaufmannseigenschaft, wenngleich an den genannten Stellen deutlich wird, dass auch er eine Weiterentwicklung der Rechtsscheingrundsätze für das Handeln unter fremdem Namen als geboten erachtet. Diesem hergebrachten Verständnis des Risikoprinzips kann jedoch nicht gefolgt werden.

2) Anknüpfung an das Verschulden des Accountinhabers

a) Grundsätzliche Heranziehung des Verschuldensprinzips

Die Zurechnung liegt nach dem Verschuldensprinzip darin begründet, dass der Betroffene schuldhaft, also fahrlässig oder vorsätzlich, die Schaffung des Rechtsscheins verursacht hat. Wer schuldhaft einem Dritten das Auftreten unter seinem Account (d.h. unter seinem Namen) ermöglicht, dem muss der dadurch entstandene Rechtsschein auch zurechenbar sein. An anderer Stelle wurde die grundsätzliche Zustimmung zur Heranziehung des Verschuldensprinzips bereits begründet.[1076] Auch nach ganz h.M. ist das Verschuldensprinzip letztlich der Haftungsgrund für die Rechtsscheinhaftung.[1077]

b) Die Herleitung des Verschuldensprinzips aus dem Rechtsgedanken des § 45i Abs. 4 TKG (§ 16 Abs. 3 S. 3 TKV a.F.)

Dabei kann das Verschuldensprinzip für den hier vorgeschlagenen Rechtsscheintatbestand auch aus dem Rechtsgedanken des § 45i Abs. 4 TKG[1078] hergeleitet werden. Nach der sog. R-Gespräche – Entscheidung des BGH (BGHZ 166,

---

1074 *Canaris,* Bankvertragsrecht, Rn. 527ff.

1075 *Canaris,* Bankvertragsrecht, Rn. 527ff.

1076 Vgl. oben S. 115 ff.

1077 BGH NJW 1956, 1673 f.; BGH NJW 1981, 1727, 1728; BGHZ 5, 111, 116 (Anscheinsvollmacht); Palandt/*Ellenberger*, § 172 Rn. 13; BeckOK/*Valenthin*, § 167 Rn. 16; MüKo/*Schramm*, § 167 Rn. 59; Erman/*Maier-Reimer*, § 167 Rn. 19; Soergel/*Leptien*, § 167 Rn. 22; Staudinger/*Schilken,* § 167 Rn. 40 f.

1078 Vgl. zu weiteren Rechtsfragen im Zusammenhang mit § 45i TKG *Pohle/Dorschel*, CR 2007, 153 ff.

369)[1079] findet der Rechtsgedanke der Anscheinsvollmacht, „nach dem ein Teilnehmer am Rechtsverkehr für das seiner Risikosphäre zuzurechnende Verhalten Dritter auch vertraglich einzustehen hat", [...] „im Bereich der Telekommunikationsdienstleistungen über die herkömmlichen Fallgruppen" [der Anscheinsvollmacht] Anwendung.[1080]

Dieser besondere Rechtsgedanke hat nach Ansicht des BGH seine „rechtliche Grundlage" in § 16 Abs. 3 S. 3 TKV[1081] a.F. (nunmehr § 45i Abs. 4 TKG[1082]).

Der Anwendungsbereich der in Rede stehenden Vorschriften umfasst die Vertragsbeziehung zwischen einem Telekommunikationsanbieter und dem Endkunden und regelt die Situationen, in denen zwischen den Vertragspartnern Unstimmigkeiten darüber bestehen, ob eine in Rechnung gestellte Nutzung des Anschlusses auch tatsächlich erfolgt ist. Beruft sich ein Kunde darauf, er habe die in Rechnung gestellte Telekommunikationsdienstleistung (Internetnutzung, Telefon, etc.) nicht genutzt, treffen § 16 Abs. 3 S. 3 TKV bzw. § 45i Abs. 4 TKG einen Ausgleich. Ausweislich der Gesetzesbegründung zu § 16 Abs. 3 S. 3 TKV soll dieser Ausgleich dabei nach „Sphären" erfolgen.[1083]

Der Anbieter muss danach nachweisen, dass er im Rahmen seines vertraglichen Verantwortungsbereichs seine Leistung ordnungsgemäß erbracht hat. Im Verantwortungsbereich des Kunden („in der Risikosphäre") könne der Anbieter

1079 Siehe oben S. 19 ff.

1080 BGHZ 166, 369, 375 f.

1081 § 16 Abs. 3 TKV: Dem Anbieter obliegt der Nachweis, die Leistung bis zu der Schnittstelle, an der der allgemeine Netzzugang dem Kunden bereitgestellt wird, technisch einwandfrei erbracht und richtig berechnet zu haben. Ergibt die technische Prüfung Mängel, die die beanstandete Entgeltermittlung beeinflusst haben könnten, wird widerleglich vermutet, dass die Verbindungsentgelte des Anbieters unrichtig ermittelt sind. Ist der Nachweis erbracht, dass der Netzzugang in vom Kunden *nicht zu vertretendem* Umfang genutzt wurde, oder rechtfertigen Tatsachen die Annahme, dass die Höhe der Verbindungsentgelte auf Manipulationen Dritter an öffentlichen Telekommunikationsnetzen zurückzuführen ist, ist der Anbieter nicht berechtigt, die betreffenden Verbindungsentgelte vom Kunden zu fordern.

1082 § 45i Abs. 3 TKG: Soweit der Teilnehmer nachweist, dass ihm die Inanspruchnahme von Leistungen des Anbieters *nicht zugerechnet* werden kann, hat der Anbieter keinen Anspruch auf Entgelt gegen den Teilnehmer. Der Anspruch entfällt auch, soweit Tatsachen die Annahme rechtfertigen, dass Dritte durch unbefugte Veränderungen an öffentlichen Telekommunikationsnetzen das in Rechnung gestellte Verbindungsentgelt beeinflusst haben.

1083 BR-Drs. 551/97 S. 36.

schon „rein faktisch" keinen Nachweis über eine entsprechende Nutzung führen, weil er einerseits keinerlei Kenntnis über die Nutzungsberechtigungen Dritter habe und andererseits auch nicht alle möglichen Handlungsweisen des Kunden absehen könne. Eine Haftung des Kunden für die Nutzung scheide nur dann aus, wenn dieser innerhalb seines Verantwortungsbereichs nachweisen könne, dass er die Nutzung nicht zu vertreten habe.[1084] Zu „vertreten" i.S.d. § 16 Abs. 3 S. 3 TKV hat der Nutzer nach der Rechtsprechung des BGH wiederum „entsprechend § 276 Abs. 1 Vorsatz und Fahrlässigkeit".[1085]

Für den neu geschaffenen § 45i Abs. 4 TKG gilt nichts anderes.[1086] Zwar sprach der Wortlaut von § 16 Abs. 3 S. 3 TKV noch von einem nicht „zu vertretendem Umfang", während nach § 45i Abs. 4 TKG nunmehr maßgeblich ist, ob dem Anschlussinhaber die Nutzung „zugerechnet" werden kann. Aus den Gesetzesmaterialien ergibt sich jedoch insoweit, dass mit der neuen Vorschrift keine Änderung in dieser Hinsicht beabsichtigt war, weil diese „in großen Teilen" der alten Regelung entsprechen sollte.[1087] Der bisherige Maßstab (Verschuldensprinzip) gilt daher auch für § 45i Abs. 4 TKG fort.[1088] Für die Frage der Zurechnung ist damit erforderlich, dass der Anschlussinhaber alle ihm zumutbaren geeigneten Vorkehrungen getroffen hat, um eine von ihm nicht gebilligte Nutzung seines Anschlusses zu unterbinden.[1089] Handelt ein Dritter „unter" dem Anschluss des Anschlussinhabers, kommt es für die Haftung des Inhabers demgemäß darauf an, ob dieser das Handeln des Dritten durch sein „Verschulden" ermöglicht hat.

Es kann also festgehalten werden, dass das Verschuldensprinzip in § 45i Abs. 4 TKG seinen gesetzlichen Niederschlag im Telekommunikationsbereich gefunden hat. Dabei geht es in der Sache um den gleichen Interessenausgleich, wie er auch zwischen Plattformbetreiber und Accountinhaber für eine missbräuchliche rechtsgeschäftliche Nutzung getroffen werden muss, denn der Telekommunikationsdienstleister und der Geschäftspartner im elektronischen Geschäftsverkehr befinden sich in einer identischen Situation. Für beide ist bei einem Missbrauch auf Grund des „Handelns unter fremdem Namen"

1084 BR-Drs. 551/97 S. 36.

1085 BGHZ 158, 205, 209; BGHZ 166, 369, 375 f.; Danach ist es die Pflicht des Nutzers, sich vor den Risiken durch ungebilligte Nutzung zu schützen, *Grabe*, MMR 2005, 484.

1086 So auch BGH NJW 2012, 2878, 2879.

1087 BR-Drs. 92/05, S. 34.

1088 *Ditscheid/Rudloff*, in: *Spindler/Schuster*, § 45i TKG Rn. 43; Mayer, MMR 2013, 750; BGH NJW 2012, 2878, 2879; LG Ravensburg MMR 2013, 748, 749.

1089 LG Ravensburg MMR 2013, 748, 749; AG Berlin Mitte MMR 2013, 405, 406.

überhaupt nicht erkennbar, dass nicht der Anschluss- bzw. Accountinhaber gehandelt hat. Beide haben darüber hinaus keinen Einblick in den Kreis der etwaig auf Seiten des Inhabers zum Handeln berechtigten Personen. Sie vertrauen letztlich auf die Identität des hinter dem Anschluss bzw. Account Handelnden. Dieses Vertrauen verdient deshalb Schutz, wenn der Inhaber in seiner nur von ihm überblickbaren Gefahrenspähre fahrlässig handelt. Eine Übertragung des Rechtsgedankens aus § 45i Abs. 4 TKG („Verschuldensprinzip") für die Zurechnung des hier in Rede stehenden Rechtsscheintatbestandes liegt damit auf der Hand.[1090]

Canaris hat einen ähnlichen Weg auf Seiten des Risikoprinzips zwar vorgezeichnet, wenn er die Weiterentwicklung der Zurechnung des Rechtsscheins für die Fälle des Handelns unter fremdem Namen betont.[1091] Die nach dem hergebrachten Verständnis des Risikoprinzips notwendige „besondere Stellung" des haftenden Accountinhabers ergibt sich jedoch nicht aus seiner Eigenschaft als Kaufmann, sondern aus den technischen Eigenheiten des elektronischen Geschäftsverkehrs. Die Annahme, nur Kaufleute könnten die Risiken des elektronischen Geschäftsverkehrs adäquat beherrschen, spricht dem Durchschnittsnutzer die Fähigkeit zur Teilnahme an diesem Verkehr ab. Die Sicherung des eigenen Nutzerkontos und das pflichtgemäße Verhalten hinsichtlich eines Kennworts sind Verhaltensweisen, die jedem Nutzer obliegen können.[1092]

Die Anhänger des Risikoprinzips übersehen letztlich, dass der BGH und auch das Gesetz (§ 45i Abs. 4 TKG)[1093] ihren grundsätzlichen Gedanken der Risikoverteilung nach Sphären bereits aufgegriffen und fortentwickelt haben. Bei der besagten Regelung erfolgt doch die Zurechnung nach „Risikosphären" (!) genau deshalb, weil dem Vertragspartner wegen der Besonderheiten des elektronischen Verkehrs die Beurteilung der missbräuchlichen Nutzung innerhalb der Risikosphäre des Anschlussinhabers „faktisch" nicht möglich ist.[1094] Das von der h.L. und dem BGH mit dem Sphärengedanken des Risikoprinzips für die Haftung im Telekommunikationsbereich gewissermaßen „aufgeladene" Verschuldensprinzip verdient daher Zustimmung.

1090 Letztlich hatte diesen Weg auch der BGH schon vorgezeichnet, als er die Besonderheiten des Telekommunikationsverkehrs, als ein „praktisch vollständig technisiertes, anonymes Massengeschäft" betonte, vgl. BGHZ 166, 369, 375 f.

1091 Vgl. *Canaris,* Bankvertragsrecht, Rn. 527ff.

1092 Vgl. auch oben S. 175 ff.

1093 Vgl. dazu sogleich.

1094 BR-Drs. 551/97.

3) Einschränkung der Zurechnung

Auch nach dem Verschuldensprinzip gibt es Fallgruppen, in denen eine Zurechnung des Rechtsscheins ausscheidet. Zwar spielt auch bei Abhandenkommen von Legitimationskennzeichen die Frage eine Rolle, ob der Inhaber das niedergeschriebene Kennwort, die TAN-Liste oder sonstige materialisierte Nutzerdaten mit pflichtgemäßer Sorgfalt aufbewahrt hat, weshalb ein Verschulden nicht grundsätzlich ausgeschlossen ist. Trifft ihn aber hinsichtlich der Aufbewahrung und Sicherung kein Verschulden, scheidet eine Zurechnung aus. Auch hinsichtlich der Sicherung gegenüber Familien- und Haushaltsangehörigen sind Einschränkungen im Hinblick auf die Frage geboten, ob der Accountinhaber mit einem Missbrauch der Daten durch seine Ehefrau etc. rechnen musste bzw. dieser Missbrauch vorhersehbar war. Ebenfalls nicht zurechenbar ist der Rechtsscheintatbestand, wenn der Dritte durch Ausprobieren[1095] oder technisches Ausspähen an die Daten gelangt ist.[1096] Letzteres jedenfalls dann, wenn dem Inhaber im Hinblick auf das Ausspähen keine Fahrlässigkeit vorgeworfen werden kann.

4) Beispiele

Von der Einhaltung pflichtgemäßer Sorgfalt wird man nicht mehr sprechen können, wenn der Accountinhaber seine Nutzerdaten niederschreibt und in räumlicher Nähe zu seinem Computer aufbewahrt. Gleiches gilt für die Aufbewahrung einer TAN-Liste in räumlicher Nähe zur zum Online-Banking vorgesehenen PIN. Darüber hinaus trifft den Nutzer auch dann ein Verschulden, wenn er seine Passwörter mit Hilfe der Speicherungsfunktion seines Browsers für jeden Benutzer eines Computers verfügbar macht. Allgemein wird man sagen können, dass der Nutzer eine Pflicht zur Geheimhaltung seiner Daten hat[1097], weshalb er alle nötigen Vorkehrungen zu treffen und alle Handlungen zu unterlassen hat, die dieser Pflicht widersprechen.

1095 Hier wird man im Einzelfall auch zu einem anderen Ergebnis kommen können, wenn der Nutzer ein besonders kurzes oder „einfaches“ Passwort gewählt hat. Die Wahl eines solchen Passwortes kann unter Umständen durchaus die pflichtgemäße Sorgfalt verletzen.

1096 *Kuhn*, Rechtshandlungen mittels EDV, S. 232; v. *Craushaar*, AcP 174 (1974), 21 f.

1097 Die (vorvertragliche) Pflicht wird sich teilweise schon aus den Nutzungsbedingungen ergeben.

III. Gutgläubigkeit und Kausalität

Die Schutzwürdigkeit des auf den Rechtsschein Vertrauenden entfällt, wenn er die wahre Sachlage kennt, oder diese kennen musste.[1098] Erforderlich ist daher seine Gutgläubigkeit hinsichtlich der unter einem Account handelnden Person. Wenn der Vertragspartner weiß oder wissen müsste, dass der unter dem Account Handelnde nicht der Inhaber des Accounts ist, kommt ihm deshalb auch nicht der Schutz des Rechtsscheins zu. Hinsichtlich der Frage, ab wann dem Vertrauenden seine Unkenntnis vorwerfbar ist, wird man in Anlehnung an die Wertung des § 173 von einfacher Fahrlässigkeit ausgehen müssen.[1099]

Als weitere Voraussetzung auf Seiten des Vertragspartners ist zu überprüfen, ob zwischen dem Rechtsscheintatbestand und dem Verhalten des vertrauenden Vertragspartners Kausalität gegeben ist.[1100] Erforderlich ist daher zunächst, dass der Vertrauende Kenntnis vom Rechtsscheintatbestand hatte. Hat er hiervon keine Kenntnis, kann er auch nicht im Vertrauen auf die Richtigkeit der „scheinbaren“ Tatsachen gehandelt haben.[1101] Übertragen auf die Fälle des Handelns unter einem Account muss der Vertrauende also zumindest in dem Bewusstsein gehandelt haben, dass er den Vertrag mit seinem Vertragspartner unter Zuhilfenahme eines kennwortgeschützten Benutzerkontos abschließt. Darüber hinaus bedarf es eines kausalen Zusammenhangs zwischen dem Vertrauen und der Vornahme der rechtsgeschäftlichen Handlung. Das Vertrauen muss zur „Grundlage für das Verhalten des Vertrauenden“ geworden sein, d.h. zu seiner „Vertrauensinvestition“ geführt haben.[1102] Auf die geradezu konstitutive Bedeutung des Vertrauens auf die Identität hinter einem Account im elektronischen Rechtsverkehr wurde bereits hingewiesen.[1103] Niemand bindet sich hier rechtsgeschäftlich, ohne seinen Vertragspartner zu kennen, oder zumindest auf dessen bestimmbare Identität zu vertrauen.

IV. Rechtsfolge

Liegen die Voraussetzungen der Rechtsscheinhaftung vor, muss sich derjenige, dem der Rechtsschein zurechenbar ist, gegenüber dem Dritten so behandeln

---

1098 *Bork*, BGB AT, Rn. 1543.
1099 Palandt/*Ellenberger*, § 173 Rn. 2.
1100 *Canaris*, Vertrauenshaftung, S. 507.
1101 *Bork*, BGB AT, Rn. 1544.
1102 *Canaris*, Vertrauenshaftung, S. 510.
1103 Siehe nur S. 10 ff.

lassen, „als wäre der Rechtsschein wahr".[1104] Der Vertrauende kann also verlangen, so gestellt zu werden, als würde die von ihm angenommene Lage tatsächlich vorliegen.[1105]

In den Fällen des Handelns unter fremdem Namen im Internet kann der Vertragspartner daher verlangen, so gestellt zu werden, als habe der wirkliche Inhaber eines Nutzerkontos gehandelt. Er hat damit auch einen Anspruch auf Erfüllung des Vertrages gegenüber dem Accountinhaber. Über die Rechtsscheinhaftung werden die Beiden zu Vertragspartnern.

1104 *Bork*, BGB AT, Rn. 1546.

1105 *Canaris*, Vertrauenshaftung, S. 518.

§ 7 Zusammenfassung und Ergebnis

Ausgangspunkt dieser Arbeit war die Frage, inwieweit die in Rechtsprechung und Literatur vorgeschlagene Lösung zur Einordnung des rechtsgeschäftlichen Accountmissbrauchs dogmatisch nachvollziehbar ist. Zur Verdeutlichung wurden zunächst die Besonderheiten des Vertragsschlusses im elektronischen Geschäftsverkehr herausgearbeitet. Hier erwies sich das „Vertrauensproblem“ als zentrale Weichenstellung, welche letztlich zur zunehmenden Abhängigkeit von Accounts bzw. Benutzerkonten führt.

Im Rahmen der Untersuchung erfolgte zunächst eine Betrachtung der grundlegenden Dogmatik von Handeln unter fremdem Namen und Anscheinsvollmacht, bevor die beiden Fäden dann insbesondere vor dem Hintergrund des Accountmissbrauchs im elektronischen Geschäftsverkehr zusammengeführt wurden. Auf diese Weise konnte aufgezeigt werden, dass die Anscheinsvollmacht für das Handeln unter fremdem Namen keine Anwendung finden kann und damit insbesondere zur rechtsgeschäftlichen Einordnung des Accountmissbrauchs nicht herangezogen werden kann. Neben alternativen Lösungsansätzen wurde anschließend auch ein eigener Lösungsvorschlag vorgestellt, wonach die Fälle des Handelns unter fremdem Namen über einen eigenständigen Rechtsscheintatbestand erfasst werden können.

Die Ergebnisse lassen sich im Einzelnen zu folgenden Thesen zusammenfassen:

- Verträge im elektronischen Geschäftsverkehr kommen grundsätzlich wie gewöhnliche Verträge zu Stande, §§ 145.
- Im elektronischen Geschäftsverkehr kommt aufgrund der dematerialisierten Form des Vertragsschlusses der Zuverlässigkeit und Integrität elektronischer Willenserklärungen eine gesteigerte Bedeutung zu. Eine zentrale Rolle spielt dabei auch das Vertrauen auf die Identität des Vertragspartners.
- Ausdruck dieser Tendenz ist die zunehmende Abhängigkeit des elektronischen Geschäftsverkehrs von Nutzerkonten (Accounts). Hierin liegt die Schutzwürdigkeit desjenigen, der auf die Identität eines im Internet Handelnden vertraut, begründet.
- Das Institut „Handeln unter fremdem Namen“ umfasst das rechtsgeschäftliche Handeln einer natürlichen Person unter Benutzung eines fremden (d.h. unrichtigen) Namens, wodurch beim Geschäftspartner eine irrtümliche Identitätsvorstellung erweckt wird.
- Der rechtsgeschäftliche Accountmissbrauch ist ein Unterfall des Handelns unter fremdem Namen.

- Die rechtliche Einordnung des Handelns unter fremdem Namen bestimmt sich grundsätzlich nach den Stellvertretungsregeln, §§ 164 ff.
- Das Rechtsscheinprinzip ist ein der Zivilrechtsordnung zugrunde liegendes allgemeines Prinzip, welches auch für das Bürgerliche Recht Geltung hat. Es lassen sich allgemeine Grundvoraussetzungen der Rechtsscheinhaftung formulieren.
- Die Anscheinsvollmacht ist Ausdruck dieses allgemeinen Rechtsscheinprinzips im Stellvertretungsrecht.
- Das Rechtsinstitut Anscheinsvollmacht ist nicht geeignet, das Vertrauen des Geschäftspartners in den Fällen des Handelns unter fremdem Namen im Internet adäquat einzuordnen und zu schützen. Es bietet in ihrer tradierten Form keine sachgerechte Erfassung dieser Problematik.
- Für das Handeln unter fremdem Namen generell kann die Anscheinsvollmacht keine Anwendung finden.
- § 675v regelt einen speziellen Fall des Handelns unter fremdem Namen im Bereich der Zahlungsdienste. Aufgrund der Spezialität kann § 675v nicht auf das Handeln unter fremdem Namen im Internet generell analog angewandt werden.
- Das Handeln unter fremdem Namen im Internet kann mit einem eigenständigen, neuen Rechtsscheintatbestand erfasst werden. Dieser Tatbestand ist aus den allgemeinen Grundvoraussetzungen der Rechtsscheinhaftung ableitbar:
  - Der objektive Rechtsscheintatbestand beim Handeln unter fremdem Namen im Internet knüpft an das Handeln des Dritten aus einem gesicherten (Passwort, PIN/TAN, usw.) Nutzerkonto an, welches deshalb nach außen für den Rechtsverkehr als Handeln des Accountinhabers erscheint.
  - Die Zurechnung erfolgt aufgrund des Verschuldensprinzips: Wer schuldhaft einem Dritten das Auftreten unter seinem Account ermöglicht, dem ist der entstandene Rechtsschein zurechenbar. Das Verschuldensprinzip kann aus dem Rechtsgedanken des § 45i Abs. 4 TKG hergeleitet werden.
  - Der Geschäftspartner muss aufgrund seiner Gutgläubigkeit schutzwürdig sein.
  - Liegen diese Voraussetzungen vor, kann der Vertragspartner verlangen, so gestellt zu werden, als habe der wirkliche Inhaber eines Nutzerkontos gehandelt.

Literaturverzeichnis

Altmeppen, Holger, Disponibilität des Rechtsscheins, Köln 1994

Auerbach, Andreas, Bestellvorgänge mittels Bildschirmtext, CR 1988, S. 18–23

Bachmann, Gregor, Private Ordnung, Grundlagen ziviler Regelsetzung, Tübingen 2006

Bader, Peter, Duldungs- und Anscheinsvollmacht, Zur Entwicklung in der Rechtsprechung der Zivilgerichte und zur dogmatischen Einordnung, Frankfurt am Main 1979

Ballerstedt, Kurt, Zur Haftung für culpa in contrahendo bei Geschäftsabschluß durch Vertreter, AcP 151 (1951), S. 501–531

Bamberger, Heinz Georg/Roth, Herbert (Hrsg.), Beck'scher Online Kommentar zum BGB, Stand 1.02.2014, München

Bauer, Huberta, Die Entwicklung des Rechtsinstituts der freien gewillkürten Stellvertretung seit dem Abschluss der Rezeption in Deutschland bis zur Kodifikation des BGB, Dissertation, Erlangen-Nürnberg, 1963

Baum, Marcus, Die Wissenszurechnung, Berlin 1999

Baumbach, Adolf/Hopt, Klaus (Hrsg.), Handelsgesetzbuch, Kommentar, 36. Aufl., München 2014

Behling, Thorsten, Der Zugang elektronischer Willenserklärungen in modernen Kommunikationssystemen, Baden-Baden 2007

Bergmann, Margarethe/Streitz, Siegfried, Beweisführung durch EDV-gestützte Dokumentation, CR 1994, S. 77–83

Bertelmann, Bernd Steffen, Das BGB-Zahlungsdiensterecht im Kontext der Single Euro Payments Area, Frankfurt am Main 2011

Beuthien, Volker, Zur Theorie der Stellvertretung im Bürgerlichen Recht, in: *Beuthien, Volker/Fuchs, Maximilian/Roth, Herbert u. a.* (Hrsg.), Festschrift für Dieter Medicus, Zum 70. Geburtstag, Köln u.a. 1999, S. 1–23

Beuthien, Volker/Fuchs, Maximilian/Roth, Herbert/Schiemann, Gottfried/Wacke, Andreas (Hrsg.), Festschrift für Dieter Medicus, Köln u.a. 1999

Biallaß, Isabelle, Aspekte des Vertragsschlusses bei Internet-Auktionen, in: *Borges, Georg* (Hrsg.), Rechtsfragen der Internet-Auktion, Baden-Baden 2007, S. 11–25

Bienert, Gunter, „Anscheinsvollmacht“ und „Duldungsvollmacht“, Kritik der Rechtsprechung und ihrer Grundlagen, Marburg 1975

Binder, Jens-Hinrich, Gesetzliche Form, Formnichtigkeit und Blankett im bürgerlichen Recht, AcP 207 (2007), S. 155–197

Boehme-Neßler, Volker, Vertrauen im Internet - Die Rolle des Rechts, MMR 2009, S. 439–444

Borges, Georg, Haftung für den Identitätsmissbrauch im Online-Banking, NJW 2012, S. 2385–2389

Borges, Georg, Rechtsfragen des Phishing - Ein Überblick, NJW 2005, S. 3313–3317

Borges, Georg, Rechtsscheinhaftung im Internet, NJW 2011, S. 2400–2404

Borges, Georg, Verträge im elektronischen Geschäftsverkehr, Vertragsabschluß, Beweis, Form, Lokalisierung, anwendbares Recht, München 2003

Borges, Georg (Hrsg.), Rechtsfragen der Internet-Auktion, Baden-Baden 2007

Borges, Georg/Schenk, Jörg/Stuckenberg, Carl-Friedrich/Wegener, Christoph (Hrsg.), Identitätsdiebstahl und Identitätsmissbrauch im Internet, Rechtliche und technische Aspekte, Berlin u.a. 2011

Bork, Reinhard, Allgemeiner Teil des Bürgerlichen Gesetzbuchs, 3. Aufl., Tübingen 2011

Börner, Christian, Untervollmacht und Rechtsscheinsvollmacht, Grundlagen und Anwendbarkeit der Rechtsscheinsgrundsätze auf die Untervollmacht, Dissertation, Bonn 2008

Borsum, Wolfgang/Hoffmeister, Uwe, Rechtsgeschäftliches Handeln unberechtigter Personen mittels Bildschirmtext, NJW 1985, S. 1205–1207

Bötticher, Eduard (Hrsg.), Festschrift für Arthur Nikisch, Tübingen 1958

Brandmair, Ferdinand, Die Anscheinsvollmacht allgemein und ihre Wirkung bei juristischen Personen des öffentlichen Rechts, Dissertation, Würzburg 1971

Bräutigam, Peter/Leupold, Andreas (Hrsg.), Online-Handel, Betriebswirtschaftliche und rechtliche Grundlagen; einzelne Erscheinungsformen des E-Commerce, München 2003

Brehm, Wolfgang, Allgemeiner Teil des BGB, 6. Aufl., Stuttgart u.a. 2008

Brisch, Klaus, EU-Richtlinienvorschlag zum elektronischen Geschäftsverkehr, CR 1999, S. 235–244

Brox, Hans/Walker, Wolf Dietrich, Allgemeiner Teil des BGB, 37. Aufl., München 2013

Brückner, Dirk, Online Banking, Sphärenhaftung, Rechtsscheinhaftung, Verschuldenshaftung, Berlin 2001

Brüggemeier, Gert/Däubler, Wolfgang (Hrsg.), Kommentar zum Bürgerlichen Gesetzbuch, Reihe Alternativkommentare Bd.1, Darmstadt 1987

Brunner, Heinrich, Grundzüge der deutschen Rechtsgeschichte, 5. Aufl., München 1912

Buchka, Hermann, Die Lehre von der Stellvertretung bei Eingehung von Verträgen, Nachdruck der Ausgabe Schwerin 1852, Frankfurt am Main 1968

Bundesnotarkammer (Hrsg.), Festschrift für Helmut Schippel zum 65. Geburtstag, München 1996

Bürger, Raimund, Die Tatbestandsvoraussetzungen der Anscheins- und Duldungsvollmacht - Insbesondere zur „Häufigkeit des Auftretens", Dissertation, Bielefeld 1992

Caemmerer, Ernst von/Friesenhain, Ernst/Lange, Richard (Hrsg.), Hundert Jahre deutsches Rechtsleben, Festschrift zum hundertjährigen Bestehen des Deutschen Juristentages 1860–1960 Bd. 1, Karlsruhe 1960

Canaris, Claus-Wilhelm, Anmerkung zu BGH, Urteil vom 24–06–1991 - II ZR 293/90, NJW 1991, S. 2628–2629

Canaris, Claus-Wilhelm, Die Vertrauenshaftung im deutschen Privatrecht, München 1971

Canaris, Claus-Wilhelm, Die Feststellung von Lücken im Gesetz, 2. Aufl., München 1983

Canaris, Claus-Wilhelm, Bankvertragsrecht, Erster Teil, 3. Aufl., München 1988

Canaris, Claus-Wilhelm, Die Vertrauenshaftung im Lichte der Rechtsprechung des Bundesgerichtshofes, in: *Canaris, Claus-Wilhelm/Heldrich, Andreas* (Hrsg.), 50 Jahre Bundesgerichtshof, Festgabe aus der Wissenschaft, Bd. 1, München 2000

Canaris, Claus-Wilhelm, Handelsrecht, 24. Aufl., München 2006

Canaris, Claus-Wilhelm/Diederichsen, Uwe (Hrsg.), Festschrift für Karl Larenz zum 80. Geburtstag am 23. April 1983, München 1983

Canaris, Claus-Wilhelm/Heldrich, Andreas (Hrsg.), 50 Jahre Bundesgerichtshof, Festgabe aus der Wissenschaft Bd. 1, München 2000

Casper, Matthias/Pfeifle, Theresa, Missbrauch der Kreditkarte im Präsenz- und Mail-Order-Verfahren nach neuem Recht, WM 2009, S. 2343–2350

Chiusi, Tiziana, Zur Verzichtbarkeit von Rechtsscheinswirkungen, AcP 202 (2002), S. 494–516

Cichon, Caroline, Internet-Verträge, Verträge über Internet-Leistungen und E-Commerce, 2. Aufl., Köln 2005

Claus, Axel, Gewillkürte Stellvertretung im römischen Privatrecht, Berlin 1973

Clemens, Rudolf, Die elektronische Willenserklärung - Chancen und Gefahren, NJW 1985, S. 1998–2005

Coing, Helmut, Europäisches Privatrecht, Bd.I, München 1985

Conrad, Christian, Die Vollmacht als Willenserklärung, Rechtsschein und Verkehrsschutz im Recht der gewillkürten Stellvertretung, Hamburg 2012

Craushaar, Götz von, Der Einfluss des Vertrauens auf die Privatrechtsbildung, München 1969

Craushaar, Götz von, Die Bedeutung der Rechtsgeschäftslehre für die Problematik der Scheinvollmacht, AcP 174 (1974), S. 2–25

Crezelius, Georg, Zu den Rechtswirkungen der Anscheinsvollmacht, ZIP 1984, S. 791–795

Däubler-Gmelin, Herta, Neue Ansätze für Entwicklungen im Wirtschaftsrecht, WM 1999, S. 169–170

Dauner-Lieb, Barbara/Heidel, Thomas/Ring, Gerhard (Hrsg.), AnwaltKommentar BGB Bd. 1, 2. Aufl. 2012

Demelius, Heinrich, Besprechung der Dissertation von Hinke, Paul: „Wirkung des Handelns unter falschem Namen unter Berücksichtigung des Grundbuchs- und Wechselverkehrs, AcP 132 (1930), S. 112–115

Demelius, Heinrich, Moritz Wellspachers Vollmachtslehre, AcP 153 (1954), S. 1–39

Derleder, Peter, Die vollharmonisierende Europäisierung des Rechts der Zahlungsdienste und des Verbraucherkredits, NJW 2009, S. 3195–3202

Dernburg, Heinrich, Pandekten, 1.Bb, 2. Aufl., Berlin 1888

Dickersbach, Marc, Rechtsfragen bei der Bevollmächtigung zur Abgabe einer Unterwerfungserklärung, insbesondere zur Anwendung der §§ 171 ff. BGB auf die Bevollmächtigung, Dissertation, Bonn 2006

Diederichsen, Uwe, Fälle und Lösungen nach höchstrichterlichen Entscheidungen. BGB: Allgemeiner Teil, 3. Aufl., Heidelberg 1973

Dietz, Rolf/Hübner, Heinz (Hrsg.), Festschrift für Hans Carl Nipperdey, zum 70. Geburtstag 21. Januar 1965 Bd. 1

Dorenkamp, Sabine, Elektronischer Geschäftsverkehr und Kollisionsrecht, Dissertation, Tübingen 2006

Doris, Philippos, Die unmittelbare Stellvertretung des BGB im Lichte funktions- und strukturähnlicher Rechtsgebilde anderer Rechtsordnungen, in: *Canaris, Claus-Wilhelm/Diederichsen, Uwe* (Hrsg.), Festschrift für Karl Larenz zum 80. Geburtstag am 23. April 1983, München 1983, S. 161–174

Dörner, Heinrich, Rechtsgeschäfte im Internet, AcP 202 (2002), S. 363–396

Drexl, Josef/Mentzel, Tobias, Handelsrechtliche Besonderheiten der Stellvertretung, Jura 2002, S. 375–381

Düringer, Adelbert/Hachenburg, Max (Hrsg.), Das Handelsgesetzbuch, Kommentar, 3. Aufl. Bd. 1, Mannheim, Berlin, Leipzig 1930 (zitiert: *Düringer/Hachenburg*)

Eberle, Carl-Eugen/Ibler, Martin/Lorenz, Dieter (Hrsg.), Der Wandel des Staates vor den Herausforderungen der Gegenwart, Festschrift für Winfried Brohm zum 70. Geburtstag, München 2002

Eichler, Hermann, Die Rechtslehre vom Vertrauen, Tübingen 1950

Einsele, Dorothee, Inhalt, Schranken und Bedeutung des Offenkundigkeitsprinzips, JZ 1990, S. 1005–1014

Enneccerus, Ludwig/Lehmann, Heinrich, Recht der Schuldverhältnisse, Ein Lehrbuch, 15. Aufl., Tübingen 1958

Enneccerus, Ludwig/Nipperdey, Hans Carl, Allgemeiner Teil des bürgerlichen Rechts, 2.Hb, 15. Aufl., Tübingen 1960

Erber-Faller, Sigrun, Gesetzgebungsvorschläge der Bundesnotarkammer zur Einführung elektronischer Unterschriften, CR 1996, S. 375–380

Erfurth, René, Haftung für Missbrauch von Legitimationsdaten durch Dritte beim Online-Banking, WM 2006, S. 2198–2207

Erler, Adalbert/Kaufmann, Ekkehard/Stammler, Wolfgang (Hrsg.), Handwörterbuch zur deutschen Rechtsgeschichte Bd. 4, Berlin 1990

Ernst, Stefan, Anmerkung zu OLG Hamm, Urt. vom 14.12.2000–2 U 58/00, CR 2001, S. 121–122

Ernst, Stefan, Vertragsgestaltung im Internet, München 2003

Esser, Josef, Grundsatz und Norm in der richterlichen Fortbildung des Privatrechts, 3. Aufl., Tübingen 1974

Fabricius, Fritz, Stillschweigen als Willenserklärung, JuS 1966, S. 1–60

Falk, Ulrich/Monhaupt, Heinz (Hrsg.), Das Bürgerliche Gesetzbuch und seine Richter, Zur Reaktion der Rechtsprechung auf die Kodifikation des deutschen Privatrechts (1896–1914), Frankfurt am Main 2000

Faust, Florian, Nutzung eines fremden eBay-Mitgliedskontos, JuS 2011, S. 1027–1030

Fechner, Erich, Das kausale Rechtsdenken, eine Gefahr für die Rechtswissenschaft?, AcP 151 (1951/52), S. 352–363

Fehrenbacher, Oliver, Registerpublizität und Haftung im Zivilrecht, Baden-Baden 2004

Fikentscher, Wolfgang, Scheinvollmacht und Vertreterbegriff, AcP 154 (1955), S. 1–21

Finkenauer, Thomas, Direkte Stellvertretung bei Stipulationen?, Zeitschrift der Savigny Stiftung 125 (2008), S. 440–497

Fischer, Otto/Leonhard, Rudolf/Meyer, Herbert (Hrsg.), Festgabe der Breslauer Juristenfakultät für Siegfried Brie, zum fünfzigjährigen Doktorjubiläum, Leipzig 1912

Flume, Werner, Rechtsgeschäft und Privatautonomie, in: *Caemmerer, Ernst von/Friesenhain, Ernst/Lange, Richard* (Hrsg.), Hundert Jahre deutsches Rechtsleben, Festschrift zum hundertjährigen Bestehen des Deutschen Juristentages 1860–1960, Bd. 1, Karlsruhe 1960

Flume, Werner, Das Rechtsgeschäft und das rechtlich relevante Verhalten, AcP 161 (1962), S. 52–76

Flume, Werner, Allgemeiner Teil des bürgerlichen Rechts. Bd II - Das Rechtsgeschäft, 4. Aufl., Berlin, Heidelberg, New York, et.al. 1992

Franzen, Martin, Privatrechtliche Formvorschriften und elektronischer Geschäftsverkehr, in: *Eberle, Carl-Eugen/Ibler, Martin/Lorenz, Dieter* (Hrsg.), Der Wandel des Staates vor den Herausforderungen der Gegenwart, Festschrift für Winfried Brohm zum 70. Geburtstag, München 2002, S. 261–274

Frotz, Gerhard, Verkehrsschutz im Vertretungsrecht, Zugleich ein Beitrag zur sozialen Verantwortung als Korrelat privatautonomer Gestaltungsfreiheit, Frankfurt am Main 1972

Fuhrmann, Heiner, Vertrauen im Electronic Commerce, Baden-Baden 2001

Gebauer, Martin/Wiedmann, Thomas (Hrsg.), Zivilrecht unter europäischem Einfluss, Die richtlinienkonforme Auslegung des BGB und anderer Gesetze; Kommentierung der wichtigsten EG-Verordnungen, 2. Aufl., Stuttgart, München, Hannover, et.al. 2010

Gebhard, Albert, Entwurf eines bürgerlichen Gesetzbuches für das Deutsche Reich, in: *Schubert, Werner* (Hrsg.), Die Vorlagen der Redaktoren für die erste Kommission zur Ausarbeitung des Entwurfs eines Bürgerlichen Gesetzbuches, Berlin 1981

Geis, Ivo, Die digitale Signatur, NJW 1997, S. 3000–3004

Gerke, Eckehard, Vertretungsmacht und Vertretungsberechtigung, Köln u.a. 1981

Geusen, Manfred, Das Handeln unter fremdem Namen im Zivilrecht, Dissertation, Köln 1966

Glatt, Christoph, Vertragsschluss im Internet, Unter besonderer Berücksichtigung der Rechtsentwicklung in der Europäischen Union und des internationalen Verbrauchervertrages, Baden-Baden 2002

Gotthardt, Peter Jürgen, Der Vertrauensschutz bei der Anscheinsvollmacht im deutschen und im französischen Recht, Karlsruhe 1970

Gottsmann, Ortwin, Die Anscheinsvollmacht, Ein Unterfall der Culpa in contrahendo, Dissertation, Köln 1964

Grabe, Olaf, Anmerkung zu AG Völklingen, Urteil vom 23.02.2005 - 5C C 575/04, MMR 2005, S. 483–485

Grimme, Rainer, Duldungs- und Anscheinsvollmacht, JuS 1989, S. L 49–52

Grüter, Hugo, Stillschweigende Bevollmächtigung und Scheinvollmacht im Rechtsverkehr der Sparkassen, Dissertation, Kiel 1936

Gumpp, Werner, Verbraucherschutz im elektronischen Rechtsverkehr nach Umsetzung der E-Commerce-Richtlinie, Hamburg 2006

Gundermann, Lukas, E-Commerce trotz oder durch Datenschutz?, K&R 2000, S. 225–235

Hager, Johannes, Verkehrsschutz durch redlichen Erwerb, München 1990

Hanau, Max Ulrich, Handeln unter fremder Nummer, VersR 2005, S. 1215–1220

Hanau, Max Ulrich, Handeln unter fremder Nummer, Karlsruhe 2004

Hanloser, Stefan, Stellvertretung und Botenschaft, Frankfurt am Main u.a. 2004

Hansen, Günter, Handeln unter fremdem Namen, eine Untersuchung über die rechtlichen Folgen des Handelns unter fremdem Namen auf dem Gebiete des Bürgerlichen Rechts und des Rechtes der Freiwilligen Gerichtsbarkeit, Frankfurt am Main u.a., 2004

Harke, Jan Dirk (Hrsg.), Drittbeteiligung am Schuldverhältnis, Studien zur Geschichte und Dogmatik des Privatrechts, Berlin u.a. 2010

Härting, Niko, Anmerkung zu BGH, Urteil vom 16.3.2006 - III ZR 152/05, BGHR 2006, S. 868–869

Härting, Niko/Strubel Michael, Anmerkung zu BGH, Urteil vom 11.5.2011 - VIII ZR 289/09, BB 2011, S. 2188–2189

Härting, Niko, Internetrecht, 5. Aufl., Köln 2014

Hattenhauer, Hans (Hrsg.), Thibaut und Savigny, Ihre programmatischen Schriften, München 1973

Hauck, Ronny, Handeln unter fremdem Namen, JuS 2011, S. 967–970

Haupt, Günther, Über faktische Vertragsverhältnisse, in: *Leipziger Juristenfakultät* (Hrsg.), Festschrift der Leipziger Juristenfakultät für Dr. Heinrich Siber, Bd. II, Leipzig 1943, S. 5–37

Häuser, Franz/Hammen, Horst/Hennrichs, Joachim/Steinbeck, Anja/Siebel, Ulf/Welter, Reinhard (Hrsg.), Festschrift für Walther Hadding zum 70. Geburtstag am 8. Mai 2004, Berlin 2004

Hecht, Florian, Verantwortlichkeit für Benutzerkonten im Internet, K&R 2009, S. 462–464

Heintzeler, Frank, Die Rechtsfragen des E-Commerce, WM 2001, S. 1203–1204

Herresthal, Carsten, Anmerkung zu BGH, Urteil vom 11.05.2011 - VIII ZR 289/09, JZ 2011, S. 1171–1174

Herresthal, Carsten, Haftung bei Account-Überlassung und Account-Missbrauch im Bürgerlichen Recht, K&R 2008, S. 705–711

Herresthal, Carsten, Die Haftung bei Account-Überlassung und Account-Missbrauch im Bürgerlichen Recht, in: *Taeger, Jürgen/Wiebe, Andreas* (Hrsg.), Von Adworks bis Social Networks, Neue Entwicklungen im Informationsrecht, Edewecht 2008, S. 21–46

Heß, Irmgard, Handeln unter falschem Namen im Grundbuchrecht, Dissertation, Breslau 1928

Heun, Sven Erik, Die elektronische Willenserklärung, Rechtliche Einordnung, Anfechtung und Zugang, CR 1994, S. 595–600

Heymann, Ernst, Wechselzeichnung der Sparkassen, in: *Schreiber, Otto* (Hrsg.), Die Reichsgerichtspraxis im deutschen Rechtsleben, Festgabe der juristischen Fakultäten zum 50jährigen Bestehen des Reichsgerichts, Bd. 4, Berlin 1929, S. 287–335

Hinke, Paul, Wirkung des Handelns unter falschem Namen, Dissertation, Halle-Wittenberg 1928

Hoeren, Thomas, Anmerkung zu LG Bonn, Urteil vom 07.08.2001–2 O 450/00, CR 2002, S. 295–296

Hoeren, Thomas, Ein Jahr MMR - ein Rück-, Zwischen- und Ausblick, MMR 1999, S. 1–3

Hoeren, Thomas, Internet und Recht - Neue Paradigmen des Informationsrechts, NJW 1998, S. 2849–2854

Hoeren, Thomas, Internet- und Kommunikationsrecht, Köln 2008

Hoffmann, Rolf, Grundfälle zum Recht der Stellvertretung, JuS 1970, S. 451–454

Hölder, Eduard, Das Wesen der rechtswirksamen Willenserklärung, JherJb 55 (1909), S. 413–490

Holzhauer, Heinz, Die eigenhändige Unterschrift, Geschichte und Dogmatik des Schriftformerfordernisses im deutschen Recht, Frankfurt am Main 1973

Hölzl, Franz Josef, Friedrich Carl von Savignys Lehre von der Stellvertretung, Göttingen 2002

Hossenfelder, Martin, Onlinebanking und Haftung, CR 2009, S. 790–794

Hossenfelder, Martin, Pflichten von Internetnutzern zur Abwehr von Malware und Phishing ins Sonderverbindungen, Baden-Baden 2013

Hübner, Heinz, Zurechnung statt Fiktion einer Willenserklärung, in: *Dietz, Rolf/ Hübner, Heinz* (Hrsg.), Festschrift für Hans Carl Nipperdey, zum 70. Geburtstag 21. Januar 1965, Bd. 1, S. 373–400

Hübner, Heinz, Allgemeiner Teil des Bürgerlichen Gesetzbuches, 2. Aufl., Berlin, New York 1996

Hübner, Heinz/Brack, Hans/Oehler, Dietrich (Hrsg.), Rechtsprobleme des Bildschirmtextes, Vortragsveranstaltung vom 19. und 20. April 1985, München 1986

Hupka, Josef, Die Vollmacht, Eine civilistische Untersuchung mit besonderer Berücksichtigung des Deutschen Bürgerlichen Gesetzbuchs, Leipzig 1900

Hupka, Josef, Die Haftung des Vertreters ohne Vertretungsmacht, Leipzig 1903

Ihnen, Hans-Jürgen, Das Handeln unter fremdem Namen, Dissertation, Göttingen 1989

Immenhauser, Martin/Wichtermann, Jürg (Hrsg.), Jahrbuch Junger Zivilrechtswissenschaftler, Vernetzte Welt - globales Recht, Stuttgart 1999

Isay, Hermann, Die Geschäftsführung nach dem Bürgerlichen Gesetzbuche für das Deutsche Reich, Jena 1900

Jager, Johannes, Die Versteigerung im Internet, JZ 2001, S. 786–791

Jakobs, Horst Heinrich/Schubert, Werner (Hrsg.), Die Beratung des Bürgerlichen Gesetzbuchs in systematischer Zusammenstellung der unveröffentlichten Quellen, Berlin, Allgemeiner Teil 2. TB., New York 1985

Jang, Byeong Ju, Rechtliche Aspekte der elektronischen Willenserklärung im deutschen und koreanischen Recht, Dissertation, Kiel 2008

Jauernig, Othmar/Berger, Christian/Mansel, Heinz-Peter/Stadler, Astrid/Stürner, Rolf/Teichmann, Arndt (Hrsg.), Bürgerliches Gesetzbuch, 14. Aufl., München 2011

Jehle, Stefanie, Vertrauen und Rech im Internet – am Beispiel vorvertraglicher Informationspflichten und des Bezahlverfahrens PayPal, Hamburg 2010

Johannsen, Kurt/Kregel, Wilhelm/Krüger-Nieland, Gerda/Piper, Henning/Steffen, Erich (Hrsg.), Das Bürgerliche Gesetzbuch mit besonderer Berücksichtigung der Rechtsprechung des Reichsgerichts und des Bundesgerichtshofes (RGRK), Band 1 §§ 1–240, 12. Aufl., Berlin, New York 1982

Jung, Peter, Die Netiquette - Grundlage eines globalen Rechts gegen den unlauteren Wettbewerb in internationalen Datennetzen, in: *Immenhauser, Martin/Wichtermann, Jürg* (Hrsg.), Jahrbuch Junger Zivilrechtswissenschaftler, Vernetzte Welt - globales Recht, Stuttgart 1999, S. 153–180

Kaser, Max, Das römische Privatrecht, Erster Abschnitt, 2. Aufl., München 1971

Kaser, Max/Knütel, Rolf, Römisches Privatrecht, 19. Aufl., München 2008

Kath, Peter/Riechert, Anne (Hrsg.), Internet-Vertragsrecht, Freiburg u.a. 2002

Kau, Christian, Vertrauensschutzmechanismen im Internet, insbesondere im E-Commerce, Karlsruhe 2006

Kindl, Johann, Rechtsscheintatbestände und ihre rückwirkende Beseitigung, Berlin, Heidelberg, New York, u.a. 1999

Klausing, Friedrich/Nipperdey, Hans Carl (Hrsg.), Beiträge zum Wirtschaftsrecht Bd. 2, Marburg 1931

Klees, Andreas, Anmerkung zu BGH, Urteil vom 16.03.2006 - III ZR 152/05, CR 2006, S. 458–460

Klees, Andreas/Keisenberg, Johanna, Vertragsschluss bei eBay – „3...2(...1) ...meins"? MDR 2011, S. 1214–1218

Klein, Winfried, Anmerkung zu BGH, Urteil vom 11.05.2011 - VIII ZR 289/09, MMR 2011, S. 450–451

Klewitz, Lilian, Verbraucherschutz bei Rechtsgeschäften per Internet, Hamburg 2006

Knauthe, Karlheinz, Kausales Rechtsdenken und Rechtssoziologie, Berlin 1969

Knopp, Michael/Wilke, Daniel/Hornung, Gerrit/Laue, Philip, Grunddienste für die Rechtssicherheit elektronischer Kommunikation - Rechtlicher Bedarf für eine gewährleistete Sicherheit, MMR 2008, S. 723–728

Koch, Frank, Internet-Recht, Praxishandbuch zu Dienstenutzung Verträgen Rechtsschutz und Wettbewerb Haftung Arbeitsrecht und Datenschutz im Internet zu Links Peer-to-Peer-Netzen und Domain-Recht, 2. Aufl., München, Wien 2005

Köhler, Helmut, Die Problematik automatisierter Rechtsvorgänge, insbesondere von Willenserklärungen, AcP 182 (1982), S. 126–171

Köhler, Helmut, Rechtsgeschäfte mittels Bildschirmtext, in: *Hübner, Heinz/Brack, Hans/Oehler, Dietrich* (Hrsg.), Rechtsprobleme des Bildschirmtextes, Vortragsveranstaltung vom 19. und 20. April 1985, München 1986, S. 51–67

Köhler, Helmut, Die Unterschrift als Rechtsproblem, in: *Bundesnotarkammer* (Hrsg.), Festschrift für Helmut Schippel zum 65. Geburtstag, München 1996, S. 209–220

Köhler, Helmut, BGB Allgemeiner Teil, Ein Studienbuch, 37. Aufl., München 2013

Köhler, Markus/Arndt, Hans-Wolfgang/Fetzer, Thomas, Recht des Internet, 7. Aufl., Heidelberg 2011

Köndgen, Johannes, Das neue Recht des Zahlungsverkehrs, JuS 2011, S. 481–489.

Kotulla, Michael, Deutsche Verfassungsgeschichte, Vom Alten Reich bis Weimar (1495–1934), Berlin, Heidelberg 2008

Krause, Hermann, Der deutschrechtliche Anteil an der heutigen Privatrechtsordnung, JuS 1970, S. 313–321

Krause, Hermann, Schweigen im Rechtsverkehr, Beiträge zur Lehre vom Bestätigungsschreiben von der Vollmacht und von der Verwirkung, Marburg 1933

Kreis, Michael, Vertragsschluss mittels Btx, Dissertation, Marburg 1992

Kuhn, Matthias, Rechtshandlungen mittels EDV und Telekommunikation, München 1991

Lachmann, Jens-Peter, Ausgewählte Probleme aus dem Recht des Bildschirmtextes, NJW 1984, S. 405–408

Lange, Hermann/Nörr, Knut Wolfgang/Westermann, Harm Peter (Hrsg.), Festschrift für Joachim Gernhuber zum 70. Geburtstag, Tübingen 1993

Larenz, Karl, Verpflichtungsgeschäfte „unter“ fremdem Namen, in: *Nipperdey, Hans Carl* (Hrsg.), Das Deutsche Privatrecht in der Mitte des 20. Jahrhunderts, Festschrift für Heinrich Lehmann zum 80. Geburtstag, Bd. 1, Tübingen 1956, S. 234–252

Larenz, Karl, Wegweiser zur richterlichen Rechtsschöpfung, in: *Bötticher, Eduard* (Hrsg.), Festschrift für Arthur Nikisch, Tübingen 1958, S. 275–305

Larenz, Karl, Methodenlehre der Rechtswissenschaft, 6. Aufl., Berlin u.a. 1991

Larenz, Karl/Wolf, Manfred, Allgemeiner Teil des bürgerlichen Rechts, 8. Aufl., München 1997

Lehmann, Heinrich/Hübner, Heinz, Allgemeiner Teil des Bürgerlichen Gesetzbuches, 16. Aufl., Berlin 1966

Leible, Stefan/Bär, Wolfgang, Versteigerungen im Internet, Heidelberg 2004

Leipold, Dieter, BGB I Einführung und allgemeiner Teil, 7. Aufl., Tübingen 2013

Leipziger Juristenfakultät (Hrsg.), Festschrift der Leipziger Juristenfakultät für Dr. Heinrich Siber Bd. II, Leipzig 1943

Letzgus, Ernst, Die Pseudopartei im rechtsgeschäftlichen Verkehre, AcP 126 (1926), S. 27–87

Letzgus, Ernst, Zum Handeln unter falschem Namen, AcP 137 (1933), S. 327–334

Lieb, Manfred, Zum Handeln unter fremdem Namen, JuS 1967, S. 106–113

Linardatos, Dimitrios, Handeln unter fremdem Namen und Rechtsscheinhaftung bei Nutzung eines fremden eBay-Accounts, Jura 2012, S. 53–55

Litterer, Michael, Vertragsfolgen ohne Vertrag, Berlin 1979

Lobinger, Thomas, Anmerkung zu BGH, Urteil vom 16.03.2006 - III ZR 152/05, JZ 2006, S. 1076–1080

Lobinger, Thomas, Rechtsgeschäftliche Verpflichtung und autonome Bindung, Zu den Entstehungsgründen vermögensaufstockender Leistungspflichten im Bürgerlichen Recht, Tübingen 1999

Looschelders, Dirk, Schuldrecht Allgemeiner Teil, 11. Aufl., Köln u.a. 2013

Lorenz, Egon (Hrsg.), Haftung und Versicherung im IT-Bereich, Karlsruhe 2011

Lüderitz, Alexander, Prinzipien des Vertretungsrechts, JuS 1976, S. 765–771

Macris, Themistokles, Die stillschweigende Vollmachtserteilung, Nachdruck der Ausgabe Marburg 1941, Frankfurt am Main 1970

Manigk, Alfred, Stillschweigend bewirkte Vollmachten im Handelsrecht, in: *Klausing, Friedrich/Nipperdey, Hans Carl* (Hrsg.), Beiträge zum Wirtschaftsrecht, Bd. 2, Marburg 1931, S. 590–671

Manigk, Alfred, Das rechtswirksame Verhalten, Systematischer Aufbau und Behandlung der Rechtsakte des Bürgerlichen und Handelsrechts, Berlin 1939

Mank, Klaus-Jürgen, Die Anscheinsvollmacht im englischen Recht, Eine rechtsvergleichende Untersuchung, Dissertation, Regensburg 1968

Mankowski, Peter, Anmerkung zu BGH, Urteil vom 11.05.2011 - VIII ZR 289/09, CR 2011, S. 458–459

Mankowski, Peter, Wie problematisch ist die Identität des Erklärenden bei E-Mails wirklich?, NJW 2002, S. 2822–2828

Mansfeld, R., Genehmigung gefälschter Unterschriften, LZ 1914, S. 801–810

Marburger, Peter, Absichtliche Falschübermittlung und Zurechnung von Willenserklärungen, AcP 173 (1973), S. 137–157

Mayer, Frank Joachim, Anmerkung zu LG Ravensburg, Urteil vom 06.11.2012 – 8 O 52/11 KfH 2, MMR 2013, S. 750–751

Medicus, Dieter, Allgemeiner Teil des BGB, 10. Aufl., Heidelberg 2010

Medicus, Dieter/Petersen, Jens, Bürgerliches Recht, Eine nach Anspruchsgrundlagen geordnete Darstellung zur Examensvorbereitung, 22. Aufl., Köln 2009

Mehrings, Josef, Vertragsabschluß im Internet, Eine neue Herausforderung für das „alte“ BGB, MMR 1998, S. 30–33

Melullis, Klaus Jürgen, Zum Regelungsbedarf bei der elektronischen Willenserklärung, MDR 1994, S. 109–114

Merkt, Hanno, Die dogmatische Zuordnung der Duldungsvollmacht zwischen Rechtsgeschäft und Rechtsscheintatbestand, AcP 204 (2004), S. 638–659

Meyer, Herbert, Vom Rechtsschein des Todes, Ein Beitrag zur Dogmatik der Todeserklärung, in: *Fischer, Otto/Leonhard, Rudolf/Meyer, Herbert* (Hrsg.), Festgabe der Breslauer Juristenfakultät für Siegfried Brie, zum fünfzigjährigen Doktorjubiläum, Leipzig 1912, S. 71–131

Meyer, Herbert, Das Publizitätsprinzip im Deutschen Bürgerlichen Recht, ND der Ausgabe München 1909, Glashütten 1970

Meyer, Julia, Identität und virtuelle Identität natürlicher Personen im Internet, Baden-Baden 2011

Mitteis, Heinrich/Lieberich, Heinz, Deutsche Rechtsgeschichte, 18. Aufl., München 1988

Mitteis, Ludwig, Die Lehre von der Stellvertretung nach römischem Recht, mit Berücksichtigung des österreichischen Rechts. Neudruck der Ausgabe Wien 1885, Aalen 1962

Mock, Sebastian, Grundfälle zum Stellvertretungsrecht, JuS 2008, S. 391–395

Moritz, Hans-Werner, Quo vadis elektronischer Geschäftsverkehr, CR 2000, S. 61–72

Moritz, Hans-Werner/Dreier, Thomas (Hrsg.), Rechts-Handbuch zum E-Commerce, 2. Aufl., Köln 2005

Moser,Dominik, Die Offenkundigkeit der Stellvertretung, Eine Untersuchung zum deutschen und englischen Recht sowie zu den internationalen Regelungsmodellen, Tübingen 2010

Mugdan, Benno, Die gesamten Materialien zum Bürgerlichen Gesetzbuch für das Deutsche Reich. Bd. I, Nachdruck der Ausgabe Berlin 1899, Aalen 1979

Müller, Gerd, Zu den Grenzen der analogen Anwendbarkeit des § 172 in den Fällen des Blankettmißbrauchs und den sich daraus ergebenden Rechtsfolgen, AcP 181 (1981), S. 516–544

Müller, Ulrich, Die Entwicklung der direkten Stellvertretung und des Vertrages zugunsten Dritter, Stuttgart 1969

Müller-Brockhausen, Michael, Haftung für den Missbrauch von Zugangsdaten im Internet, Baden-Baden 2014

Müller-Erzbach, Rudolf, Kundgebungen in fremden Interessenbereich, JherJb 83 (1933), S. 257–354

Müller-Freienfels, Wolfram, Die Vertretung beim Rechtsgeschäft, Tübingen 1955

Müller-Freienfels, Wolfram, Stellvertretungsregelungen in Einheit und Vielfalt, Rechtsvergleichende Studien zur Stellvertretung, Frankfurt am Main 1982

Musielak, Hans, Referendarexamensklausur - Bürgerliches Recht: Probleme der Rechtsscheinshaftung, JuS 2004, S. 1081–1085

Neuner, Jörg, Der Redlichkeitsschutz bei abhanden gekommenen Sachen, JuS 2007, S. 401–410

Nipperdey, Hans Carl (Hrsg.), Das Deutsche Privatrecht in der Mitte des 20. Jahrhunderts, Festschrift für Heinrich Lehmann zum 80. Geburtstag Bd. 1, Tübingen 1956

Nörr, Dieter (Hrsg.), Mandatum und Verwandtes, Beiträge zum römischen und modernen Recht, Berlin u.a. 1993

Oechsler, Jürgen, Haftung beim Missbrauch eines eBay-Mitgliedskontos, Verantwortung für die freiwillige Überlassung und das Ausspähen von Verbindungsdaten, MMR 2011, S. 631–633

Oechsler, Jürgen, Die Bedeutung des § 172 Abs. 1 BGB beim Handeln unter fremdem Namen im Internet, AcP 208 (2008), S. 565–583

Oertmann, Paul, Handeln unter falschem Namen, Zentralblatt Handelsrecht 1926 (1), S. 302–305

Oertmann, Paul, Grundsätzliches zur Lehre vom Rechtsschein, ZHR 95 (1930), S. 443–485

Ohr, Günter, Zur Dogmatik des Handelns unter fremdem Namen, AcP 152 (1952/53), S. 216–241

Paal, Boris, Internetrecht - Zivilrechtliche Grundlagen, JuS 2010, S. 953–957

Paefgen, Thomas Christian, Bildschirmtext aus zivilrechtlicher Sicht, Die elektronische Anbahnung und Abwicklung von Verträgen, Weinheim 1988

Pagel, Albert, Fälschung und Handeln unter falschen Namen, Gruch Beitrag 53 (1909), S. 229–297

Palandt, Otto (Hrsg.), Bürgerliches Gesetzbuch, mit Nebengesetzen, 73. Aufl., München 2014

Pawlowski, Hans Martin, Die gewillkürte Stellvertretung, Eine juristische Entdeckung der deutschen Rechtswissenschaft, JZ 1996, S. 125–132

Pecher, Hans Peter, Über Erscheinungsweisen von Rechtsschein, in: *Häuser, Franz/Hammen, Horst/Hennrichs, Joachim u. a.* (Hrsg.), Festschrift für Walther Hadding zum 70. Geburtstag am 8. Mai 2004, Berlin 2004, S. 221–229

Peters, Frank, Zur Geltungsgrundlage der Anscheinsvollmacht, AcP 179 (1979), S. 214–244

Petersen, Jens, Allgemeiner Teil des BGB und Internet, Jura 2002, S. 387–390

Petersen, Jens, Bestand und Umfang der Vertretungsmacht, Jura 2003, S. 310–315

Pfeifer, Guido, Übungsklausur - Bürgerliches Recht: Probleme aus dem Recht der Stellvertretung und der Rechtsgeschäftslehre, JuS 2004, S. 694–700

Pfeiffer, Thomas, Welches Recht gilt für elektronische Geschäfte?, JuS 2004, S. 282–285

Pichler, Rufus, Kreditkartenzahlung im Internet Die bisherige Verteilung des Mißbrauchsrisikos und der Einfluß der Verwendung von SET, NJW 1998, S. 3234–3239

Picker, Eduard, Richterrecht oder Rechtsdogmatik - Alternativen der Rechtsgewinnung, JZ 1988, S. 1–12

Picker, Eduard, Vertragliche und deliktische Schadenshaftung, JZ 1987, S. 1041–1058

Picker, Eduard, Positive Forderungsverletzung und culpa in contrahendo - Zur Problematik der Haftungen „zwischen Vertrag und Delikt“, AcP 183 (1983), S. 369–520

Planck, Gottlieb, Planck‘s Kommentar zum Bürgerlichen Gesetzbuch nebst Einführungsgesetz, Bd.1, 4. Aufl., Berlin 1913

Planitz, Hans/Eckhardt, Karl August, Deutsche Rechtsgeschichte, 3. Aufl., Graz, Köln 1971

Pohle, Jan/Dorschel, Joachim, Entgeltnachweis und technische Prüfung, CR 2007, S. 153–159

Prütting, Hanns/Wegen, Gerhard/Weinreich, Gerd (Hrsg.), BGB Kommentar, 8. Aufl., Köln 2013

Puppe, Ingeborg, Namenstäuschung und Identitätstäuschung, OLG Celle, NJW 1986, 2772, JuS 1987, S. 275–279

Rabel, Ernst, Grundzüge des römischen Privatrechts, 2. Aufl., Darmstadt 1955

Raisch, Peter, Geschichtliche Voraussetzungen, dogmatische Grundlagen und Sinnwandlung des Handelsrechts, Karlsruhe 1965

Redeker, Helmut, Geschäftsabwicklung mit externen Rechnern im Bildschirmtextdienst, NJW 1984, S. 2390–2394

Redeker, Helmut, IT-Recht, 5. Aufl., München 2012

Regelsberger, Ferdinand, Buchbesprechung zu Wellspacher, Das Vertrauen auf äußere Tatbestände, KrVJSchr 47 (1907), S. 284–295

Reichel, Hans, Höchstpersönliche Rechtsgeschäfte, Berlin 1931

Reichsgerichtsräte (Hrsg.), Reichsgerichtsräte-Kommentar zum HGB, 2. Aufl. Bd.III, Berlin, New York 1953

Riesenhuber, Karl (Hrsg.), Das Prinzip der Selbstverantwortung, Tübingen, 2012

Rieder, Markus, Die Rechtsscheinhaftung im elektronischen Geschäftsverkehr, Eine rechtsvergleichende Untersuchung nach dem Recht der Bundesrepublik Deutschland der Vereinigten Staaten von Amerika und Regelwerken internationaler Organisationen, Berlin 2004

Röhl, Klaus, Allgemeine Rechtslehre, 3. Aufl., Köln, München 2008

Rössel, Markus, Anmerkung zu BGH, Urteil vom 11.3.2009 - I ZR 114/06, CR 2009, S. 453–455

Roßnagel, Alexander, Die fortgeschrittene elektronische Signatur, MMR 2003, S. 164–170

Roßnagel, Alexander, Rechtsverbindliche Telekooperation, in: *Schulte, Martin/ Schröder, Rainer* (Hrsg.), Handbuch des Technikrechts, Allgemeine Grundlagen, Umweltrecht, Gentechnikrecht, Energierecht, Telekommunikations- und Medienrecht, Patentrecht, Computerrecht, 2. Aufl., Berlin 2011, S. 887–931

Roßnagel, Alexander, Neue Identitätsinfrastrukturen – Entwicklungen und Herausforderungen, in: *Roßnagel, Alexander* (Hrsg.), Allgegenwärtige Identifizierung? Neue Identitätsinfrastrukturen und ihre rechtliche Gestaltung, Baden-Baden 2006, S. 17–32.

Rüfner, Thomas, Anmerkung zu OLG Hamm, Urteil vom 14.12.2000–2 U 58/00, JZ 2001, S. 768–771

Rüfner, Thomas, Verbindlicher Vertragsschluss bei Versteigerungen im Internet, JZ 2000, S. 715–720

Rüfner, Thomas, Virtuelle Marktordnungen und das AGB-Gesetz, MMR 2000, S. 597–602

Rüfner, Thomas, Handeln für andere in den Urkunden des Genueser Notars Giovanni Scriba, in: *Harke, Jan Dirk* (Hrsg.), Drittbeteiligung am Schuldverhältnis, Studien zur Geschichte und Dogmatik des Privatrechts, Berlin, Heidelberg 2010, S. 109–139

Rühl, Wolfgang, Weitreichende Änderungen im Verbraucherdahrlehensrecht und Recht der Zahlungsdienste, DStR (2009), S. 2256–2263

Rümelin, Max, Das Handeln in fremdem Namen im bürgerlichen Gesetzbuch, AcP 93 (1902), S. 131–308

Säcker, Franz Jürgen/Rixecker, Roland (Hrsg.), Münchener Kommentar zum Bürgerlichen Gesetzbuch, 6. Aufl., München 2012

Savigny, Friedrich Carl von, Das Obligationenrecht als Teil des heutigen römischen Rechts Bd.II, Nachdruck der Ausgabe Berlin 1851, Aalen 1973

Savigny, Friedrich Carl von, System des heutigen römischen Rechts Bd. III, Neudruck der Ausgabe Berlin 1840, Aalen 1973

Schall, Reinhard, Die Anscheinsvollmacht im deutschen und französischen Recht und die Lehre vom berechtigten Irrtum, Dissertation, München 1972

Scheffler, Hauke/Dressel, Christian, Vorschläge zur Änderung zivilrechtlicher Formvorschriften und ihre Bedeutung für den Wirtschaftszweig E-Commerce, CR 2000, S. 378–384

Scheibengruber, Christian, Zur Zulässigkeit und Sinnhaftigkeit der Verlagerung des Missbrauchsrisikos bei Zahlungsdiensten auf die Nutzer, Ein Beitrag zur Analyse der Umsetzung der Zahlungsdiensterichtlinie in das BGB und die AGB der Banken, BKR 2010, S. 15–23

Schilken, Eberhard, Wissenszurechnung im Zivilrecht, Bielefeld 1983

Schimansky, Herbert/Bunte, Hermann-Josef/Lwowski, Hans-Jürgen (Hrsg.), Bankrechts-Handbuch Bd. 1, 4. Aufl., München 2011

Schinkels, Boris, Die Verteilung des Haftungsrisikos für Drittmissbrauch von Medien des bargeldlosen Zahlungsverkehrs, Eine Betrachtung von Scheck, Kreditkarte, Debetkarte und Geldkarte, Berlin 2001

Schinkels, Boris, Anmerkung zu BGH, Urteil vom 11.05.2011 - VIII ZR 289/09, LMK 320461 (2011), S. 320461

Schmidt, Karsten, Falsus-procurator-Haftung und Anscheinsvollmacht, in: *Lange, Hermann/Nörr, Knut Wolfgang/Westermann, Harm Peter* (Hrsg.), Festschrift für Joachim Gernhuber zum 70. Geburtstag, Tübingen 1993, S. 435–460

Schmidt, Karsten, Handelsrecht, Unternehmensrecht I, 6. Aufl., Köln u.a. 2014

Schmidt, Karsten (Hrsg.), Münchener Kommentar zum Handelsgesetzbuch Bd. 1, 3. Aufl., München 2010

Schmidt, Marlene, Haftung des Telefonanschlussinhabers für die Annahme von R-Gesprächen durch Dritte, Jura 2007, S. 205–210

Schmoeckel, Mathias, Von der Vertragsfreiheit zu typisierten Verkehrspflichten. Zur Entwicklung des Vertretungsrechts, in: *Falk, Ulrich/Monhaupt, Heinz* (Hrsg.), Das Bürgerliche Gesetzbuch und seine Richter, Zur Reaktion der Rechtsprechung auf die Kodifikation des deutschen Privatrechts (1896–1914), Frankfurt am Main 2000, S. 77–112

Schmoeckel, Matthias/Rückert, Joachim/Zimmermann, Reinhard (Hrsg.), Historisch-kritischer Kommentar zum BGB, Band I, Tübingen 2003

Schnell, Daniel, Signaturmissbrauch und Rechtsscheinhaftung, Berlin 2007

Schreiber, Otto (Hrsg.), Die Reichsgerichtspraxis im deutschen Rechtsleben, Festgabe der juristischen Fakultäten zum 50jährigen Bestehen des Reichsgerichts Bd. 4, Berlin, Leipzig 1929

Schubert, Johann-Georg, Anscheinsvollmacht und Privatautonomie, Ein Beitrag zur Zurechnungslehre im rechtsgeschäftlichen Bereich unter besonderer Berücksichtigung der Lehre von der Scheinvollmacht, Dissertation, Hamburg 1970

Schubert, Werner (Hrsg.), Die Vorlagen der Redaktoren für die erste Kommission zur Ausarbeitung des Entwurfs eines Bürgerlichen Gesetzbuches, Allgemeiner Teil, Teil 2 Berlin 1981

Schulte, Martin/Schröder, Rainer (Hrsg.), Handbuch des Technikrechts, Allgemeine Grundlagen, Umweltrecht, Gentechnikrecht, Energierecht, Telekommunikations- und Medienrecht, Patentrecht, Computerrecht, 2. Aufl., Berlin 2011

Schulte am Hülse, Ulrich/Klabunde, Sebastian, Abgreifen von Bankzugangsdaten im Onlinebanking, Vorgehensweise der Täter und neue zivilrechtliche Haftungsfragen des BGB, MMR 2010, S. 84–90

Schwab, Martin, Anmerkung zu LG Bonn, Urteil vom 28.03.2012 – 5 S 205/11 (=NJW-RR 2012, 1008), JuS 2013, S. 453–455

Seiler, Wolfgang, Verbraucherschutz auf elektronischen Märkten, Untersuchung zu Möglichkeiten und Grenzen eines regulativen Paradigmenwechsels im internetbezogenen Verbraucherprivatrecht, Tübingen 2006

Selter, Wolfgang, Die Entstehung und Entwicklung des Rechtsscheinsprinzips im deutschen Zivilrecht, Hamburg 2006

Sester, Peter, Vertragsabschluss bei Internet-Auktionen, CR 2001, S. 98–108

Singer, Reinhard, Selbstbestimmung und Verkehrsschutz im Recht der Willenserklärungen, München 1995

Sodan, Helge, Das Prinzip der Widerspruchsfreiheit der Rechtsordnung, JZ 1999, S. 864–873.

Soergel, Hans Theodor (Hrsg.), Bürgerliches Gesetzbuch mit Einführungsgesetz und Nebengesetzen, 13. Aufl. Bd. 2, Stuttgart 1999

Sonnentag, Michael, Vertragliche Haftung bei Handeln unter fremdem Namen im Internet, WM 2012, S. 1614–1620

Sosnitza, Olaf/Gey, Michael, Zum Beweiswert von E-Mails, K&R 2004, S. 465–469

Spiegelhalder, Torsten, Rechtsscheinhaftung im Stellvertretungsrecht bei der Verwendung elektronischer Signaturen, Hamburg 2007

Spindler, Gerald, Vertragsschluss und Inhaltskontrolle bei Internet-Auktionen, ZIP 2001, S. 809–819

Spindler, Gerald, Haftung im IT-Bereich, in: *Lorenz, Egon* (Hrsg.), Haftung und Versicherung im IT-Bereich, Karlsruhe 2011, S. 3–111

Spindler, Gerald/Schuster, Fabian (Hrsg.), Recht der elektronischen Medien, Kommentar, 2. Aufl., München 2011

Spindler, Gerald/Wiebe, Andreas (Hrsg.), Internet-Auktionen und Elektronische Marktplätze, 2. Aufl., Köln 2005

Stadler, Astrid, Handeln unter fremdem Namen durch Nutzung eines fremden eBay-Mitgliedskontos, JA 2011, S. 627–629

Staub, Hermann (Hrsg.), Großkommentar zum Handelsgesetzbuch, 5. Aufl., Berlin 2009

Staudinger, Julius von (Hrsg.), Julius von Staudingers Kommentar zum Bürgerlichen Gesetzbuch mit Einführungsgesetz und Nebengesetzen, §§ 164–240 (Allgemeiner Teil 5), Stand 2009

Steckler, Brunhilde, Grundzüge des IT-Rechts, Das Recht der Datenverarbeitung und der Online-Dienste, 3. Aufl., München 2011

Stöber, Michael, Die analoge Anwendung der §§ 171, 172 BGB am Beispiel der unbefugten Benutzung fremder Internet- oder Telekommunikationszugänge, JR 2012, S. 225–231

Stoll, Heinrich, Haftung aus Bescheinigung, AcP 135 (1932), S. 89–116

Strömer, Tobias, Online-Recht, Juristische Probleme der Internet-Praxis erkennen und vermeiden, 4. Aufl., Heidelberg 2006

Sutschet, Holger, Anforderungen an die Rechtsgeschäftslehre im Internet, NJW 2014, S. 1041–1047

Taeger, Jürgen/Wiebe, Andreas (Hrsg.), Von Adworks bis Social Networks, Neue Entwicklungen im Informationsrecht, Edewecht 2008

Teubner, Gunther, Recht als autopoietisches System, Frankfurt am Main 1989

Tochtermann, Barbara, Die Anscheinsvollmacht im deutschen und amerikanischen Recht, Eine rechtsvergleichende Untersuchung, Dissertation, München 1970

Traut, Bernd, Rechtsfragen zu Bildschirmtext, München 1987

Tuhr, Andreas von, Der allgemeine Teil des deutschen bürgerlichen Rechts, Bd.2, 2.Hb. Nachdruck der Ausgabe Berlin, 1918, Darmstadt 1957

Uhlmann, André Marc, Elektronische Verträge aus deutscher, europäischer und US-amerikanischer Sicht, Frankfurt am Main, Berlin, Bern, et.al. 2003

Ulrici, Bernhard, Die enttäuschende Internetauktion (LG Münster, MMR 2000, 280) JuS 2000, S. 947–951

Ultsch, Michael, Digitale Willenserklärungen und digitale Signaturen, in: *Immenhauser, Martin/Wichtermann, Jürg* (Hrsg.), Jahrbuch Junger Zivilrechtswissenschaftler, Vernetzte Welt - globales Recht, Stuttgart 1999, S. 127–152

Verse, Dirk/Gaschler, Andreas, „Download to own" - Online Geschäfte unter fremdem Namen, Übungsklausur Zivilrecht, Jura 2009, S. 213–220

von Seeler, Werner, Vollmacht und Scheinvollmacht, Archiv für bürgerliches Recht (1906), S. 1–52

Wagner, Tobias/Zenger, Ralph, Vertragsschluss bei eBay und Angebotsrücknahme, MMR 2013, S. 343–348

Wank, Rolf, Die Auslegung von Gesetzen, 5. Aufl., München 2011

Weber, Ralph, Das Handeln unter fremdem Namen, JA 1996, S. 426–432

Weiss, Alexander, Widersprüche im Recht, Unter besonderer Berücksichtigung europarechtsbedingter Widersprüche im deutschen Zivilrecht, München 2011

Wellspacher, Moriz, Das Vertrauen auf äußere Tatbestände im bürgerlichen Rechte, Wien 1906

Wenzel, Henning, Vertragsabschluss bei Internet-Auktion - ricardo.de, NJW 2002, S. 1550–1551

Wenzel, Wolf-Dietrich, Die Anscheinsvollmacht, Aachen 1995

Werner, Olaf, Fälle mit Lösungen für Anfänger im Bürgerlichen Recht, Band 1:Grundlagen, 12. Aufl., Köln 2008

Westermann, Harm Peter (Hrsg.), Erman, Bürgerliches Gesetzbuch, Hand-kommentar, 13. Aufl. Bd. 1, Köln 2011

Westermann, Harry, Die Grundlagen des Gutglaubensschutzes, JuS 1963, S. 1–8

Wieacker, Franz, Zur rechtstheoretischen Präzisierung des § 242 BGB, Tübingen 1956

Wieacker, Franz, Privatrechtsgeschichte der Neuzeit, Unter besonderer Berücksichtigung der deutschen Entwicklung, 2. Aufl., Göttingen 1967

Wiebe, Andreas, Vertragsschluss bei Online-Auktionen, MMR 2000, S. 323–329.

Wiebe, Andreas, Die elektronische Willenserklärung, Kommunikationstheoretische und rechtsdogmatische Grundlagen des elektronischen Geschäftsverkehrs, Tübingen 2002

Wieling, Hans, Duldungs- und Anscheinsvollmacht, (Wiederholung und Vertiefung), JA 1991, S. 222–228

Wieling, Hans, Drittwirkung des Mandats und ähnlicher Rechtsverhältnisse, in: *Nörr, Dieter* (Hrsg.), Mandatum und Verwandtes, Beiträge zum römischen und modernen Recht, Berlin u.a. 1993, S. 235–267

Willems, Constantin, Beweis und Beweislastverteilung bei Zugang einer E-Mail – Fallkonstellationen unter besonderer Betrachtung elektronischer Bewerbungen, MMR 2013, S. 551–556

Windscheid, Bernhard, Lehrbuch des Pandektenrechts, Bd.1, 7. Aufl., Frankfurt am Main 1891

Windscheid, Bernhard/Kipp, Theodor, Lehrbuch des Pandektenrechts, Bd. I ND der Ausgabe Frankfurt 1900, 8. Aufl., Goldbach 1997

Winter, Ralf, Anmerkung zu LG Darmstadt, Urteil vom 24.1.2002, CR 2003, S. 295–296

Zagouras, Georgios, Eltern haften für ihre Kinder? - R-Gespräche zwischen Anscheinsvollmacht, Widerruf und Wucher, NJW 2006, S. 2368–2371

Zeiss, Walter, Genehmigung gefälschter Wechselunterschriften, JZ 1963, S. 742–749

Zimmer, Lutz, § 15 Abs. 2 HGB und die allgemeine Rechtsscheinhaftung, München 1998

Zypries, Brigitte, Freiheit statt Anarchie: Wir brauchen ein NetGB!, http://blogs.spdfraktion.de/netzpolitik/2010/06/10/freiheit-statt-anarchie-wir-brauchen-ein-netgb/ (Stand: Dezember 2014)